BIBLIOTHÈQUE DES DAMES

LA VIE
DE
MARIANNE

TOME DEUXIÈME

PARIS
LIBRAIRIE DES BIBLIOPHILES
Rue Saint-Honoré, 338

M DCCC LXXXII

BIBLIOTHÈQUE DES DAMES

V

LA VIE DE MARIANNE

LA VIE
DE
MARIANNE

PAR MARIVAUX

PRÉCÉDÉE D'UNE NOTICE

PAR

M. DE LESCURE

TOME DEUXIÈME

PARIS
LIBRAIRIE DES BIBLIOPHILES
Rue Saint-Honoré, 338

M DCCC LXXXII

LA VIE
DE
MARIANNE

CINQUIÈME PARTIE

Voici, Madame, la cinquième partie de ma vie. Il n'y a pas longtemps que vous avez reçu la quatrième, et j'aurois, ce me semble, assez bonne grâce à me vanter que je suis diligente ; mais ce seroit me donner des airs que je ne soutiendrois peut-être pas, et j'aime mieux tout d'un coup entrer modestement en matière. Vous croyez que je suis paresseuse, et vous avez raison ; continuez de le croire : c'est le plus sûr, et pour vous, et pour moi. De diligence, n'en attendez point : j'en aurai peut-être quelquefois ; mais ce sera par hasard, et sans conséquence ; et vous m'en louerez si vous voulez, sans que vos éloges m'engagent à les mériter dans la suite.

Vous savez que nous dînions, Mme de Miran, Valville et moi, chez Mme Doisin, dont je vous faisois le portrait, que j'ai laissé à moitié fait à cause que je m'endormois. Achevons-le.

Je vous ai dit combien elle avoit d'esprit, nous en sommes maintenant aux qualités de son cœur. Celui de Mme de Miran vous a paru extrêmement aimable ; je vous ai promis que celui de Mme Dorsin le vaudroit bien. Je vous ai en même temps annoncé que vous verriez un caractère de bonté différent ; et, de peur que cette différence ne nuise à l'idée que je veux vous donner de cette dame, vous me permettrez de commencer par une petite réflexion.

Vous vous souvenez que dans Mme de Miran je vous ai peint une femme d'un esprit ordinaire, de ces esprits qu'on ne loue ni qu'on ne méprise, et qui ont une raisonnable médiocrité de bon sens et de lumière ; au lieu que je vais parler d'une femme qui avoit toute la finesse d'esprit possible. Ne perdez point cela de vue. Voici à présent ma réflexion.

Supposons la plus généreuse et la meilleure personne du monde, et avec cela la plus spirituelle, et de l'esprit le plus délié. Je soutiens que cette bonne personne ne paroîtra jamais si bonne (car il faut que je répète les mots) que le paroîtra une autre personne qui, avec ce même degré de bonté, n'aura qu'un esprit médiocre.

Quand je dis qu'elle paroîtra moins bonne, pourvu encore qu'on lui accorde de la bonté, qu'on n'attribue pas à son esprit ce qui ne paroîtra que dans son cœur, qu'on ne dise pas que cette bonté n'est qu'un tour d'adresse de son esprit ! Et voulez-vous savoir la cause de cette injustice qu'on lui fera de la croire moins bonne ? La voici en partie, si je ne me trompe.

C'est que la plupart des hommes, quand on les oblige, voudroient qu'on ne sentît presque pas et le prix du service qu'on leur rend et l'étendue de l'obligation qu'ils en ont ; ils voudroient qu'on fût bon sans être éclairé : cela conviendroit mieux à leur ingrate délicatesse, et c'est ce qu'ils ne trouvent pas dans quiconque a beaucoup d'esprit. Plus il en a, plus il les humilie ; il voit trop clair dans ce qu'il fait pour eux. Cet esprit qu'il a en est un témoin trop exact, et peut-être trop superbe ; d'ailleurs, ils ne sauroient plus manquer de reconnoissance sans en être honteux ; ce qui les fâche au point qu'ils en manquent d'avance, précisément à cause qu'on sait trop toute celle qu'ils doivent. S'ils avoient affaire à quelqu'un qui le sût moins, ils en auroient davantage.

Avec cette personne qui a tant d'esprit, il faudra, se disent-ils, qu'ils prennent garde de ne pas paroître ingrats ; au lieu qu'avec cette personne qui en auroit moins, leur reconnoissance leur feroit presque autant d'honneur que s'ils étoient eux-mêmes généreux. Voilà pourquoi ils aiment tant la bonté de l'une, et pourquoi ils jugent avec tant de rancune de la bonté de l'autre.

L'une sait bien en gros qu'elle leur rend service, mais elle ne le sait pas finement ; la moitié de ce qui en est lui échappe faute de lumière, et c'est autant de rabattu sur leur reconnoissance, autant de confusion d'épargnée. Ils sont servis à meilleur marché, et ils lui en savent si bon gré qu'ils la croient mille fois plus obligeante que l'autre, quoique le seul mérite qu'elle ait de plus soit d'avoir une qualité de moins, c'est-à-dire d'avoir moins d'esprit.

Or, Mme de Miran étoit de ces bonnes personnes à qui les hommes, en pareil cas, sont si obligés de ce qu'elles ont l'esprit médiocre, et Mme Dorsin, de ces bonnes personnes dont les hommes regardent les lumières involontaires comme une injure, et le tout de bonne foi, sans connoître leur injustice, car ils ne se débrouillent pas jusque-là.

Me voilà au bout de ma réflexion. J'aurois pourtant grande envie d'y ajouter encore quelques mots pour la rendre complète : le voulez-vous bien? Oui, je vous en prie. Heureusement que mon défaut là-dessus n'a rien de nouveau pour vous. Je suis insupportable avec mes réflexions, vous le savez bien. Souffrez donc encore celle-ci, qui n'est qu'une petite suite de l'autre; après quoi je vous assure que je n'en ferai plus; ou, si par hasard il m'en échappe quelqu'une, je vous promets qu'elle n'aura pas plus de trois lignes, et j'aurai soin de les compter. Voici donc ce que je voulois vous dire.

D'où vient que les hommes ont cette injuste délicatesse dont nous parlions tout à l'heure ? N'auroit-elle pas sa source dans la grandeur réelle de notre âme ? Est-ce que l'âme, si on peut le dire ainsi, seroit d'une trop haute condition pour devoir quelque chose à une autre âme ? Le titre de bienfaiteur ne sied-il bien qu'à Dieu seul ? Est-il déplacé partout ailleurs ?

Il y a apparence; mais qu'y faire ? Nous avons tous besoin les uns des autres ; nous naissons dans cette dépendance, et nous ne changerons rien à cela.

Conformons-nous donc à l'état où nous sommes ; et, s'il est vrai que nous soyons si grands, tirons de cet état le parti le plus digne de nous.

Vous dites que celui qui vous oblige a de l'avantage sur vous. Eh bien, voulez-vous lui conserver cet avantage, n'être qu'un atome auprès de lui, vous n'avez qu'à être ingrat. Voulez-vous redevenir son égal, vous n'avez qu'à être reconnoissant; il n'y a que cela qui puisse vous donner votre revanche. S'enorgueillit-il du service qu'il vous a rendu, humiliez-le à son tour et mettez-vous modestement au-dessus de lui par votre reconnoissance. Je dis modestement : car, si vous êtes reconnoissant avec faste, avec hauteur, si l'orgueil de vous venger s'en mêle, vous manquez votre coup; vous ne vous vengez plus, et vous n'êtes plus tous deux que de petits hommes qui disputez à qui sera le plus petit.

Ah! j'ai fini. Pardon, Madame; en voilà pour longtemps, peut-être pour toujours. Revenons à Mme Doisin et à son esprit.

J'ignore si jamais le sien a été cause qu'on ait moins estimé son cœur qu'on ne le devoit; mais, comme vous avez été frappée du portrait que je vous ai fait de la meilleure personne du monde, qui, du côté de l'esprit, n'étoit que médiocre, j'ai été bien aise de vous disposer à voir sans prévention un autre portrait de la meilleure personne du monde aussi, mais qui avoit un esprit supérieur, ce qui fait d'abord un peu contre elle, sans compter que cet esprit va nécessairement mettre des différences dans sa manière d'être bonne comme dans tout le reste du caractère.

Par exemple, Mme de Miran, avec tout le bon cœur qu'elle avoit, ne faisoit pour vous que ce que vous la priiez de faire, ou ne vous rendoit précisément que le service que vous osiez lui demander : je dis que vous osiez, car on a rarement le courage de dire tout le service dont on a besoin; n'est-il pas vrai? On y va d'ordinaire avec une discrétion qui fait qu'on ne s'explique qu'imparfaitement.

Et, avec Mme de Miran, vous y perdiez; elle n'en voyoit pas plus que vous ne lui en disiez, et vous servoit littéralement.

Voilà ce que produisoit la médiocrité de ses

lumières; son esprit bornoit la bonté de son cœur.

Avec Mme Dorsin, ce n'étoit pas de même: tout ce que vous n'osiez lui dire, son esprit le pénétroit; il en instruisoit son cœur, il l'échauffoit de ses lumières, et lui donnoit pour vous tous les degrés de bonté qui vous étoient nécessaires.

Et ce nécessaire alloit toujours plus loin que vous ne l'aviez imaginé vous-même.

Vous n'auriez pas songé à demander tout ce que Mme Dorsin faisoit.

Aussi pouviez-vous manquer d'attention, d'esprit, d'industrie; elle avoit de tout cela pour vous.

Ce n'étoit pas elle que vous fatiguiez du soin de ce qui vous regardoit, c'étoit elle qui vous en fatiguoit; c'étoit vous qu'on pressoit, qu'on avertissoit, qu'on faisoit ressouvenir de telle ou telle chose, qu'on grondoit de l'avoir oubliée; en un mot, votre affaire devenoit réellement la sienne.

L'intérêt qu'elle y prenoit n'avoit plus l'air généreux à force d'être personnel; il ne tenoit qu'à vous de trouver cet intérêt incommode.

Au lieu d'une obligation que vous comptiez avoir à Mme Dorsin, vous étiez tout surpris de lui en avoir plusieurs que vous n'aviez pas prévues; vous étiez servi pour le présent, vous l'étiez pour l'avenir dans la même affaire. Mme Dorsin voyoit tout, songeoit à tout, devenant toujours plus serviable, et se croyant obligée de le devenir à mesure qu'elle vous obligeoit.

Il y a des gens qui, tout bons cœurs qu'ils sont,

estiment ce qu'ils ont fait, ou ce qu'ils font pour vous, l'évaluent, en sont glorieux, et se disent : « Je le sers bien, il doit être bien reconnoissant. »

Mme Dorsin disoit : « Je l'ai servi plusieurs fois, je l'ai donc accoutumé à croire que je dois le servir toujours : il ne faut donc pas tromper cette opinion qu'il a, et qui m'est si chère ; il faut donc que je continue de la mériter. »

De sorte qu'à la manière dont elle envisageoit cela, ce n'étoit pas elle qui méritoit votre reconnoissance, c'étoit vous qui méritiez la sienne ; à cause que vous comptiez qu'elle vous serviroit, elle concluoit qu'elle devoit vous servir, et le concluoit avec un plaisir qui la payoit de tout ce qu'elle avoit fait pour vous.

Votre hardiesse à redemander d'être servi faisoit sa récompense ; son sublime amour-propre n'en connoissoit point de plus touchante ; et plus là-dessus vous en agissiez sans façon avec elle, plus vous la charmiez, plus vous la traitiez selon son cœur ; et cela est admirable.

Une âme qui ne vous demande rien pour les services qu'elle vous a rendus, sinon que vous en preniez droit d'en exiger d'autres ; qui ne veut rien que le plaisir de vous voir abuser de la coutume qu'elle a de vous obliger ; en vérité, une âme de ce caractère a bien de la dignité.

Peut-être l'élévation de pareils sentimens est-elle trop délicieuse ; peut-être Dieu défend-il qu'on s'y complaise ; mais, moralement parlant, elle est bien respectable aux yeux des hommes. Venons au reste.

La plupart des gens d'esprit ne peuvent s'accommoder de ceux qui n'en ont point ou qui n'en ont guère, ils ne savent que leur dire dans une conversation; et Mme Doisin, qui avoit bien plus d'esprit que ceux qui en ont beaucoup, ne s'avisoit point d'observer si vous en manquiez avec elle; elle n'en désiroit jamais plus que vous n'en aviez; et c'est qu'en effet elle n'en avoit elle-même alors pas plus qu'il ne vous en falloit.

Non pas qu'elle vous fît la grâce de régler son esprit sur le vôtre; il se trouvoit d'abord tout réglé, et elle n'avoit point d'autre mérite à cela que celui d'être née avec un esprit naturellement raisonnable et philosophe, qui ne s'amusoit pas à dédaigner ridiculement l'esprit de personne, et qui ne sentoit rapidement le vôtre que pour s'y conformer sans s'en apercevoir.

Mme Doisin ne faisoit pas réflexion qu'elle descendoit jusqu'à vous; vous ne vous en doutiez pas non plus; vous lui trouviez pourtant beaucoup d'esprit; et c'est que celui qu'elle gardoit avec vous ne servoit qu'à vous en donner plus que vous n'en aviez d'ordinaire; et l'on en trouve toujours beaucoup à qui nous en donne.

D'un autre côté, ceux qui en avoient tâchoient d'en montrer le plus qu'ils pouvoient avec elle, non qu'ils crussent qu'il falloit en avoir, ni qu'elle examineroit s'ils en avoient, mais afin qu'elle leur fît l'honneur de leur en trouver ; c'étoit la seule force de l'estime qu'ils avoient pour le sien qui les mettoit sur ce ton-là.

Les femmes surtout s'efforçoient de faire preuve d'esprit devant elle, sans exiger qu'elle en fît autant. Ses preuves étoient toujours faites à elle. Ainsi elles ne venoient pas pour voir combien elle avoit d'esprit, elles venoient seulement lui montrer combien elles en avoient.

Aussi les laissoit-elle étaler le leur tout à leur aise, et ne les interrompoit-elle le plus souvent que pour approuver, que pour louer, que pour les remettre en haleine.

Il me sembloit lui entendre dire : « Allons, brillez, Mesdames, courage ! » et effectivement elles brilloient, ce qui demande beaucoup d'esprit ; et Mme Dorsin se contentoit de les y aider ; sorte d'inaction ou de désintéressement qui en demande bien davantage, et d'un esprit bien plus mâle.

Vous auriez dit de jolis enfans qui, pour avoir un juge de leur adresse, venoient jouer devant un homme fait.

Voici encore un effet singulier du caractère de Mme Dorsin.

Allez dans quelque maison du monde que ce soit ; voyez-y des personnes de différentes conditions ou de différens états ; supposez-y un militaire, un financier, un homme de robe, un ecclésiastique, un habile homme dans les arts qui n'a que son talent pour toute distinction, un savant qui n'a que sa science : ils ont beau être ensemble; tout réunis qu'ils sont, ils ne se mêlent point, jamais ils ne se confondent ; ce sont toujours des étrangers les uns pour les autres, et comme gens de différentes nations ; toujours des gens mal assortis, qui se servent mutuellement de spectacle.

Vous y verrez aussi une subordination sotte et gênante, que l'orgueil cavalier ou le maintien imposant des uns, et la crainte de s'émanciper dans les autres, y conservent entre eux.

L'un interroge hardiment, l'autre avec poids et gravité; l'autre attend pour parler qu'on lui parle.

Celui-ci décide, et ne sait ce qu'il dit; celui-là a raison, et n'ose le dire; aucun d'entre eux ne perd de vue ce qu'il est, et y ajuste ses discours et sa contenance; quelle misère!

Oh! je vous assure qu'on étoit bien au-dessus de cette puérilité-là chez Mme Dorsin; elle avoit le secret d'en guérir ceux qui la voyoient souvent.

Il n'étoit point question de rangs ni d'états chez elle; personne ne s'y souvenoit du plus ou du moins d'importance qu'il avoit; c'étoient des hommes qui parloient à des hommes, entre qui seulement les meilleures raisons l'emportoient sur les plus foibles; rien que cela.

Ou, si vous voulez que je vous dise un grand mot, c'étoient comme des intelligences d'une égale dignité, sinon d'une force égale, qui avoient tout uniment commerce ensemble; des intelligences entre lesquelles il ne s'agissoit plus des titres que le hasard leur avoit donnés ici-bas, et qui ne croyoient pas que leurs fonctions fortuites dussent plus humilier les unes qu'enorgueillir les autres. Voilà comment on l'entendoit chez Mme Dorsin ; voilà ce qu'on devenoit avec elle, par l'impression qu'on recevoit de cette façon de penser raisonnable et philosophe que je vous ai dit qu'elle avoit, et qui faisoit que tout le monde étoit philosophe aussi.

Ce n'est pas, d'un autre côté, que, pour entretenir la considération qu'il lui convenoit d'avoir, étant née ce qu'elle étoit, elle ne se conformât aux préjugés vulgaires, et qu'elle ne se prêtât volontiers aux choses que la vanité des hommes estime : comme, par exemple, d'avoir des liaisons d'amitié avec des gens puissans qui ont du crédit et des dignités, et qui composent ce qu'on appelle le grand monde ; ce sont là des attentions qu'il ne seroit pas sage de négliger, elles contribuent à vous soutenir dans l'imagination des hommes.

Et c'étoit dans ce sens-là que Mme Dorsin les avoit. Les autres les ont par vanité, et elle ne les avoit qu'à cause de la vanité des autres.

Je vous ai dit que je serois longue sur son compte, et, comme vous voyez, je vous tiens parole.

Encore un petit article, et je finis : car je renonce à je ne sais combien de choses que je voulois dire, et qui tiendroient trop de place.

On peut ébaucher un portrait en peu de mots ; mais le détailler exactement comme je vous avois promis de le faire, c'est un ouvrage sans fin. Venons à l'article qui sera le dernier.

Mᵐᵉ Doisin, à cet excellent cœur que je lui ai donné, à cet esprit si distingué qu'elle avoit, joignoit une âme forte, courageuse et résolue; de ces âmes supérieures à tout événement, dont la hauteur et la dignité ne plient sous aucun accident humain; qui retrouvent toutes leurs ressources où les autres les perdent; qui peuvent être affligées, jamais abattues ni troublées; qu'on admire plus dans leurs afflictions qu'on ne songe à les plaindre; qui ont une tristesse froide et muette dans les plus grands chagrins, une gaieté toujours décente dans les plus grands sujets de joie.

Je l'ai vue quelquefois dans l'un et dans l'autre de ces états, et je n'ai jamais remarqué qu'ils prissent rien sur sa présence d'esprit, sur son attention pour les moindres choses, sur la douceur de ses manières, et sur la tranquillité de sa conversation avec ses amis. Elle étoit toute à vous, quoiqu'elle eût lieu d'être toute à elle; et j'en étois quelquefois si surprise que, malgré moi et ma tendresse pour elle, je m'occupois plus à la considérer qu'à partager ce qui la touchoit en bien ou en mal.

Je l'ai vue dans une longue maladie, où elle périssoit de langueur, où les remèdes ne la soulageoient point, où souvent elle souffroit beaucoup. Sans son visage abattu, vous auriez ignoré ses souffrances; elle vous disoit : « Je souffre », si vous lui demandiez comment elle étoit; elle vous parloit de vous ou de vos affaires, ou suivoit paisiblement la conversation, si vous ne le lui demandiez point.

Je suis sûre que toutes les femmes sentoient ce que valoit Mme Dorsin ; mais il n'y avoit que les femmes du plus grand mérite qui, je pense, eussent la force de convenir de tout le sien, et pas une d'entre elles qui n'eût été glorieuse de son estime.

Elle étoit la meilleure de toutes les amies ; elle auroit été la plus aimable de toutes les maîtresses.

N'eût-on vu Mme Dorsin qu'une ou deux fois, elle ne pouvoit pas être une simple connoissance pour personne ; et quiconque disoit : « Je la connois », disoit une chose qu'il étoit bien aise qu'on sût, et une chose qui étoit remarquée par les autres.

Enfin ses qualités et son caractère la rendoient si considérable et si importante qu'il y avoit de la distinction à être de ses amis, de la vanité à la connoître, et du bon air à parler d'elle équitablement ou non. C'étoit être d'un parti que de l'aimer et de lui rendre justice, et d'un autre parti que de la critiquer.

Ses domestiques l'adoroient ; ce qu'elle auroit perdu de son bien, ils auroient cru le perdre autant qu'elle ; et, par la même méprise de leur attachement pour elle, ils s'imaginoient être riches de tout ce qui appartenoit à leur maîtresse ; ils étoient fâchés de tout ce qui la fâchoit, réjouis de tout ce qui la réjouissoit. Avoit-elle un procès, ils disoient : « Nous plaidons » ; achetoit-elle :

« Nous achetons ». Jugez de tout ce que cela supposoit d'aimable dans cette maîtresse, et de tout ce qu'il falloit qu'elle fût pour enchanter, pour apprivoiser jusque-là, comment dirai-je? pour jeter dans de pareilles illusions cette espèce de créatures dont les meilleures ont bien de la peine à nous pardonner leur servitude, nos aises et nos défauts; qui, même en nous servant bien, ne nous aiment ni ne nous haïssent, et avec qui nous pouvons tout au plus nous réconcilier par nos bonnes façons. Mme Doisin étoit extrêmement généreuse; mais ses domestiques étoient fort économes, et, malgré qu'elle en eût, l'un corrigeoit l'autre.

Ses amis... oh! ses amis me permettront de les laisser là; je ne finis point: qu'est-ce que cela signifie? Allons voilà qui est fait. Où en étions-nous de mon histoire? Encore chez Mme Doisin, de chez qui je vais sortir.

Je supprime les caresses qu'elle me fit, et tout ce que les messieurs avec qui j'avois dîné dirent de galant et d'avantageux pour moi.

Il vint quelqu'un, Mme de Miran saisit cet instant pour se retirer; nous la suivîmes, Valville et moi; son amie courut après nous pour m'embrasser, et nous voilà partis pour me reconduire à mon couvent.

Dans tout ceci je n'ai fait aucune mention de Valville; qu'est-ce que j'en aurois dit? Qu'il avoit à tout moment les yeux sur moi, que je levois quelquefois les miens sur lui, mais tout doucement, et comme à la dérobée; que, lorsqu'on me parloit, je le voyois intrigué, et comme en peine de ce que j'allois répondre, et regardant ensuite les autres pour voir s'ils étoient contens de ce que j'avois répondu; ce qui, à vous dire vrai, leur arrivoit assez souvent. Je crois bien que c'étoit un peu par bonté, mais il me semble, autant qu'il m'en souvient, qu'il y entroit un peu de justice. J'avoue que je fus d'abord embarrassée, et mes premiers discours s'en ressentirent; mais cela n'alla pas si mal après, et je me tirai passablement d'affaire, même au sentiment de Mme de Miran, qui, tout en badinant, me dit dans le carrosse : « Eh bien, petite fille, la compagnie que nous venons de quitter est-elle de votre goût? Vous êtes assez du sien, à ce qu'il m'a paru, et nous ferons quelque chose de vous. — Oui-da, dit Valville sur le même ton, il y a lieu d'espérer que Mlle Marianne ne déplaira pas dans la suite. »

Je me mis à rire. « Hélas! répondis-je, je ne sais ce qui en arrivera, mais il ne tiendra pas à moi que ma mère ne se repente point de m'avoir prise pour sa fille. » Et ce fut en continuant ce badinage que nous arrivâmes au couvent.

« Serons-nous longtemps sans la revoir? dit Valville à Mme de Miran, quand il me donna la main pour m'aider à descendre de carrosse. — Je pense que non, repartit-elle : il y aura peut-être encore quelque dîner chez Mme Dorsin. Comme on s'est assez bien trouvé de nous, peut-être nous renvoua-t-on chercher ; point d'impatience ; partez, conduisez Marianne. »

Et là-dessus nous sonnâmes ; on vint m'ouvrir, et Valville n'eut que le temps de soupirer de ce qu'il me quittoit. « Vous allez vous renfermer ! me dit-il, et dans un moment il n'y aura plus personne pour moi dans le monde : je vous dis ce que je sens. — Eh ! qui est-ce qui y sera pour moi ? repartis-je ; je n'y connois que vous et ma mère, et je ne me soucie pas d'y en connoître davantage. »

Ce que je dis sans le regarder ; mais il n'y perdoit rien ; ce petit discours valoit bien un regard. Il m'en parut pénétré ; et, pendant qu'on ouvroit la porte, il eut le secret, je ne sais comment, d'approcher ma main de sa bouche, sans que Mme de Miran, qui l'attendoit dans son carrosse, s'en aperçût ; du moins crut-il qu'elle ne le voyoit pas, à cause qu'elle ne devoit pas le voir ; et je raisonnai à peu près de même. Cependant je retirai ma main, mais quand il ne fut plus temps ; on s'y prend toujours trop tard en pareil cas.

Enfin, me voici entrée, moitié rêveuse et moitié gaie. Il s'en alloit, et moi je restois ; et il me semble que la condition de ceux qui restent est toujours plus triste que celle des personnes qui s'en vont. S'en aller, c'est un mouvement qui dissipe, et rien ne distrait les personnes qui demeurent ; c'est elles que vous quittez, qui vous voient partir, et qui se regardent comme délaissées, surtout dans un couvent, qui est un lieu où tout ce qui se passe est si étranger à ce que vous avez dans le cœur, un lieu où l'amour est si dépaysé, et dont la clôture qui vous enferme rend ces sortes de séparations plus sérieuses et plus sensibles qu'ailleurs!

D'un autre côté aussi j'avois de grandes raisons de gaieté et de consolation. Valville m'aimoit, il lui étoit permis de m'aimer, et je ne risquois rien en l'aimant, et nous étions destinés l'un à l'autre: voilà d'agréables sujets de pensées; et, de la manière dont Mme de Miran en agissoit, à toute la conduite qu'elle tenoit, il n'y avoit qu'à patienter et prendre courage.

Au sortir d'avec Valville, je montai à ma chambre, où j'allois me déshabiller et me remettre dans mon négligé, quand il fallut aller souper. Je me laissai donc comme j'étois, et me rendis au réfectoire avec tous mes atours.

Entre les pensionnaires il y en avoit une à peu près de mon âge, et qui étoit assez jolie pour se croire belle, mais qui se le croyoit tant (je dis belle) qu'elle en étoit sotte. On ne la sentoit occupée que de son visage, occupée avec réflexion; elle ne songeoit qu'à lui; elle ne pouvoit pas s'y accoutumer, et on eût dit, quand elle vous regardoit, que c'étoit pour vous faire admirer ses grands yeux, qu'elle rendoit fiers ou doux, suivant qu'il lui prenoit fantaisie de vous imposer ou de vous plaire.

Mais d'ordinaire elle les adoucissoit rarement; elle aimoit mieux qu'ils fussent imposans que gracieux ou tendres, à cause qu'elle étoit fille de qualité et glorieuse.

Vous vous souvenez du discours que j'avois tenu à l'abbesse, lorsque je me présentai à elle devant Mme de Miran; je lui avois confié l'état de ma fortune et tous mes malheurs; et ma bienfaitrice, qui en fut si touchée, avoit oublié de lui recommander le secret en me mettant chez elle. On ne songe pas à tout.

J'y avois pourtant songé, moi, dès le soir même, deux heures après que je fus dans la maison, et l'avois bien humblement priée de ne point divulguer ce que je lui avois appris. « Hélas! ma chère enfant, je n'ai garde, m'avoit-elle répondu. Jésus, mon Dieu! ne craignez rien : est-ce qu'on ne sait pas la conséquence de ces choses-là? »

Mais, soit qu'il fût déjà trop tard quand je l'en avertis, quoiqu'il n'y eût que deux heures qu'elle fût instruite, soit qu'en la conjurant de ne rien dire je lui eusse rendu mon secret plus pesant et plus difficile à garder, et que cela n'eût servi qu'à lui faire venir la tentation de le dire, à neuf heures du matin, le lendemain, j'étois, comme on dit, *la fable de l'armée;* mon histoire couroit tout le couvent; je ne vis que des religieuses ou des pensionnaires qui chuchotoient aux oreilles les unes des autres en me regardant, et qui ouvroient sur moi les yeux du monde les plus indiscrets, dès que je paroissois.

Je compris bien ce qui en étoit cause; mais qu'y

faire? Je baissois les yeux, et passois mon chemin.

Il n'y en eut pas une, au reste, qui ne me prévînt d'amitié et qui ne me fît des caresses. Je pense que d'abord la curiosité de m'entendre parler les y engagea; c'est une espèce de spectacle qu'une fille comme moi qui arrive dans un couvent. Est-elle grande? est-elle petite? comment marche-t-elle? que dit-elle? quel habit, quelle contenance a-t-elle? Tout en est intéressant.

Et cela finit ordinairement par la trouver encore plus aimable qu'elle ne l'est, pourvu qu'elle le soit un peu, ou plus déplaisante, pour peu qu'elle déplaise : c'est là l'effet de ces sortes de mouvemens qui nous portent à voir les personnes dont on nous conte des choses singulières.

Et cet effet me fut avantageux; toutes ces filles m'aimèrent, surtout les religieuses, qui ne me disoient rien de ce qu'elles savoient de moi (vraiment elles n'avoient garde, comme avoit dit notre abbesse), mais qui, dans les discours qu'elles me tenoient, et tout en se récriant sur mon air de douceur et de modestie, sur mon aimable petite personne, prenoient avec moi des tons de lamentation si touchans que vous eussiez dit qu'elles pleuroient sur moi; et le tout à propos de ce qu'elles savoient et de ce que, par discrétion, elles ne faisoient pas semblant de savoir. Voyez, que cela étoit adroit! Quand elles m'auroient dit : « Pauvre petite orpheline, que vous êtes à plaindre d'être réduite à la charité des autres ! » elles ne se seroient pas expliquées plus clairement.

Venons à ce qui fait que je parle de ceci. C'est que cette jeune pensionnaire, qui se croyoit si belle, et qui étoit si fière, avoit été la seule qui m'eût dédaignée, et qui ne m'eût pas dit un mot; à peine pouvoit-elle se résoudre à payer d'une imperceptible inclination de tête les révérences que je ne manquois jamais de lui faire lorsque je la rencontrois. On voyoit que cela lui coûtoit.

Un jour même qu'elle se promenoit dans le jardin avec quelques-unes de nos compagnes, et que je vins à passer avec une religieuse, elle laissa tomber négligemment un regard sur moi, et je l'entendis qui disoit, mais d'un ton de princesse : « Oui, elle est assez gentille. C'est donc une dame qui a la charité de payer sa pension ? Ne trouvez-vous pas qu'elle ressemble à Javotte ? » (C'étoit une fille qui la servoit, et qui en effet me ressembloit, mais fort en laid.)

Je remarquai qu'aucune de celles qui l'accompagnoient ne répondit. Quant à moi, je rougis beaucoup, et les larmes m'en vinrent aux yeux; la religieuse avec qui je me promenois, fille d'un très bon esprit, qui s'étoit prise d'inclination pour moi, et que j'aimois aussi, leva les épaules et se tut.

« Mon Dieu, qu'il y a de cruelles gens dans le monde ! » ne pus-je m'empêcher de dire en soupirant : car aussi bien il auroit été inutile de me retenir et de passer cela sous silence : voilà qui étoit fini ; on me connoissoit.

« Consolez-vous, me dit la religieuse en me prenant la main, vous avez des avantages qui vous vengent bien de cette petite sotte-là, ma fille; et vous pourriez être plus glorieuse qu'elle, si vous n'étiez pas plus raisonnable; n'enviez rien de ce qu'elle a de plus que vous, c'est à elle à être jalouse.

— Vous avez bien de la bonté, ma mère, lui répondis-je en la regardant avec reconnoissance; hélas! vous parlez d'être raisonnable; et il me seroit bien aisé de ne pas rougir de mes malheurs, si tout le monde avoit autant de raison que vous. »

Voilà donc ce que j'avois déjà essuyé de cette superbe pensionnaire, qui ne pouvoit pas me pardonner d'être peut-être aussi belle qu'elle. Quand je dis peut-être, c'est pour parler comme elle, à qui, toute vaine qu'elle étoit de sa beauté, il ne laissoit pas que d'être difficile et hardi, je pense, de décider qu'elle valoit mieux que moi ; et c'étoit apparemment cette difficulté-là qui l'aigrissoit si fort, et lui donnoit tant de rancune contre l'orpheline.

Quoi qu'il en soit, je me rendis donc au réfectoire, parée comme vous savez que je l'étois, et, qui plus est, bien aise de l'être, à cause de ma jalouse, à qui, par hasard, je m'avisai de songer en chemin, et qui alloit, à mon avis, passer un mauvais quart d'heure et soutenir une comparaison fâcheuse de ma figure à la sienne. Ni elle ni personne de la maison ne m'avoit encore vue dans tous mes ajustemens; il est vrai que j'étois brillante.

J'arrive; je vous ai dit que je n'étois pas haïe : mes façons douces et avenantes m'avoient attiré la bienveillance de tout le monde, et faisoient qu'on aimoit à me louer et à me rendre justice; de sorte qu'à mon apparition, tous les yeux se fixèrent sur moi, et on se fit l'une à l'autre de ces petits signes de tête qui marquent une agréable surprise, et qui font l'éloge de ce qu'on voit; en un mot, je causai un moment de distraction dont je devois être très flattée; et de temps en temps on regardoit ma rivale pour examiner la mine qu'elle faisoit, comme si on avoit voulu voir si elle ne se tenoit pas pour battue, car on savoit sa jalousie.

Quant à elle, aussitôt qu'elle m'eut vue, j'observai qu'elle baissa les yeux en souriant de l'air dont on sourit quand quelque chose paroît ridicule; c'étoit apparemment tout ce qu'elle imagina de mieux pour se défendre; et vous allez voir sur quoi elle fondoit cet air railleur qu'elle jugea à propos de prendre.

Le souper finit, et nous passâmes toutes ensemble dans le jardin. Quelques religieuses nous y suivirent, entre autres celle dont je vous ai déjà parlé, et qui étoit mon amie.

Dès que nous y fûmes, mes compagnes m'entourèrent; l'une me demandoit : « Où avez-vous donc été? on ne vous a pas vue d'aujourd'hui. »

L'autre regardoit ma robe, en manioit l'étoffe et disoit : « Voilà de beau linge, et tout cela vous sied à merveille. Ah! que vous êtes bien coiffée! » et mille autres bagatelles de cette espèce, dignes de l'entretien de jeunes filles qui voient de la parure.

Mon amie la religieuse vint s'en mêler à sa manière; et, s'adressant malicieusement, sans doute, à celle qui me dédaignoit tant et qui s'avançoit avec elle : « N'est-il pas vrai, Mademoiselle, que ce seroit là une belle victime à offrir au Seigneur? lui dit-elle. Ah! mon Dieu, le beau sacrifice que ce seroit si mademoiselle renonçoit au monde et se faisoit religieuse ! (Vous comprenez bien que c'étoit de moi qu'elle parloit.)

— Eh! mais, ma mère, je crois pour moi que c'est son dessein, et elle feroit fort bien, repartit l'autre; ce seroit du moins le parti le plus sûr. » Et puis, m'apostrophant : « Vous avez là une belle robe, Marianne, et tout y répond; cela est cher au moins, et il faut que la dame qui a soin de vous soit très généreuse. Quel âge a-t-elle? est-elle vieille? songe-t-elle à vous assurer de quoi vivre? Elle ne sera pas éternelle, et il seroit fâcheux qu'elle ne vous mît pas en état d'être toujours aussi proprement mise; on s'y accoutume, et c'est ce que je vous conseille de lui dire. »

Le silence qui se fit à ce discours, et qui vint en partie de l'étonnement où il jeta toutes les filles, me déconcerta ; je restai muette et confuse en voyant la confusion des autres, et ne pus m'empêcher de pleurer avant que de répondre.

Pendant que je me taisois : « Qu'est-ce que c'est que ce raisonnement-là, Mademoiselle, et de quoi vous mêlez-vous? repartit pour moi cette religieuse qui m'aimoit. Savez-vous bien que votre mauvaise humeur n'humilie que vous ici, et qu'on n'ignore pas le motif d'un mouvement si hautain? C'est votre défaut que cette hauteur! madame votre mère nous en avertit quand elle vous mit ici, et nous pria de tâcher de vous en corriger; j'y fais ce que je puis, profitez de la leçon que je vous donne; et, en parlant à mademoiselle, ne dites plus « Ma« rianne », comme vous venez de le dire, puisqu'elle vous appelle toujours mademoiselle, et qu'il n'y a que vous de toutes vos compagnes qui preniez la liberté de l'appeler autrement. Vous n'avez pas droit de vous dispenser des devoirs d'honnêteté et de politesse qui doivent s'observer entre vous. Et vous, Mademoiselle, qu'est-ce qui vous afflige, et pourquoi pleurez-vous? (Ceci me regardoit.) Y a-t-il rien de honteux dans les malheurs qui vous sont arrivés, et qui font que vos parens vous ont perdue? Il faudroit être un bien mauvais esprit pour abuser de cela contre vous, surtout avec une fille aussi bien née que vous l'êtes, et qui ne peut assurément venir que de très bon lieu. Si l'on juge de la condition des gens par l'opinion que leurs façons nous en donnent, telle ici qui se croit plus que vous ne risque rien à vous regarder comme son égale en naissance, et seroit trop heureuse d'être votre égale en bon caractère.

— Non, ma mère, répondis-je d'un air doux, mais contristé; je n'ai rien, Dieu m'a tout ôté, et je dois croire que je suis au-dessous de tout le monde; mais j'aime encore mieux être comme je suis que d'avoir tout ce que mademoiselle a de plus que moi et d'être capable d'insulter les personnes affligées. » Ce discours et mes larmes qui s'y mêloient émurent le cœur de mes compagnes, et les mirent de mon parti.

« Eh! qui est-ce qui songe à l'insulter? s'écria ma jalouse en rougissant de honte et de dépit; quel mal lui fait-on, je vous prie, de lui dire qu'elle prenne garde à ce qu'elle deviendra? Il faut donc bien des précautions avec cette petite fille-là! »

On ne lui répondit rien; ma religieuse lui avoit déjà tourné le dos, et m'emmenoit d'un autre côté avec la plus grande partie des autres pensionnaires qui nous suivirent; il n'en resta qu'une ou deux avec mon ennemie; encore l'une étoit-elle sa parente, et l'autre son amie.

Cette petite aventure, que j'ai crue assez instructive pour les jeunes personnes à qui vous pourriez donner ceci à lire, fit que je redoublai de politesse et de modestie avec mes compagnes; ce qui fit qu'à leur tour elles redoublèrent d'amitié pour moi. Reprenons à présent le cours de mon histoire.

Je vous ai promis celle d'une religieuse, mais ce n'est pas encore ici sa place, et ce que je vais raconter l'amènera. Cette religieuse, vous la devinez sans doute ; vous venez de la voir venger mon injure ; et, à la manière dont elle a parlé, vous avez dû sentir qu'elle n'avoit rien des petitesses ordinaires aux esprits de couvent. Vous saurez bientôt qui elle étoit. Continuons. Mme de Miran vint me revoir deux jours après notre dîner chez Mme Dorsin ; et quelques jours ensuite je reçus d'elle, à neuf heures du matin, un second billet qui m'avertissoit de me tenir prête à une heure après midi, pour aller avec elle chez Mme Dorsin, avec un nouvel ordre de me parer, qui fut suivi d'une parfaite obéissance.

Elle arriva donc. Il y avoit huit jours que je n'avois vu Valville, et je vous avoue que le temps m'avoit duré. J'espérois le trouver à la porte du couvent comme la première fois ; je m'y attendois, je n'en doutois pas, et je pensois mal.

Mme de Miran avoit prudemment jugé à propos de ne le pas amener avec elle, et je ne fus reçue que par un laquais, qui me conduisit à son carrosse. J'en fus interdite, ma gaieté me quitta tout d'un coup ; je pris pourtant sur moi, et je m'avançai avec un découragement intérieur que je voulois cacher à Mme de Miran ; mais il auroit fallu n'avoir point de visage ; le mien me trahissoit ; on y lisoit mon trouble ; et, malgré que j'en eusse, je m'approchai d'elle avec un air de tristesse et d'inquiétude, dont je la vis sourire dès qu'elle me vit. Ce sourire me remit un peu le cœur, il me parut un bon signe. « Montez, ma fille », me dit-elle. Je me plaçai, et puis nous partîmes.

« Il manque quelqu'un ici, n'est-il pas vrai? ajouta-t-elle toujours en souriant. — Eh! qui donc, ma mère? repris-je, comme si je n'avois pas été au fait. — Eh! qui, ma fille? s'écria-t-elle : tu le sais encore mieux que moi, qui suis sa mère. — Ah! c'est M. de Valville, répondis-je ; eh! mais je m'imagine que nous le retrouverons chez Mme Dorsin.

— Point du tout, me dit-elle ; c'est encore mieux que cela : il nous attend chez un de ses amis chez qui nous devons le prendre en passant, et c'est moi qui n'ai pas voulu l'amener ici. Vous allez le voir tout à l'heure. »

En effet, nous arrêtâmes à quelques pas de là : un laquais, que j'avois aperçu de loin à la porte d'une maison, disparut sur-le-champ, et courut sans doute avertir son maître, qui lui avoit apparemment ordonné de se tenir là, et qui étoit déjà descendu quand nous arrivâmes. Que l'instant où l'on revoit ce qu'on aime fait de plaisir après quelque absence! Ah! l'agréable objet à retrouver!

Je compris à merveille, en le voyant à la porte de cette maison, qu'il falloit qu'il eût pris des mesures pour me revoir une ou deux minutes plus tôt; et de quel prix n'est pas une minute au compte de l'amour! et quel gré mon cœur ne sut-il pas au sien d'avoir avancé notre joie de cette minute de plus!

« Quoi! mon fils, vous êtes déjà là, lui dit

Mme de Miran : voilà ce qui s'appelle mettre les momens à profit. — Et voilà ce qui s'appelle une mère qui, à force de bon cœur, devine les cœurs tendres, lui répondit-il du même ton. — Taisez-vous, lui dit-elle, supprimez ce langage-là, il n'est pas séant que je l'écoute; que vos tendresses attendent, s'il vous plaît, que je n'y sois plus. Tu baisses les yeux, toi, ajouta-t-elle en s'adressant à moi; mais je t'en veux aussi : je t'ai vue tantôt pâlir de ce qu'il n'étoit pas avec moi; ce n'étoit pas assez de votre mère, Mademoiselle?

— Ah! ma mère, ne la querellez point, lui répondit Valville en me lançant un regard enflammé de tendresse; seroit-il beau qu'elle ne s'aperçût pas de l'absence d'un homme à qui sa mère la destine? Si vous tourniez la tête, j'aurois grande envie de lui baiser la main pour la remercier. » Et il me la prenoit en tenant ce discours; mais je la retirai bien vite; je lui donnai même un petit coup sur la sienne, et me jetai tout de suite sur celle de Mme de Miran, que je baisai de tout mon cœur, et pénétrée des mouvemens les plus doux qu'on puisse sentir.

Elle, de son côté, me serra la mienne. « Ah! la bonne petite hypocrite! me dit-elle; vous abusez tous deux du respect que vous me devez; allons, paix! parlons d'autre chose. Avez-vous passé chez mon frère, mon fils? comment se porte-t-il ce matin? — Un peu mieux, mais toujours assoupi comme hier, répondit Valville. — Cet assoupissement m'inquiète, dit Mme de Miran; nous ne serons pas aujourd'hui si longtemps chez Mme Dorsin que l'autre jour ; je veux voir mon frère de bonne heure. » Et nous en étions là quand le cocher arrêta chez cette dame. Il y avoit bonne compagnie : j'y trouvai les mêmes personnes que j'y avois déjà vues, avec deux autres, qui ne me parurent point de trop pour moi, et qui, à la façon obligeante et pourtant curieuse dont elles me regardèrent, s'attendoient à me voir, ce me semble ; il falloit qu'on se fût entretenu de moi, et à mon avantage ; ce sont de ces choses qui se sentent.

Nous dînâmes ; on me fit parler plus que je n'avois fait au premier dîner. Mme Dorsin, suivant sa coutume, m'accabla de caresses. Dispensez-moi du détail de ce qu'on y dit ; avançons.

Il n'y avoit qu'une heure que nous étions sortis de table, quand on vint dire à Mme de Miran qu'un domestique de chez elle demandoit à lui parler.

Et c'étoit pour lui dire que M. de Climal étoit en danger, qu'on tâchoit de le faire revenir d'une apoplexie où il étoit tombé depuis deux heures.

Elle rentra où nous étions, tout effrayée, et, la larme à l'œil, nous apprit cette nouvelle, prit congé de la compagnie, me laissa à mon couvent, et courut chez le malade avec Valville, qui me parut touché de l'état de son oncle, et touché aussi, je pense, du contretemps qui nous arrachoit si brusquement au plaisir d'être ensemble. J'en fus encore moins contente que lui ; je voulus bien qu'il s'en aperçût dans mes regards, et j'allai tristement me renfermer dans ma chambre, où il me vint des motifs de réflexion qui me chagrinèrent.

« Si M. de Climal meurt à présent, disois-je, Valville, qui en hérite, et qui est déjà très riche, va le devenir encore davantage ; eh ! que sais-je si cette augmentation de richesse ne me nuira pas ? Sera-t-il possible qu'un héritier si considérable m'épouse ? Mme de Miran elle-même ne se dédira-t-elle pas de cette bonté incroyable qu'elle a aujourd'hui de consentir à notre amour ? M'abandonnera-t-elle un fils qui pourra faire les plus grandes alliances, à qui on va les proposer, et qu'elles tenteront peut-être ? » Il y avoit effectivement lieu d'être alarmée.

Au moment où je raisonnois ainsi, Valville avoit beaucoup de tendresse pour moi, j'en étois sûre ; et, tant qu'il ne s'agissoit que d'épouser quelqu'une de ses égales, il m'aimoit assez pour être insensible à l'avantage qu'il auroit pu y trouver. Mais le seroit-il à l'ambition de s'allier à une famille encore au-dessus de la sienne et plus puissante ? Résisteroit-il à l'appât des honneurs et des emplois qu'elle pourroit lui procurer ? Auroit-il de l'amour jusque-là ? Il y a des degrés de générosité supérieurs à des âmes très généreuses. Les cœurs capables de soutenir toutes sortes d'épreuves en pareil cas sont si rares ! les cœurs qui ne se rendent qu'aux plus forts le sont même aussi.

Je n'avois pourtant rien à craindre de ce côté-là; ce n'est pas l'ambition qui me nuira dans le cœur de Valville. Quoi qu'il en soit, je fus inquiète, et je ne dormis guère.

Je venois de me lever le lendemain, quand je vis entrer une religieuse dans ma chambre, qui me dit, de la part de l'abbesse, de m'habiller le plus vite que je pourrois, et cela en conséquence d'un billet que lui avoit écrit Mme de Miran, où elle la prioit de me faire partir au plus tôt. Il y a même, ajouta cette religieuse, un carrosse qui vous attend dans la cour.

Autre sujet d'inquiétude pour moi; le cœur me battit. « M'envoyer chercher si matin ! me dis-je. Eh ! mon Dieu, qu'est-il donc arrivé ? Qu'est-ce que cela m'annonce ? Je n'ai pour toute ressource ici que la protection de Mme de Miran (car je n'osois plus en ce moment dire ma mère); veut-on me l'ôter ? est-ce que je vais la perdre ? » On n'est sûr de rien dans l'état où j'étois. Ma condition présente ne tenoit à rien; personne n'étoit obligé de m'y soutenir; je ne la devois qu'à un bon cœur, qui pouvoit tout d'un coup me retirer ses bienfaits, et m'abandonner sans que j'eusse à me plaindre; et ce bon cœur, il ne falloit qu'un mauvais rapport, qu'une imposture pour le dégoûter de moi; et tout cela me rouloit dans la tête en m'habillant. Les malheureux ont toujours si mauvaise opinion de leur sort ! Ils se fient si peu au bonheur qui leur arrive !

Enfin me voilà prête; je sortis dans un ajustement fort négligé, et j'allai monter en carrosse. Je pensois en chemin qu'on me menoit chez Mme de Miran; point du tout; ce fut chez M. de Climal qu'on arrêta. Je reconnus la maison : vous savez qu'il n'y avoit pas si longtemps que j'y avois été.

Jugez quelle fut ma surprise! Oh! ce fut pour le coup que je me crus perdue. « Allons, c'en est fait, me dis-je; je vois bien de quoi il s'agit. C'est ce misérable faux dévot qui est réchappé et qui se venge; je m'attends à mille calomnies qu'il aura inventées contre moi : il aura tout tourné à sa fantaisie; il passe pour un homme de bien, et j'aurai beau faire, Mme de Miran croira toutes les faussetés qu'il aura dites. Ah! mon Dieu, le méchant homme! »

Et, en effet, n'y avoit-il pas quelque apparence à ce que j'appréhendois? Les menaces qu'il m'avoit faites en me quittant chez Mme Dutour; cette scène qui s'étoit passée entre lui et moi chez ce religieux à qui j'avois été me plaindre, et devant qui je l'avois réduit, pour se défendre, à tout ce que l'hypocrisie a de plus scélérat et de plus intrépide; cette rencontre que j'avois faite de lui à mon couvent; les signes d'amitié dont m'y avoit honorée Mme de Miran, qu'il m'avoit vue saluer de loin; la crainte que je ne révélasse, ou que je n'eusse déjà révélé son indignité à cette dame qu'il voyoit que je connoissois; tout cela, joint au voyage qu'on me faisoit faire chez lui sans qu'on m'en eût avertie, ne sembloit-il pas m'annoncer quelque chose de sinistre? Qui est-ce qui n'auroit pas cru que j'allois essuyer quelque nouvelle iniquité de sa part?

« Vous verrez peut-être que, selon lui, ce sera moi qui aurai voulu le tenter pour l'engager à me faire du bien, me disois-je ; mais ce n'est pas là ce qu'il a dit au père Vincent : il m'a seulement accusée d'avoir cru que c'étoit lui-même qui m'aimoit ; et ce bon religieux, devant qui nous nous sommes trouvés tous deux, ne refusera pas son témoignage à une pauvre fille à qui on veut faire un si grand tort. » Voilà comme je raisonnois en me voyant dans la cour de M. de Climal, de sorte que je sortis du carrosse avec un tremblement digne de l'effroyable scène à laquelle je me préparois.

Il y avoit deux escaliers ; je dis à un laquais : « Où est-ce? — Par là, Mademoiselle », me dit-il ; c'étoit l'escalier à droite qu'il me montroit, et dont Valville en cet instant même descendoit avec précipitation.

Étonnée de le voir là, je m'arrêtai sans trop savoir ce que je faisois, et me mis à examiner quelle mine il avoit et de quel air il me regarderoit.

Je le trouvai triste, mais d'une tristesse qui, ce me semble, ne signifioit rien contre moi ; aussi m'aborda-t-il d'un air fort tendre.

« Venez, Mademoiselle, me dit-il en me donnant la main ; il n'y a pas de temps à perdre, mon oncle se meurt, et il vous attend.

— Moi, Monsieur ! » repris-je en respirant plus

à l'aise : car sa façon de me parler me rassuroit, et puis cet oncle mourant ne me paroissoit plus si dangereux : un homme qui se meurt voudroit-il finir sa vie par un crime? Cela n'est pas vraisemblable.

« Moi, Monsieur ! m'écriai-je donc, et d'où vient m'attend-il? que peut-il me vouloir? — Nous n'en savons rien, me répondit-il; mais ce matin il a demandé à ma mère si elle connoissoit particulièrement la jeune personne qu'elle avoit saluée au couvent ces jours passés; ma mère lui a dit qu'oui, lui a même appris en peu de mots de quelle façon vous vous étiez connues à ce couvent, et ne lui a point caché que c'étoit elle qui vous y avoit mise. Là-dessus : « Vous pouvez donc la faire venir, a-t-il
« répondu, et je vous prie de l'envoyer chercher; il
« faut que je la voie, j'ai quelque chose à lui dire
« avant que je meure »; et ma mère aussitôt a écrit à votre abbesse de vous permettre de sortir. Voilà tout ce que nous pouvons vous en dire.

— Hélas! lui répondis-je, cette envie qu'il a de me voir m'a d'abord fait peur; je me suis figuré, en partant, qu'il y avoit quelque mauvaise volonté de sa part. — Vous vous êtes trompée, reprit-il; du moins paroît-il dans des dispositions bien éloignées de cela. » Et nous montions l'escalier pendant ce court entretien. « C'est ma mère, ajouta-t-il, qui a voulu que je vous prévinsse sur tout ceci avant que vous vissiez M. de Climal. »

A ces mots nous arrivâmes à la porte de sa

chambre : je vous ai dit que j'étois un peu rassurée ; mais la vue de cette chambre où j'allois entrer ne laissa pas que de me remuer intérieurement.

C'étoit en effet une étrange visite que je rendois ; il y avoit mille petites raisons de sentiment qui m'en faisoient une corvée.

Il me répugnoit de paroître aux yeux d'un homme qui, à mon gré, ne pourroit guère s'empêcher d'être humilié en me voyant. Je pensois aussi que j'étois jeune, et que je me portois bien, et que lui étoit vieux et mourant.

Quand je dis vieux, je sais bien que ce n'étoit pas une chose nouvelle ; mais c'est qu'à l'âge où il étoit, un homme qui se meurt a cent ans ; et cet homme de cent ans m'avoit parlé d'amour, m'avoit voulu persuader qu'il n'étoit vieux que par rapport à moi qui étois trop jeune ; et, dans l'état hideux et décrépit où il étoit, j'avois de la peine à l'aller faire ressouvenir de tout cela. Est-ce là tout ? Non ; j'avois été vertueuse avec lui, il n'avoit été qu'un lâche avec moi : voyez combien de sortes d'avantages j'aurois sur lui ! Voilà à quoi je songeois confusément, de façon que j'étois moi-même honteuse de l'affront que mon âge, mon innocence et ma santé feroient à ce vieux pécheur confondu et agonisant. Je me trouvois trop vengée, et j'en rougissois d'avance.

Ce ne fut pas lui que j'aperçus d'abord ; ce fut le père Saint-Vincent, qui étoit au chevet de son lit, et au-dessous duquel étoit assise Mme de Miran, qui me tournoit le dos.

A cet aspect, surtout à celui du père Saint-Vincent, que je surpris bien autant qu'il me surprit, je n'osai plus me croire à l'abri de rien, et me voilà retombée dans mes inquiétudes : car, enfin, l'autre avoit beau être mourant, que faisoit là ce bon religieux? pourquoi falloit-il qu'il s'y trouvât avec moi?

Et, à propos de ce religieux, de qui, par parenthèse, je ne vous ai rien dit depuis que je l'ai quitté à son couvent; qui, comme vous savez, m'avoit promis de chercher à me placer et de venir le lendemain matin, chez Mme Dutour, m'informer de ce qu'il auroit pu faire, vous remarquerez que je lui avois écrit deux ou trois jours après que j'eus rencontré Mme de Miran, que je l'avois instruit de mon aventure et de l'endroit où j'étois, et que je l'avois prié d'avoir la bonté de m'y venir voir : à quoi il avoit répondu qu'il y passeroit incessamment.

J'étois donc, vous dis-je, fort étourdie de le trouver là, et je n'augurois rien de bon des motifs qu'on avoit eus de l'y appeler.

Lui, de son côté, à qui je n'avois point appris dans ma lettre le nom de ma bienfaitrice, et à qui M. de Climal n'avoit encore rien dit de son projet, ne savoit que penser de me voir au milieu de cette famille, amenée par Valville, qu'il vit venir avec moi, mais qui n'avança pas, et qui se tint éloigné, comme si, par égard pour son oncle, il avoit voulu lui cacher que nous étions entrés ensemble.

Au bruit que nous fîmes en entrant, « Qui est-ce que j'entends? demanda le malade. — C'est la jeune personne que vous avez envie de voir, mon frère, lui dit Mme de Miran. Approchez, Marianne », ajouta-t-elle tout de suite.

A ce discours, tout le corps me frémit; j'approchai pourtant, les yeux baissés : je n'osois les lever sur ce mourant ; je n'aurois su, ce me semble, comment m'y prendre pour le regarder, et je reculois d'en venir là.

« Ah! Mademoiselle, c'est donc vous ! me dit-il d'une voix foible et embarrassée, je vous suis obligé d'être venue; asseyez-vous, je vous prie. » Je m'assis donc et me tus, toujours les yeux baissés ; je ne voyois encore que son lit; mais, un moment après, j'essayai de regarder plus haut, et puis encore un peu plus haut, et de degré en degré je parvins enfin jusqu'à lui voir la moitié du visage, que je regardai vite tout entier; mais ce ne fut qu'un instant; j'avois peur que le malade ne me surprît l'examinant et n'en fût trop mortifié; ce qui est de sûr, c'est que je ne vis point de malice dans ce visage-là contre moi.

« Où est mon neveu? dit encore M. de Climal. — Me voici, mon oncle, répondit Valville, qui se montra alors modestement. — Reste ici, lui dit-il ; et vous, mon père, ajouta-t-il en s'adressant au religieux, ayez aussi la bonté de demeu-

rei »; le tout sans parler de Mme de Miran, qui
remarqua cette exception qu'il faisoit d'elle, et qui
lui dit : « Mon frère, je vais donner quelques ordres et passer, pour un instant, dans une autre
chambre.

— Comme vous voudrez, ma sœur », répondit-il. Elle sortit donc; et cette retraite, que M. de
Climal me parut souhaiter lui-même, acheva de
me prouver que je n'avois rien à craindre de fâcheux. S'il avoit voulu me faire du mal, il auroit
retenu ma bienfaitrice; la scène n'auroit pu se passer sans elle; aussi ne me resta-t-il plus qu'une
extrême curiosité de savoir à quoi cette cérémonie
aboutiroit. Il se fit un moment de silence après
que Mme de Miran fut sortie; nous entendîmes
soupirer M. de Climal.

« Je vous ai fait prier, dit-il en se retournant un
peu de notre côté, de venir ici ce matin, mon
père; et je ne vous ai point encore instruit des
raisons que j'ai pour vous y appeler; j'ai voulu
aussi que mon neveu fût présent; il le falloit, à
cause de mademoiselle, que ceci regarde. »

Il reprit haleine en cet endroit; je rougis; les
mains me tremblèrent, et voici comment il continua :

« C'est vous, mon père, qui me l'avez amenée,
dit-il en parlant de moi; elle étoit dans une situation qui l'exposoit beaucoup; vous vîntes lui chercher du secours chez moi; vous me choisîtes pour
lui en donner. Vous me croyiez un homme de

bien; vous vous trompiez, mon père, je n'étois pas digne de votre confiance. »

Et, comme alors le religieux parut vouloir l'arrêter par un geste qu'il fit : « Ah! mon père, lui dit-il, au nom de Dieu, dont je tâche de fléchir la justice, ne vous opposez point à celle que je veux me rendre. Vous savez l'estime et peut-être la vénération dont vous m'avez honoré de si bonne foi; vous savez la réputation où je suis dans le public; on m'y respecte comme un homme plein de vertu et de piété; j'y ai joui des récompenses de la vertu, et je ne les méritois pas; c'est un vol que j'ai fait. Souffrez donc que je l'expie, s'il est possible, par l'aveu des fourberies qui vous ont jeté dans l'erreur, vous et tout le monde, et que je vous apprenne, au contraire, tout le mépris que je méritois, et toute l'horreur qu'on auroit eue pour moi si on avoit connu le fond de mon abominable conscience.

— Ah! mon Dieu, soyez béni, Sauveur de nos âmes! s'écria alors le père Saint-Vincent.

— Oui, mon père, reprit M. de Climal, en nous regardant avec des yeux baignés de larmes, et d'un ton auquel on ne pouvoit pas résister, voilà quel étoit l'homme à qui vous êtes venu confier mademoiselle; vous ne vous adressiez qu'à un misérable; et toutes les bonnes actions que vous m'avez vu faire (je ne saurois trop le répéter) sont autant de crimes dont je suis coupable devant Dieu, autant d'impostures qui m'ont mis en état de faire le mal, et pour lesquelles je voudrois être exposé à tous les opprobres, à toutes les ignominies qu'un homme peut souffrir sur la terre; encore n'égaleroient-elles pas les horreurs de ma vie.

— Ah! Monsieur, en voilà assez, dit ici le père Saint-Vincent, en voilà assez. Allons, il n'y a plus qu'à louer Dieu des sentimens qu'il vous donne. Que d'obligations vous lui avez! De quelles faveurs ne vous comble-t-il pas! O bonté de mon Dieu, bonté incompréhensible, nous vous adorons! Voici les merveilles de la grâce; je suis pénétré de ce que je viens d'entendre, pénétré jusqu'au fond du cœur. Oui, Monsieur, vous avez raison; vous êtes bien coupable; vous renoncez à notre estime, à la bonne opinion qu'on a de vous dans le monde; vous voudriez mourir méprisé, et vous vous écriez : « Je suis méprisable. » Eh bien, encore une fois, Dieu soit loué! Je ne puis rien ajouter à ce que vous dites; nous ne sommes point dans le tribunal de la pénitence, et je ne suis ici qu'un pécheur comme vous. Mais voilà qui est bien, soyez en repos; nous sentons tout votre néant, aussi bien que le nôtre. Oui, Monsieur, ce n'est plus vous en effet que nous estimons; ce n'est plus cet homme de péché et de misère : c'est l'homme que Dieu a regardé, dont il a eu pitié, et sur qui nous voyons qu'il répand la plénitude de ses miséricordes. Puissions-nous, ô mon Sauveur! nous qui sommes les témoins des prodiges que votre grâce opère en lui; puissions-nous finir dans de pareilles dispositions! Hélas! qui de nous n'a pas de quoi se confondre et s'anéantir devant la justice divine? Chacun de nous n'a-t-il pas ses offenses, qui, pour être différentes, n'en sont peut-être pas moins grandes? Ne parlons plus des vôtres; en voilà assez, Monsieur, en voilà assez; puisque vous les pleurez, Dieu vous aime, et ne vous a pas abandonné; vous tenez de lui ce courage avec lequel vous nous les avouez; cette effusion de cœur est un gage de sa bonté pour vous; vous lui devez non seulement la patience avec laquelle il vous a souffert, mais encore cette douleur et ces larmes qui vous réconcilient avec lui, et qui font un spectacle dont les anges mêmes se réjouissent. Gémissez donc, Monsieur, gémissez, mais en lui disant : « O mon Dieu! vous « ne rejetterez point un cœur contrit et humilié. » Pleurez, mais avec confiance, avec la consolation d'espérer que vos pleurs le fléchiront, puisqu'ils sont un don de sa miséricorde. »

Et ce bon religieux en versoit lui-même en tenant ce discours, et nous pleurions aussi, Valville et moi.

« Je n'ai pas encore tout dit, mon père, reprit alors M. de Climal. — Non, Monsieur, non, je vous prie, répondit le religieux, il n'est pas nécessaire d'aller plus loin; contentez-vous de ce que vous avez dit : le reste seroit superflu, et ne serviroit peut-être qu'à vous satisfaire. Il est quelquefois doux et consolant de s'abandonner au mouvement où vous êtes : eh bien, Monsieur, privez-vous de cette douceur et de cette consolation; mortifiez l'envie que vous avez de nous en avouer davantage. Dieu vous tiendra compte de ce que vous avez dit et de ce que vous vous serez abstenu de dire.

— Ah! mon père, s'écria le malade, ne m'arrêtez point : ce seroit me soulager que de me taire ; je suis bien éloigné d'éprouver la douceur dont vous parlez; Dieu ne me fait pas une si grande grâce à moi qui n'en mérite aucune : c'est bien assez qu'il me donne la force de résister à la confusion dont je me sens couvert, et qui m'arrêteroit à tout moment, s'il ne me soutenoit pas. Oui, mon père, cet aveu de mes indignités m'accable ; je souffre à chaque mot que je vous dis, je souffre, et j'en remercie mon Dieu, qui par là me laisse en état de lui sacrifier mon misérable orgueil. Permettez donc que je profite d'une honte qui me punit, je voudrois pouvoir l'augmenter pour proportionner, s'il étoit possible, mes humiliations à la fausseté des vertus qu'on a honorées en moi. Je voudrois avoir toute la terre pour témoin de l'affront que je me fais ; je suis même fâché d'avoir été obligé de renvoyer Mme de Miran ; j'aurois pu du moins rougir encore aux yeux d'une sœur qui n'est peut-être pas désabusée; mais il a fallu l'écarter; je la connois, elle m'auroit interrompu; son amitié pour moi, trop tendre et trop sensible, ne lui auroit pas permis d'écouter ce que j'avois à dire ; mais vous le lui répéterez, mon père; je l'espère de votre piété, et c'est un soin dont vous voulez bien que je vous charge. Achevons.

« Mademoiselle vous a dit vrai dans le récit qu'elle vous a fait sans doute de mon procédé avec elle; je ne l'ai secourue, en effet, que pour tâcher de la séduire; je crus que son infortune lui ôteroit le courage de rester vertueuse, et j'offris de lui assurer de quoi vivre à condition qu'elle devînt méprisable. C'est vous en dire assez, mon père; j'abrège cet horrible récit par respect pour sa pudeur que mes discours passés n'ont déjà que trop offensée. Je vous en demande pardon, Mademoiselle, et je vous conjure d'oublier cette affreuse aventure; que jamais le ressouvenir de mon impudence ne salisse un esprit aussi chaste que le doit être le vôtre; recevez-en, pour réparation de ma part, cet aveu que je vous fais, qui est qu'avec vous j'ai été non seulement un homme détestable devant Dieu, mais encore un malhonnête homme suivant le monde : car j'eus la lâcheté, en vous quittant, de vous reprocher de petits présens que vous m'avez renvoyés; j'insultai à la triste situation où je vous abandonnois, et je menaçai de me venger si vous osiez vous plaindre de moi. »

Je fondois en larmes pendant qu'il me faisoit cette satisfaction si généreuse et si chrétienne; elle m'attendrit au point qu'elle m'arracha des soupirs. Valville et le père Saint-Vincent s'essuyoient les yeux et gardoient le silence.

« Vous savez, Mademoiselle, ajouta M. de Climal, ce que je vous offris alors ; ce fut, je pense, un contrat de cinq ou six cents livres de rente ; je vous en laisse aujourd'hui un de douze cents dans mon testament. Vous refusâtes avec horreur ces six cents livres, quand je vous les proposai comme la récompense d'un crime ; acceptez les douze cents francs à présent qu'ils ne sont plus que la récompense de votre sagesse ; il est bien juste d'ailleurs que je vous sois un peu plus secourable dans mon repentir que je n'offrois de l'être dans mon désordre. Mon neveu, que voici, est mon principal héritier, je le fais mon légataire ; il est né généreux, et je suis persuadé qu'il ne regrettera point ce que je vous laisse.

— Ah ! mon oncle, s'écria Valville la larme à l'œil, vous faites l'action du monde la plus louable et la plus digne de vous ; tout ce qui m'en afflige, c'est que vous ne la faites pas en pleine santé. Quant à moi, je ne regretterai que vous, et que la tendresse que vous me témoignez ; j'achèterois la durée de votre vie de tous les biens imaginables ; et, si Dieu m'exauce, je ne lui demande que la satisfaction de vous voir vivre aussi longtemps que je vivrai moi-même.

— Et moi, Monsieur, m'écriai-je à mon tour en sanglotant, je ne sais que vous répondre à force d'être sensible à tout ce que je viens d'entendre. J'ai beau être pauvre ; le présent que vous me faites, si vous mouriez, ne me consolera pas de votre perte ; je vous assure que je la regarderai aujourd'hui comme un nouveau malheur. Je vois, Monsieur, que vous seriez un véritable ami pour moi, et j'aimerois bien mieux cela, sans comparaison, que ce que vous me laissez si généreusement. »

Mes pleurs ici me coupèrent la parole ; je m'aperçus que mon discours l'attendrissoit lui-même. « Ce que vous dites là répond à l'opinion que j'ai toujours eue de votre cœur, Mademoiselle, reprit-il après quelques momens de silence, et il est vrai que je justifierois ce que vous pensez à présent de moi, si Dieu prolongeoit mes jours. Je sens que je m'affoiblis, dit-il ensuite ; ce n'est point à moi à vous donner des leçons, elles ne partiroient pas d'une bouche assez pure. Mais, puisque vous croyez perdre un ami en moi, qu'il me soit permis de vous dire encore une chose : j'ai tenté votre vertu ; il n'a pas tenu à moi qu'elle ne succombât : voulez-vous m'aider à expier les efforts que j'ai faits contre elle ? aimez-la toujours, afin qu'elle sollicite la miséricorde de Dieu pour moi ; peut-être mon pardon dépendra-t-il de vos mœurs. Adieu, Mademoiselle. Adieu, mon père, ajouta-t-il en parlant au père Saint-Vincent ; je vous la recommande. Pour vous, mon neveu, vous voyez pourquoi je vous ai retenu ; vous m'avez vu à genoux devant elle, vous avez pu la soupçonner d'y consentir : elle étoit innocente, et j'ai cru être obligé de vous l'apprendre. »

Il s'arrêta là, et nous allions nous retirer, quand il dit encore :

« Mon neveu, allez de ma part prier ma sœur de rentrer. Mademoiselle, me dit-il après, Mme de Miran m'a appris, comment vous la connoissiez ; dans le récit que vous lui avez fait de votre situation, le détail de l'injure toute récente que vous veniez d'essuyer de moi a dû naturellement y entrer ; dites-moi franchement, l'en avez-vous instruite, et m'avez-vous nommé ?

— Je vais, Monsieur, vous dire la vérité, lui répondis-je un peu embarrassée de la question. Au sortir de chez le père Saint-Vincent, j'entrai dans le parloir d'un couvent pour y demander du secours à l'abbesse ; j'y rencontrai Mme de Miran ; j'étois comme au désespoir : elle vit que je fondois en larmes ; cela la toucha. On me pressa de dire ce qui m'affligeoit ; je ne songeois pas à vous nuire ; mais je n'avois point d'autre ressource que de faire compassion, et je contai tout, mes premiers malheurs et les derniers. Je ne vous nommai pourtant point alors, moins par discrétion qu'à cause que je crus cela inutile ; et elle n'en auroit jamais su davantage, si quelques jours après, en parlant de ces hardes que je renvoyai, je n'avois pas par hasard nommé M. de Valville, chez qui je les fis porter comme au neveu de la personne qui me les avoit données. Voilà malheureusement comment elle vous connut, Monsieur ; et je suis bien mortifiée de mon imprudence : car, pour de la malice, il n'y en a point eu, je vous le dis en conscience ; je pourrois vous tromper, mais je suis trop pénétrée et trop reconnoissante pour vous rien cacher.

— Dieu soit loué ! s'écria-t-il alors en adressant la parole au père Saint-Vincent ; actuellement ma sœur sait donc à quoi s'en tenir sur mon compte. Je ne le croyois pas ; c'est une confusion que j'ai de plus avant que je meure ; je sens qu'elle est grande, mon père. Et je vous en remercie, Mademoiselle ; ne vous reprochez rien, c'est un service que vous m'avez rendu ; ma sœur me connoît, et je vais rougir devant elle. »

Je pensai faire des cris de douleur en l'entendant parler ainsi. Mme de Miran rentra avec Valville ; mes pleurs et mes sanglots la surprirent, son frère s'en aperçut.

« Venez, ma sœur, lui dit-il ; je vous aurois retenue tantôt, si je n'avois pas craint votre tendresse ; j'avois à dire des choses que vous n'auriez pas soutenues, mais je n'y perdrai rien, le père Saint-Vincent aura la bonté de vous les redire ; et, grâce à Dieu, vous en savez déjà l'essentiel ; mademoiselle vous a mise en état de me rendre justice. J'en ai mal usé avec elle ; le père Saint-Vincent me l'avoit confiée ; elle ne pouvoit pas tomber en de plus mauvaises mains, et je la remets dans les vôtres. A toute l'amitié que vous m'avez paru avoir pour elle, ajoutez-y toute celle que vous aviez pour moi, et dont elle est bien plus digne que je ne l'étois. Votre cœur tel qu'il fut à mon égard est un bien que je lui laisse, et qui la vengera du peu d'honneur et de vertu qu'elle trouva dans le mien.

— Ah ! mon frère, mon frère, que m'allez-vous dire ? lui répondit Mme de Miran, qui pleuroit presque autant que moi. Finissons, je vous prie, finissons ; dans l'affliction où je suis, je ne pourrois pas en écouter davantage. Oui, j'aurai soin de Marianne, elle me sera toujours chère ; je vous le promets, vous n'en devez pas douter ; vous venez de lui donner sur mon cœur des droits qui seront éternels. Voilà qui est fait, n'en parlons plus ; vous voyez la douleur où vous nous jetez tous. Allons, mon frère, êtes-vous en état de parler si longtemps ? Cela vous fatigue ; comment vous trouvez-vous ?

— Comme un homme qui va bientôt paroître devant Dieu, dit-il ; je me meurs, ma sœur. Adieu, mon père, souvenez-vous de moi dans vos saints sacrifices : vous savez le besoin que j'en ai. »

A peine put-il achever ces dernières paroles, et il tomba dès cet instant dans une foiblesse où nous crûmes qu'il alloit expirer.

Deux médecins entrèrent alors : le religieux s'en alla ; on nous fit retirer, Valville et moi, pendant qu'on essayoit de le secourir. Mme de Miran voulut rester, et nous passâmes dans une salle où nous trouvâmes un intime ami de M. de Climal, et deux parentes de la famille, qui alloient entrer.

Valville les retint, leur apprit que le malade avoit perdu toute connoissance, et qu'il falloit attendre ce qui en arriveroit; de sorte que personne n'entra, qu'un ecclésiastique, qui étoit son confesseur, et que nous vîmes arriver.

Valville, qui étoit assis à côté de moi dans cette salle, me dit tout bas quelles étoient ces trois personnes que nous y avions trouvées.

Je parle de cet ami de M. de Climal, et de ces deux dames ses parentes, dont l'une étoit la mère et l'autre la fille.

L'ami me parut un homme froid et poli; c'étoit un magistrat de l'âge de soixante ans à peu près.

La mère de la demoiselle pouvoit en avoir cinquante ou cinquante-cinq; petite femme brune, assez ronde, très laide, qui avoit le visage large et carré, avec de petits yeux noirs, qui d'abord paroissoient vifs, mais qui n'étoient que curieux et inquiets; de ces yeux toujours remuans, toujours occupés à regarder, et qui cherchent de quoi fournir à l'amusement d'une âme vide, oisive, d'une âme qui n'a rien à voir en elle-même : car il y a de certaines gens dont l'esprit n'est en mouvement que par pure disette d'idées; c'est ce qui les rend si affamés d'objets étrangers, d'autant plus qu'il ne leur reste rien, que tout passe en eux, que tout en sort; gens toujours regardans, toujours écoutans, jamais pensans. Je les compare à un homme qui passeroit sa vie à se tenir à sa fenêtre : voilà l'image que je me fais d'eux et des fonctions de leur esprit.

Telle étoit la femme dont je vous parle; je ne

jugeai pourtant pas d'elle alors comme j'en juge à présent que je me la rappelle; mes réflexions, quelque avancées qu'elles fussent, n'alloient pas encore jusque-là; mais je lui trouvai un caractère qui me déplut.

D'abord ses yeux se jetèrent sur moi et me parcoururent; je dis se jetèrent au hasard de mal parler, mais c'est pour vous peindre l'avidité curieuse avec laquelle elle se mit à me regarder; et de pareils regards sont si à charge!

Ils m'embarrassèrent, et je n'y sus point d'autre remède que de la regarder à mon tour, pour la faire cesser; quelquefois cela réussit, et vous délivre de l'importunité dont je souffrois.

En effet, cette dame me laissa là, mais ce ne fut que pour un moment; elle revint bientôt de plus belle, et me persécuta.

Tantôt c'étoit mon visage, tantôt ma cornette, et puis mes habits, ma taille, qu'elle examinoit.

Je toussai par hasard; elle en redoubla d'attention pour observer comment je toussois. Je tirai mon mouchoir : comment m'y prendrai-je? Ce fut encore un spectacle intéressant pour elle, un nouvel objet de curiosité.

Valville étoit à côté d'elle; la voilà qui tout d'un coup se retourne pour lui parler, et qui lui demande : « Qui est cette demoiselle-là? »

Je l'entendis; les gens comme elle ne questionnent jamais aussi bas qu'ils croient le faire; ils y vont si étourdiment qu'ils n'ont pas le temps d'être discrets. « C'est une demoiselle de province, et qui est la fille d'une des meilleures amies de ma mère, lui répondit Valville assez négligemment. — Ah! ah! de province, reprit-elle; et la mère est-elle ici? — Non, repartit-il encore; cette demoiselle-ci est dans un couvent à Paris. — Ah! dans un couvent! Est-ce qu'elle a envie d'être religieuse? Et dans lequel est-ce? — Ma foi, dit-il, je n'en sais pas le nom. — C'est peut-être qu'elle y a quelque parente? continua-t-elle. Elle est fort jolie, vraiment, très jolie »; ce qu'elle disoit en entrecoupant chaque question d'un regard sur ma figure. A la fin elle se lassa de moi, et me quitta pour examiner le magistrat, qu'elle connoissoit pourtant, mais dont le silence et la tristesse lui parurent alors dignes d'être considérés.

« Voilà qui est bien épouvantable, lui dit-elle après; cet homme qui se meurt, et qui se portoit si bien (qui est-ce qui l'auroit cru?), il n'y a que dix jours que nous dînâmes ensemble. »

C'étoit de M. de Climal qu'elle parloit. « Mais, dites-moi, Monsieur de Valville, est-ce qu'il est si mal? Cet homme-là est fort, j'espère qu'il en reviendra. Qu'en pensez-vous? Depuis quand est-il malade? car j'étois à la campagne, moi; et je n'ai su cela que d'hier. Est-il vrai qu'il ne parle plus, qu'il n'a plus de connoissance? — Oui, Madame, il n'est que trop vrai, répondit Valville. — Et Mme de Miran est donc là dedans? répondit-elle. Qui est-ce qui y est encore? La pauvre femme! elle doit être bien désolée, n'est-ce pas? Ils s'aimoient beaucoup. C'est un si honnête homme! Toute la famille y perd. Voici une fille qui en a pleuré hier toute la journée, et moi aussi (et cette fille, qui étoit la sienne, avoit effectivement l'air assez contristé, et ne disoit mot). »

Nos yeux s'étoient quelquefois rencontrés comme à la dérobée, et il me sembloit avoir vu dans ses regards autant d'honnêteté pour moi qu'elle en avoit dû rencontrer dans les miens pour elle. J'avois lieu de soupçonner que j'étois de son goût; de mon côté, j'étois enchantée d'elle, et j'avois bien raison de l'être.

Ah! Madame, l'aimable personne que c'étoit! Je n'ai encore rien vu de cet âge-là qui lui ressemble; jamais la jeunesse n'a tant paré personne; il n'en fut jamais de si agréable, de si riante à l'œil que la sienne. Il est vrai que la demoiselle n'avoit que dix-huit ans; mais il ne suffit pas de n'avoir que cet âge-là pour être jeune comme elle l'étoit; il faut y joindre une figure faite exprès pour s'embellir de ces airs lestes, fins et légers, de ces agrémens sensibles, mais inexprimables, que peut y jeter la jeunesse; et on peut avoir une très belle figure sans l'avoir propre et flexible à tout ce que je dis.

Il est question ici d'un charme à part, de je ne sais quelle gentillesse qui répand dans les mouvemens, dans le geste même, dans les traits, plus d'âme et plus de vie qu'ils n'en ont d'ordinaire.

On disoit l'autre jour à une dame qu'elle étoit au printemps de son âge : ce terme de *printemps* me fit ressouvenir de la jeune demoiselle dont je parle, et je gagerois que c'est quelque figure comme la sienne qui a fait imaginer cette expression-là.

Je ne lis jamais les mots de *Flore* ou d'*Hébé* que je ne songe tout d'un coup à Mlle de Fare (c'étoit ainsi qu'elle s'appeloit).

Représentez-vous une taille haute, agile et dégagée. A la manière dont Mlle de Fare alloit et venoit, et se transportoit d'un lieu à un autre, vous eussiez dit qu'elle ne pesoit rien.

Enfin, c'étoient des grâces de tout caractère : c'étoit du noble, de l'intéressant, mais de ce noble aisé et naturel qui est attaché à la personne, qui n'a pas besoin d'attention pour se soutenir, qui est indépendant de toute contenance, que ni l'air folâtre ni l'air négligé n'altèrent, et qui est comme un attribut de la figure ; c'étoit de cet intéressant qui fait qu'une personne n'a pas un geste qui ne soit au gré de votre cœur. C'étoient de ces traits délicats, mignons, et qui font une physionomie vive, rusée, et non pas maligne.

« Vous êtes une espiègle », lui disois-je quelquefois ; et il y avoit en effet quelque chose de ce que je dis là dans sa mine ; mais cela y étoit comme une grâce qu'on aimoit à y voir, et qui n'étoit qu'un signe de gaieté dans l'esprit.

Mlle de Fare n'étoit pas d'une forte santé ; mais ses indispositions lui donnoient l'air plus tendre que malade. Elle auroit souhaité plus d'embonpoint qu'elle n'en avoit ; mais je ne sais si elle y auroit tant gagné ; du moins, si jamais un visage a pu s'en passer, c'étoit le sien ; l'embonpoint n'y auroit ajouté qu'un agrément, et lui en auroit ôté plusieurs de plus piquans et de plus précieux.

Mlle de Fare, avec la finesse et le feu qu'elle avoit dans l'esprit, écoutoit volontiers en grande compagnie, y pensoit beaucoup, y parloit peu ; et ceux qui y parloient bien ou mal n'y perdoient rien.

Je ne lui ai jamais rien entendu dire qui ne fût bien placé, et dit de bon goût.

Étoit-elle avec ses amis, elle avoit dans sa façon de penser et de s'énoncer toute la franchise du brusque, sans en avoir la dureté.

On lui voyoit une sagacité de sentiment prompte, subite et naïve, une grande noblesse dans les idées, avec une âme haute et généreuse. Mais ceci regarde le caractère, que vous connoîtrez encore mieux par les choses que je dirai dans la suite.

Il y avoit déjà du temps que nous étions là, quand Mme de Miran sortit de la chambre du malade, et nous dit que la connoissance lui étoit entièrement revenue, et qu'actuellement les médecins le trouvoient beaucoup mieux. « Il m'a même demandé, ajouta-t-elle en m'adressant la parole, si vous étiez encore ici, Mademoiselle, et m'a priée qu'on ne vous ramenât à votre couvent qu'après que vous auriez dîné avec nous. — Vous me faites tous deux beaucoup d'honneur, lui répondis-je, et je ferai ce qu'il vous plaira, Madame.

— Je voudrois bien qu'il sût que je suis ici, dit alors le magistrat son ami, et j'aurois une extrême envie de le voir, s'il étoit possible.

— Et moi aussi, dit la dame ; n'y auroit-il pas moyen de l'avertir ? S'il est mieux, il ne sera peut-être pas fâché que nous entrions ; qu'en dites-vous, Madame ? Les médecins en ont donc meilleure espérance ? — Hélas ! cela ne va pas encore jusque-là ; ils le trouvent seulement un peu moins mal, et voilà tout, répondit Mme de Miran ; mais je vais retourner sur-le-champ, pour savoir s'il n'y a pas d'inconvénient que vous entriez » ; et à peine nous quittoit-elle là-dessus que les deux médecins sortirent de la chambre.

« Messieurs, leur dit-elle, ces deux dames peuvent-elles entrer avec monsieur pour voir mon frère ? est-il en état de les recevoir ?

— Il est encore bien foible, répondit l'un d'eux, et il a besoin de repos ; il seroit mieux d'attendre quelques heures.

— Ah ! sans difficulté, il faut attendre, dit alors le magistrat ; je reviendrai cet après-midi. — Ce ne sera pas la peine, si vous voulez rester, reprit Mme de Miran. — Non, dit-il, je vous suis obligé, je ne saurois ; j'ai quelque affaire.

— Pour moi, je n'en ai point, dit la dame, et je suis d'avis de demeurer ; n'est-il pas vrai, Madame? Eh bien! Messieurs, continua-t-elle tout de suite, dites-nous donc, que pensez-vous de cette maladie? J'ai dans l'esprit qu'il s'en tirera, moi, n'est-ce pas? Ne seroit-ce point de la poitrine dont il est attaqué? Il y a six mois qu'il eut un rhume qui dura très longtemps ; je lui dis d'y prendre garde, il le négligeoit un peu. La fièvre est-elle considérable?

— Ce n'est pas la fièvre que nous craignons le plus, Madame, dit l'autre médecin, et on ne peut encore porter un jugement bien sûr de ce qui arrivera ; mais il y a toujours du danger. »

Ils nous quittèrent après ce discours ; le magistrat les suivit, et nous restâmes, la mère, la fille, Mme de Miran, Valville et moi, dans la salle.

Il étoit tard, un laquais vint nous dire qu'on alloit servir. Mme de Miran passa un moment chez le malade; on lui dit qu'il reposoit ; elle en ressortit avec l'ecclésiastique qui y étoit demeuré, qui nous dit qu'il reviendroit après dîner; nous allâmes nous mettre à table, un peu moins alarmés que nous ne l'avions été dans le cours de la matinée.

Tous ces détails sont ennuyans, mais on ne sauroit s'en passer : c'est par eux qu'on va aux faits principaux. A table on me mit à côté de Mlle de Fare. Je crus voir, à ses façons gracieuses, qu'elle étoit bien aise de cette occasion qui s'offroit de lier quelque connoissance ensemble. Nous nous prévenions de mille petites honnêtetés que l'inclination suggère à deux personnes qui ont du plaisir à se voir.

Nous nous regardions avec complaisance, et, comme l'amour a ses droits, quelquefois aussi je regardois Valville, qui, de son côté et à son ordinaire, avoit presque toujours les yeux sur moi.

Je crois que Mlle de Fare remarqua nos regards. « Mademoiselle, me dit-elle tout bas pendant que sa mère et Mme de Miran se parloient, je voudrois bien ne me pas tromper dans ce que je pense; et, cela étant, vous ne quitteriez point Paris.

— Je ne sais pas ce que vous entendez, lui répondis-je du même ton (et effectivement je n'en savois rien); mais, à tout hasard, je crois que vous pensez toujours juste; voulez-vous bien à présent me dire votre pensée, Mademoiselle?

— C'est, reprit-elle toujours tout bas, que madame votre mère est la meilleure amie de Mme de Miran, et que vous pourriez bien épouser mon cousin; dites-moi ce qui en est à votre tour. »

Cela n'étoit pas aisé; la question m'embarrassa, m'alarma même; j'en rougis, et puis j'eus peur qu'elle ne vît que je rougissois, et que cela ne trahît un secret qui me faisoit trop d'honneur. Enfin j'ignore ce que j'aurois répondu, si sa mère ne m'avoit pas tirée d'affaire. Heureusement, comme je vous l'ai dit, c'étoit de ces femmes qui voient tout, et qui veulent tout savoir.

Elle s'aperçut que nous nous parlions. « Qu'est-ce que c'est, ma fille? dit-elle; de quoi est-il question? Vous souriez, et mademoiselle rougit (rien ne lui étoit échappé) : peut-on savoir ce que vous vous disiez?

— Je n'en ferai pas de mystère, repartit sa fille; je serois charmée que mademoiselle demeurât à Paris, et je lui disois que je souhaitois qu'elle épousât M. de Valville.

— Ah! ah! s'écria-t-elle, eh! mais, à propos, j'ai eu aussi la même idée; et il me semble, sur tout ce que j'ai observé, qu'ils n'en seroient fâchés ni l'un ni l'autre. Eh! que sait-on? C'est peut-être le dessein qu'on a; il y a toute apparence.

— Eh! pourquoi non? » dit Mme de Miran, qui apparemment ne vit point de risque à prendre son parti dans ces circonstances, et qui, par une bonté de cœur dont le mien est encore transporté quand j'y songe, et que je ne me rappelle jamais sans pleurer de tendresse et de reconnoissance; qui, dis-je, par une bonté de cœur admirable, et pour nous donner d'infaillibles gages de sa parole, voulut bien saisir cette occasion de préparer les esprits sur notre mariage.

« Eh! pourquoi non? dit-elle donc à son tour; mon fils ne sera pas à plaindre, si cela arrive.
— Ah! tout le monde sera de votre avis, reprit Mme de Fare : il n'y aura certes que des complimens à lui faire, et je lui fais les miens d'avance; je ne sache personne mieux partagé qu'il le sera.
— Aussi puis-je vous assurer, Madame, que je

n'envierai le partage de personne », répondit Valville d'un air franc et aisé, pendant que je baissois la tête pour la remercier de ses politesses, sans lui rien dire : car je crus devoir me taire et laisser parler ma bienfaitrice, devant qui je n'avois là-dessus et dans cette occasion qu'un silence modeste et respectueux à garder. Je ne pus m'empêcher cependant de jeter sur elle un regard bien tendre et bien reconnoissant ; et, de la manière dont la conversation se tourna là-dessus, quoique tout y fût dit en badinant, Mme de Fare ne douta point que je ne dusse épouser Valville.

« Je m'en retournerai dès que j'aurai vu M. de Climal, et puis nous reconduirons votre bru à son couvent, dit-elle à Mme de Miran ; ou bien, tenez, faisons encore mieux : je ne couche pas ce soir à Paris, je m'en retourne à ma maison de campagne, qui n'est qu'à un quart de lieue d'ici, comme vous savez. Je pense que vous pouvez disposer de mademoiselle. Écrivez, ou envoyez dire à son couvent qu'on ne l'attende point, et que vous la gardez pour un jour ou deux, moyennant quoi nous l'emmènerons avec nous. Ne faut-il pas que ces demoiselles se connoissent un peu davantage ? Vous leur ferez plaisir à toutes deux, j'en suis sûre. »

Mlle de Fare s'en mêla, et joignit de si bonne grâce ses instances à celles de sa mère que Mme de Miran, à qui on supposoit que mes parens m'avoient confiée, dit qu'elle y consentoit et que j'étois la maîtresse. « Il est vrai, ajouta-t-elle, que vous n'avez personne avec vous; mais vous serez servie chez madame. Allez, je passerai tantôt moi-même à votre couvent; et demain, suivant l'état où sera mon frère, j'irai sur les cinq heures du soir vous reprendre, ou je vous enverrai chercher.

— Puisque vous me le permettez, je n'hésiterai point, Madame », répondis-je.

On se leva de table; Valville me parut charmé qu'on eût lié cette petite partie; je devinai ce qui lui en plaisoit : c'est qu'elle nous convainquoit encore de la sincérité des promesses de Mme de Miran; non seulement cette dame laissoit croire que j'étois destinée à son fils, mais elle me laissoit aller dans le monde sur ce pied-là : y avoit-il de procédé plus net, et n'étoit-ce pas là s'engager à ne se dédire jamais?

Sortons de chez M. de Climal. Mme de Fare ne put le voir; on dit qu'il reposoit; et, dans l'instant que nous allions partir, Valville, par quelques discours qu'il tint adroitement, engagea cette dame à lui proposer de nous suivre et de venir souper chez elle.

« Il fait le plus beau temps du monde, lui dit-elle, vous reviendrez ce soir ou demain matin, si vous l'aimez mieux. — Me le permettez-vous aussi? dit en riant Valville à Mme de Miran, dont il étoit bien aise d'avoir l'approbation. — Oui-da, mon fils, reprit-elle, vous pouvez y aller; aussi bien ne me retirerai-je d'ici que fort tard. » Et là-dessus nous prîmes congé d'elle, et nous partîmes.

Nous voici arrivés ; je vis une très belle maison ; nous nous y promenâmes beaucoup : tout m'y rendoit l'âme satisfaite. J'y étois avec un homme que j'aimois, qui m'adoroit, qui avoit la liberté de me le dire, qui me le disoit à chaque instant, et dont on trouvoit bon que je reçusse les hommages, à qui même il m'étoit permis de marquer modestement du retour. Aussi n'y manquois-je pas ; il me parloit, et moi je le regardois, et ses discours n'étoient pas plus tendres que mes regards. Il le sentoit bien ; ses expressions en devenoient plus passionnées, et le langage de mes yeux encore plus doux.

Quelle agréable situation ! D'un côté, Valville qui m'idolâtroit ; de l'autre, Mlle de Fare qui ne savoit quelles caresses me faire ; et de ma part un cœur plein de sensibilité pour tout cela. Nous nous promenions tous trois dans le bois de la maison ; nous avions laissé Mme de Fare occupée à recevoir deux personnes qui venoient d'arriver pour souper chez elle ; et, comme les tendresses de Valville interrompoient ce que nous disions, cette aimable fille et moi, nous nous avisâmes, par un mouvement de gaieté, de le fuir, de l'écarter d'auprès de nous, et de lui jeter des feuilles que nous arrachions des bosquets.

Il nous poursuivoit, nous courions : il me saisit, elle vint à mon secours ; et mon âme se livroit à une joie qui ne devoit pas durer.

C'étoit ainsi que nous nous amusions, quand on vint nous avertir qu'on n'attendoit que nous pour se mettre à table, et nous nous rendîmes dans la salle.

On soupa; on demanda d'abord des nouvelles de M. de Fare qui étoit à l'armée; on parla de moi ensuite; la compagnie me fit de grandes honnêtetés. Mme de Fare l'avoit déjà prévenue sur le mariage auquel on me destinoit, et on en félicita Valville.

Le souper fini, les convives nous quittèrent. Mme de Fare dit à Valville de rester jusqu'au lendemain : il ne l'en fallut pas presser beaucoup. Je touche à la catastrophe qui me menace, et demain je verserai bien des larmes.

Je me levai entre dix et onze heures du matin; un quart d'heure après entra une femme de chambre qui venoit pour m'habiller.

Quelque inusité que fût pour moi le service qu'elle alloit me rendre, je m'y prêtai, je pense, d'aussi bonne grâce que s'il m'avoit été familier. Il falloit bien soutenir mon rang, et c'étoient là de ces choses que je saisissois on ne peut pas plus vite; j'avois un goût naturel, ou, si vous voulez, je ne sais quelle vanité délicate qui me les apprenoit tout d'un coup, et ma femme de chambre ne me sentit point novice.

A peine achevoit-elle de m'habiller que j'entendis la voix de Mlle de Fare qui approchoit, et qui parloit à une autre personne qui étoit avec elle. Je crus que ce ne pouvoit être que Valville, et je voulois aller au-devant d'elle; elle ne m'en donna pas le temps, elle entra.

Ah! Madame, devinez avec qui, devinez; voilà ce qu'on peut appeler un coup de foudre.

C'étoit avec cette marchande de toile chez qui j'avois demeuré en qualité de fille de boutique, avec Mme Dutour, de qui j'ai dit étourdiment, ou par pure distraction, que je ne parlerois plus, et qui, en effet, ne paroîtra plus sur la scène.

Mlle de Fare accourut d'abord à moi, et m'embrassa d'un air folâtre; mais ce fatal objet, cette misérable Mme Dutour venoit de frapper mes yeux, et elle n'embrassa qu'une statue : je restai sans mouvement, plus pâle que la mort, et ne sachant plus où j'étois.

« Eh! ma chère, qu'avez-vous donc? Vous ne me dites mot, s'écria Mlle de Fare, étonnée de mon silence et de mon immobilité.

— Eh! que Dieu nous soit en aide! Aurois-je la berlue? N'est-ce pas vous, Marianne? s'écria de son côté Mme Dutour. Eh! pardi oui, c'est elle-même; tenez, comme on se rencontre! Je suis venue ici pour montrer de la toile à des dames qui sont vos voisines, et qui m'ont envoyé chercher; et en revenant, j'ai dit : « Il faut que je passe chez « madame la marquise pour voir si elle n'a besoin « de rien. » Vous m'avez trouvée dans sa chambre, et puis vous m'amenez ici, où je la trouve; il faut croire que c'est mon bon ange qui m'a inspiré d'entrer dans la maison. »

Et, tout de suite, elle se jeta à mon cou. « Quelle bonne fortune avez-vous donc eue? ajouta-t-elle tout de suite. Comme la voilà belle et bien mise! Ah! que je suis aise de vous voir si brave! Que cela vous sied bien! Je pense, Dieu me pardonne, qu'elle a une femme de chambre. Eh! mais, dites-moi donc ce que cela signifie; voilà qui est admirable, cette pauvre enfant! Contez-moi donc d'où cela vient. »

A ce discours, pas un mot de ma part; j'étois anéantie.

Là-dessus, Valville arrive d'un air riant; mais, à l'aspect de Mme Dutour, le voici qui rougit, qui perd contenance, et qui reste immobile à son tour. Vous jugez bien qu'il comprit toutes les fâcheuses conséquences de cette aventure ; ceci, au reste, se passa plus vite que je ne puis le raconter.

« Doucement, Madame Dutour, doucement, dit alors Mlle de Fare; vous vous trompez sûrement, vous ne savez pas à qui vous parlez. Mademoiselle n'est pas cette Marianne pour qui vous la prenez.

— Ce ne l'est pas! s'écria encore la marchande, ce ne l'est pas! Ah! pardi, en voici bien d'un autre : vous verrez que je ne suis peut-être pas Mme Dutour aussi, moi! Eh! merci de ma vie, demandez-lui si je me trompe. Eh bien! répondez donc, ma fille; n'est-il pas vrai que c'est vous? Dites donc, n'avez-vous pas été quatre ou cinq jours en pension chez moi pour apprendre le négoce? C'étoit M. de Climal qui l'y avoit mise, et puis qui la laissa là un beau jour de fête; bon jour, bonne œuvre; adieu, va où tu pourras. Aussi pleuroit-elle, il falloit voir, la pauvre orpheline! Je la trouvai échevelée comme une Madeleine; une nippe d'un côté, une nippe d'un autre; c'étoit une vraie pitié.

— Mais, encore une fois, prenez garde, Madame, prenez garde : car cela ne se peut pas, dit Mlle de Fare étonnée. — Oh! bien, je ne dis pas que cela se puisse, mais je dis que cela est, reprit la Dutour. Eh! à propos, tenez, c'est chez M. de Valville que je fis porter le paquet de hardes dont M. de Climal lui avoit fait présent; à telles enseignes que j'ai encore un mouchoir à elle, qu'elle a oublié chez moi et qui ne vaut pas grand argent; mais enfin, n'importe, il est à elle, et je n'y veux rien; on l'a blanchi tel qu'il est; quand il seroit meilleur, il en seroit de même; et ce que j'en dis n'est que pour faire voir si je dois la connoître. En un mot comme en cent, qu'elle parle ou qu'elle ne parle pas, c'est Marianne; et quoi encore? Marianne : c'est le nom qu'elle avoit quand je l'ai prise; si elle ne l'a plus, c'est qu'elle en a changé; mais je ne lui en savois point d'autre, ni elle non plus; encore étoit-ce, m'a-t-elle dit, la nièce d'un curé qui le lui avoit donné : car elle ne sait qui elle est; c'est elle qui me l'a dit aussi. Que diantre! où est donc la finesse que j'y entends? Est-ce que j'ai envie de lui nuire, moi, à cette enfant qui a été ma fille de boutique? Est-ce que je lui en veux? Pardi! je suis comme tout le monde, je reconnois les gens quand je les ai vus. Voyez que cela est difficile! Si elle est devenue glorieuse, dame! je n'y saurois que faire. Au surplus, je n'ai que du bien à dire d'elle; je l'ai connue pour honnête fille : y a-t-il rien de plus beau? Je lui défie d'avoir mieux, quand elle seroit duchesse; de quoi se fâche-t-elle? »

A ce dernier mot, la femme de chambre se mit à rire sous sa main et sortit; pour moi, qui me sentois foible et les genoux tremblans, je me laissai tomber dans un fauteuil qui étoit à côté de moi, où je ne fis que pleurer et jeter des soupirs.

Mlle de Fare baissoit les yeux et ne disoit mot. Valville, qui jusque-là n'avoit pas encore ouvert la bouche, s'approcha enfin de Mme Dutour, et, la prenant par le bias : « Madame, allez-vous-en, sortez, je vous en conjure; faites-moi ce plaisir-là, vous n'y perdrez point, ma chère madame Dutour; allez, qu'on ne vous voie point davantage ici, soyez discrète, et comptez de ma part sur tous les services que je pourrai vous rendre.

— Eh! mon Dieu, de tout mon cœur, reprit-elle. Hélas! je suis bien fâchée de tout cela, mon cher monsieur; mais que voulez-vous? Devine-t-on? Mettez-vous à ma place.

— Eh! oui, Madame, lui dit-il, vous avez raison; mais partez, partez, je vous prie. — Adieu, adieu, répondit-elle, je vous fais bien excuse. Mademoiselle, je suis votre servante (c'étoit à Mlle de Fare à qui elle parloit). Adieu, Marianne; allez, mon enfant, je ne vous souhaite pas plus de mal qu'à moi, Dieu le sait; toutes sortes de bonheurs puissent-ils vous arriver! Si pourtant vous voulez voir ce que j'ai apporté dans mon carton, dit-elle encore en s'adressant à Mlle de Fare, peut-être prendriez-vous quelque chose. — Eh! non, reprit Valville, non, vous dit-on; j'achèterai tout ce que vous avez, je le retiens, et vous le payerai demain chez moi. » Ce fut en la poussant qu'il parla ainsi, et enfin elle sortit.

Mes larmes et mes soupirs continuoient; je n'osois pas lever les yeux, et j'étois comme une personne accablée.

« Monsieur de Valville, dit alors Mlle de Fare, qui jusqu'ici n'avoit fait qu'écouter, expliquez-moi ce que cela signifie.

— Ah! ma chère cousine, répondit-il en embrassant ses genoux, au nom de tout ce que vous avez de plus cher, sauvez-moi la vie; il n'y va pas de moins pour moi; je vous en conjure par toute la bonté, par toute la générosité de votre cœur. Il est vrai, mademoiselle a été quelques jours chez cette marchande; elle a perdu son père et sa mère depuis l'âge de deux ans; on croit qu'ils étoient étrangers; ils ont été assassinés dans un carrosse de voiture avec nombre de domestiques à eux : c'est un fait constaté; mais on n'a jamais pu savoir qui ils étoient; leur suite a seulement prouvé qu'ils étoient gens de

condition, voilà tout ; et mademoiselle fut retirée
du carrosse dans la portière duquel elle étoit
tombée sous le corps de sa mère ; elle a depuis été
élevée par la sœur d'un curé de village, qui est
morte à Paris il y a quelques mois, et qui la laissa
sans secours ; un religieux la présenta à mon oncle ;
c'est par hasard que je l'ai connue, et je l'adore :
si je la perds, je perds la vie. Je vous ai dit que
ses parens voyageoient avec plusieurs domestiques
de tout sexe ; elle est fille de qualité, on n'en a
jamais jugé autrement. Sa figure, ses grâces et son
caractère en sont encore de nouvelles preuves ;
peut-être même est-elle née plus que moi ; peut-
être que, si elle se connoissoit, je serois trop honoré de sa tendresse. Ma mère, qui sait tout ce
que je vous dis là, et tout ce que je n'ai pas le
temps de vous dire, ma mère est dans notre confidence ; elle est enchantée d'elle ; elle l'a mise dans
un couvent ; elle consent que je l'aime, elle consent que je l'épouse, et vous êtes bien digne de
penser de même ; vous n'abuserez point de l'accident funeste qui lui dérobe sa naissance ; vous ne
lui en ferez point un crime. Un malheur, quand il
est accompagné des circonstances que je vous dis,
ne doit point priver une fille, d'ailleurs si aimable,
du rang dans lequel on a bien vu qu'elle étoit née,
ni des égards et de la considération qu'elle mérite
de la part de tous les honnêtes gens. Gardez donc
votre estime et votre amitié pour elle ; conservez-
moi mon épouse, conservez-vous l'amie la plus digne

de vous, une amie d'un mérite et d'un cœur que vous ne trouverez nulle part, d'un cœur que vous allez acquérir tout entier, sans compter le mien, et dont la reconnoissance sera éternelle et sans bornes. Mais ce n'est pas assez que de ne point divulguer notre secret; il y avoit tout à l'heure ici une femme de chambre qui a tout entendu; il faut la gagner, il faut se hâter.

— C'est à quoi je songeois, dit Mlle de Fare qui l'interrompit, et qui tira le cordon d'une sonnette; et je vais y remédier. Tranquillisez-vous, Monsieur, et fiez-vous à moi. Voici un récit qui m'a remuée jusqu'aux larmes; j'avois beaucoup d'estime pour vous, vous venez de m'en donner mille fois davantage. Je regarde aussi Mme de Miran, dans cette occasion-ci, comme la femme du monde la plus respectable; je ne saurois vous dire combien je l'aime, combien son procédé me touche, et mon cœur ne le cédera pas au sien. Essuyez vos pleurs, ma chère amie, et ne songeons plus qu'à nous lier d'une amitié qui dure autant que nous », ajouta-t-elle en me tendant la main, sur laquelle je me jetai, que je baisai, et que j'arrosai de mes larmes, d'un air qui n'étoit que suppliant, reconnoissant et tendre, mais point humilié.

« Cette amitié que vous me faites l'honneur de me demander me sera plus chère que ma vie; je ne vivrai que pour vous aimer tous deux, vous et Valville », lui dis-je à travers des sanglots que m'arracha l'attendrissement où j'étois.

Je ne pus en dire davantage; Mlle de Fare pleuroit aussi en m'embrassant, et ce fut en cet état que la surprit la femme de chambre dont je vous ai parlé, et qui venoit savoir pourquoi elle avoit sonné.

« Approchez, Favier, lui dit-elle du ton le plus imposant; vous avez de l'attachement pour moi, du moins il me le semble. Quoi qu'il en soit, vous avez vu ce qui s'est passé avec cette marchande; je vous perdrai tôt ou tard, si jamais il vous échappe un mot de ce qui s'est dit; je vous perdrai; mais aussi je vous promets votre fortune pour prix du silence que vous garderez. — Et moi, je lui promets de partager la mienne avec elle », dit tout de suite Valville.

Favier, en rougissant, nous assura qu'elle se tairoit; mais le mal étoit fait, elle avoit déjà parlé, et c'est ce que vous verrez dans la sixième partie, avec tous les événemens que son indiscrétion causa; les puissances mêmes s'en mêlèrent. Je n'ai pas oublié, au reste, que je vous ai annoncé l'histoire d'une religieuse; et voici sa place; c'est par où commencera la sixième partie.

SIXIÈME PARTIE

Je vous envoie, Madame, la sixième partie de ma vie ; vous voilà fort étonnée, n'est-il pas vrai ? Est-ce que vous n'avez pas encore achevé de lire la cinquième ? Quelle paresse ! Allons, Madame, tâchez donc de me suivre ; lisez du moins aussi vite que j'écris.

« Mais, me dites-vous, d'où peut venir en effet tant de diligence, vous qui jusqu'ici n'en avez jamais eu, quoique vous m'ayez toujours promis d'en avoir ? »

C'est que ma promesse gâtoit tout. Cette diligence alors étoit comme d'obligation, je vous la devois, et on a de la peine à payer ses dettes. A présent que je ne vous la dois plus, que je vous ai dit qu'il ne falloit plus y compter, je me fais un plaisir de vous la donner pour rien ; cela me réjouit. Je m'imagine être généreuse, au lieu que je n'aurois été qu'exacte ; ce qui est bien différent.

Reprenons le fil de notre discours. J'ai l'histoire d'une religieuse à vous raconter : je n'avois pourtant résolu de vous parler que de moi, et cet épisode n'entroit pas dans mon plan ; mais, puisque vous m'en paroissez curieuse, que je n'écris que pour vous amuser, et que c'est une chose que je trouve sur mon chemin, il ne seroit pas juste de vous en priver. Attendez un moment, je vais bientôt rejoindre cette religieuse en question, et ce sera elle qui vous satisfera.

Vous m'avouez, au reste, que vous avez laissé lire mes aventures à plusieurs de vos amis. Vous me dites qu'il y en a quelques-uns à qui les réflexions que j'y fais souvent n'ont pas déplu ; qu'il y en a d'autres qui s'en seroient bien passés. Je suis à présent comme ces derniers, je m'en passerai bien aussi, ma religieuse de même ; ce ne sera pas une babillarde comme je l'ai été ; elle ira vite, et, quand ce sera mon tour à parler, je ferai comme elle.

Mais je songe que ce mot de *babillarde,* que je viens de mettre là sur mon compte, pourroit fâcher d'honnêtes gens qui ont aimé mes réflexions. Si elles n'ont été que du babil, ils ont donc eu tort de s'y plaire, ce sont donc des lecteurs de mauvais goût. Non pas, Messieurs, non pas ; je ne suis point de cet avis ; au contraire, je n'oserois dire le cas que je fais de vous, ni combien je me sens flattée de votre approbation là-dessus. Quand je m'appelle une babillarde, entre nous, ce n'est qu'en badinant et que par complaisance pour ceux qui m'ont peut-être trouvée telle ; et la vérité est que je continuerois de l'être, s'il n'étoit pas plus aisé de ne l'être point. Vous me faites beaucoup d'honneur en approuvant que je réfléchisse; mais aussi ceux qui veulent que je m'en tienne au simple récit des faits me font grand plaisir; mon amour-propre est pour vous, mais ma paresse se déclare pour eux, et je suis un peu revenue des vanités de ce monde; à mon âge on préfère ce qui est commode à ce qui n'est que glorieux. Je soupçonne d'ailleurs (et je vous le dis en secret), je soupçonne que vous n'êtes pas le plus grand nombre. Ajoutez à cela la difficulté de vous servir, et vous excuserez le parti que je vais prendre.

Nous en étions au discours que Mlle de Fare et Valville tinrent à Favier; j'ai dit que cette précaution qu'ils prirent fut inutile.

Vous avez vu que Favier s'étoit retirée avant que la Dutour s'en allât, et il n'y avoit tout au plus qu'un quart d'heure qu'elle avoit disparu quand elle revint; mais ce quart d'heure, elle l'avoit déjà employé contre moi. De ma chambre elle s'étoit rendue chez Mme de Fare, à qui elle avoit conté tout ce qu'elle venoit de voir et d'entendre.

Elle n'osa nous l'avouer. Mlle de Fare le prit avec elle sur un ton qui l'en empêcha et qui lui fit peur. J'observai seulement, comme je vous l'ai déjà dit, qu'elle rougit, et, à travers l'accablement où j'étois, je ne tirai pas un bon augure de cette rougeur.

Elle sortit assez déconcertée, et Mlle de Fare se remit à me consoler. Je lui tenois une main, que je baignois de mes larmes; elle répondoit à cette action par les caresses les plus affectueuses.

« Eh! ma chère amie, cessez donc de pleurer, me disoit-elle; que craignez-vous? Cette fille ne dira mot, soyez-en persuadée (c'étoit de Favier dont elle parloit); nous venons de l'intéresser par tous les motifs qui peuvent lui fermer la bouche. Je lui ai dit que son indiscrétion la perdroit, que son silence feroit sa fortune; et, après les menaces dont je l'ai intimidée, après les récompenses que je lui ai promises, concevez-vous qu'elle ne se taise pas? y a-t-il quelque apparence qu'elle nous trahisse? Tranquillisez-vous donc; donnez-moi cette marque d'amitié et de confiance, ou bien je croirai à présent que c'est à cause de moi que vous pleurez tant; je croirai que vous rougissez de m'avoir eue pour témoin de ce qui s'est passé, et que vous me soupçonnez d'avoir quelque sentiment qui vous humilie, moi qui ne vous en aime que davantage, qui ne m'en sens que plus liée à vous; moi pour qui vous n'en devenez que plus intéressante, et qui n'en aurai toute ma vie que plus d'égards pour vous. Je le croirai, vous dis-je; et voyez, en ce cas, combien j'aurois lieu de me plaindre de vous, combien votre douleur m'offenseroit et seroit désobligeante pour un cœur comme le mien! »

Ce discours redoubloit mon attendrissement, et par conséquent mes larmes. Je n'avois pas la force de parler; mais je donnois mille baisers sur sa main que je tenois toujours, et que je pressois entre les miennes en signe de reconnoissance.

« Quelqu'un peut venir, me disoit de son côté Valville. Mme de Fare elle-même va peut-être arriver; que voulez-vous qu'elle pense de l'état où vous êtes? Quelle raison lui en rendrons-nous, et de quoi vous affligez-vous tant? Ceci n'aura point de suite; c'est moi qui vous le garantis », ajoutoit-il en se jetant à mes genoux avec plus d'amour, avec plus de passion, ce me semble, qu'il n'en avoit jamais eu; et mes regards, que je laissois tomber tour à tour sur l'amant et l'amie, leur exprimoient combien j'étois sensible à tout ce qu'ils me disoient tous deux de doux et de consolant, quand nous entendîmes marcher près de ma chambre.

C'étoit Mme de Fare, qui entra un moment après. Sa fille et Valville s'assirent à côté de moi, et j'essuyai mes pleurs avant qu'elle parût; mais toute l'impression des mouvemens dont j'avois été agitée me restoit sur le visage. On y voyoit encore un air de douleur et de consternation que je ne pouvois pas en ôter.

« Feignez d'être malade, se hâta de me dire Mlle de Fare, et nous supposerons que vous venez de vous trouver mal. »

A peine achevoit-elle ce peu de mots que nous vîmes sa mère. Je ne la saluai que d'une simple inclination de tête, à cause de la foiblesse que nous étions convenus que j'affecterois, et qui étoit assez réelle.

Mme de Fare me regarda et ne me salua pas non plus.

« Est-ce qu'elle est indisposée? dit-elle à Valville d'un air indifférent et peu civil. — Oui, Madame, répondit-il ; nous avons eu beaucoup de peine à faire revenir mademoiselle d'un évanouissement qui lui a pris. — Et elle est encore extrêmement foible, ajouta Mlle de Fare, que je vis surprise du peu de façon que faisoit sa mère en parlant de moi.

— Mais, reprit cette dame du même ton, et sans jamais dire *mademoiselle*, si elle veut, on la ramènera à Paris, je lui prêterai mon carrosse.

— Madame, lui dit sèchement Valville, le vôtre n'est pas nécessaire; elle s'en retournera dans le mien, qui est venu me prendre. — Vous avez raison, cela est égal, repartit-elle. — Quoi! ma mère, tout à l'heure! s'écria la fille; je serois d'avis qu'on attendît à tantôt.

— Non, Mademoiselle, dis-je alors à mon tour, en m'appuyant sur le bras de Valville pour me lever; non, laissez-moi partir; je vous rends mille grâces de votre attention pour moi, mais effectivement il vaut mieux que je me retire, et je sens bien qu'il ne faut pas que je reste ici plus longtemps. Descendons, Monsieur, je serai bien aise de prendre l'air en attendant que votre carrosse soit prêt.

— Mais, ma mère, reprit une seconde fois Mlle de Fare, prenez donc garde ; laissions-nous mademoiselle s'en retourner toute seule dans ce carrosse? Et, puisqu'elle veut absolument se retirer, n'êtes-vous pas d'avis que nous la ramenions, ou du moins que je prenne une de vos femmes avec moi pour la reconduire jusqu'à son couvent, ou chez Mme de Miran, qui nous l'a confiée? Sans quoi il n'y a ici que M. de Valville qui pourroit l'accompagner, et il ne seroit pas dans l'ordre qu'il partît avec elle.

— Non, reprit la mère en souriant ; mais dites-moi, Monsieur de Valville, j'attends compagnie ; ni ma fille ni moi ne pouvons quitter : ne suffira-t-il pas d'une de mes femmes ? Je vous donnerai celle qui l'a habillée. Il n'y a qu'un pas d'ici à Paris ; n'est-ce pas, ma belle enfant ? Ce sera assez. »

Valville, indigné d'un procédé si cavalier, ne répondit mot. « Je n'ai besoin de personne, Madame, lui dis-je, pleinement persuadée que cette femme de chambre qu'elle m'offroit avoit parlé ; je n'ai besoin de personne. »

Et c'étoit en sortant de la chambre avec Valville que je disois cela. Mlle de Fare baissoit les yeux d'un air d'étonnement qui n'étoit pas à la louange de sa mère.

« Madame, dit Valville à Mme de Fare d'un ton aussi brusque que dégagé, mademoiselle va prendre mon équipage ; vous avez offert le vôtre, vous n'avez qu'à me le prêter pour la suivre ; l'état où elle est m'inquiète ; et, s'il lui arrivoit quelque chose, je serai à portée de lui faire donner du secours.

— Eh! d'où vient nous quitter? dit-elle toujours en souriant. Qu'est-ce que cela signifie? Je n'en vois pas la nécessité, puisque je lui offre une de mes femmes avec elle. Aime-t-elle mieux rester? Vous savez qu'à quatre ou cinq heures il doit lui venir une voiture que Mme de Miran a dit qu'elle enverroit ; et, comme elle est malade et que j'aurai compagnie, elle mangera dans sa chambre. — Oui, dit-il, l'expédient seroit assez commode, mais je ne crois pas qu'il lui convienne.

— Votre sérieux me divertit, mon cousin, lui repartit-elle ; au surplus, s'il n'y a pas moyen de vous arrêter, mon carrosse est à votre service.

« Bourguignon, ajouta-t-elle tout de suite en parlant à un laquais qui se rencontra là, qu'on mette les chevaux au carrosse. Je pense que voici du monde qui vient ; adieu, Monsieur ; nous nous reverrons, mais il y a bien de la méchante humeur à vous à nous quitter. Ma belle enfant, je suis votre servante : allez, ce ne sera rien ; faites-la déjeuner avant qu'elle parte. » Là-dessus elle prit congé de nous, et puis se retournant : « Venez, ma fille, dit-elle à Mlle de Fare ; venez, j'ai à vous parler.

— Dans un instant, ma mère, je vous suis, répondit la fille en nous regardant tristement, Valville et moi. Je ne comprends rien à ces manières-ci, nous dit-elle ; elles ne ressemblent point à celles d'hier au soir ; quelle en peut être la cause ? Est-ce que cette misérable femme l'auroit déjà instruite? J'ai de la peine à le croire.

— N'en doutez point, reprit Valville, qui avoit fait donner ses ordres à son cocher ; mais n'importe, elle sait l'intérêt que ma mère prend à mademoiselle, et tout ce qu'on peut lui avoir dit ne la dispense pas des égards et des politesses qu'elle devroit conserver pour elle. D'ailleurs, à propos de quoi en agit-elle si mal avec une jeune personne pour qui elle a vu que ma mère et moi nous avons les plus grandes attentions? Cette lingère, dont on lui a rapporté les discours, n'a-t-elle pas pu se tromper et prendre mademoiselle pour une autre ? Mademoiselle lui a-t-elle répondu un mot? Est-elle convenue de ce qu'elle lui disoit? Il est vrai qu'elle a pleuré, mais c'est peut-être à cause qu'elle a cru qu'on vouloit lui faire injure ; c'étoit surprise ou timidité, et tout cela est possible dans une personne de son âge, qui se voit apostrophée avec tant de hardiesse. Ce n'est pas à vous, ma chère cousine, à qui ce que je dis là s'adresse ; vous savez avec quelle confiance je me suis livré à vous là-dessus. Je veux seulement dire que Mme de Fare devoit du moins suspendre son jugement et ne point s'en rapporter à une femme de chambre, qui a pu mal entendre, qui a pu ajouter à ce qu'elle a entendu, et qui elle-même n'a raconté ce qu'elle a su que d'après une autre femme, qui, comme je l'ai dit, peut avoir été trompée par quelque ressemblance. Et supposez qu'elle ne se soit point méprise ; il s'agit ici de faits qui méritent bien qu'on s'en assure, ou qu'on les éclaircisse ; d'autant plus qu'il peut y entrer une infinité de circonstances qui changent considérablement les choses, comme le font les circonstances que je vous ai dites, et qui font bien voir que mademoiselle est à plaindre, mais qui ne donnent droit à qui que ce soit de la traiter comme on vient de le faire. »

Et il falloit voir avec quel feu, avec quelle douleur s'énonçoit Valville, et toute la tendresse qu'il mettoit pour moi dans ce qu'il disoit.

« Si Mme de Fare avoit votre cœur et votre façon de penser, Mademoiselle, ajouta-t-il, je lui aurois tout avoué ; mais je m'en suis abstenu. C'est un détail (vous me permettrez de le dire) qui n'est pas fait pour un esprit comme le sien. Quoi qu'il en soit, Mademoiselle, elle vous aime, vous avez du pouvoir sur elle, tâchez d'obtenir qu'elle se taise ; dites-lui que ma mère le lui demande en grâce, et que, si elle y manque, c'est se déclarer notre ennemie et m'outrager personnellement sans retour. Enfin, ma chère cousine, dites-lui l'intérêt que vous prenez à ce qui nous regarde, et tout le chagrin qu'elle feroit à vous-même si elle ne vous gardoit pas le secret.

— Ne vous inquiétez point, lui repartit Mlle de Fare, elle se taira, Monsieur ; je vais tout à l'heure me jeter à ses genoux pour l'y engager, et j'en viendrai à bout. »

Mais, du ton dont elle nous le promettoit, on voyoit bien qu'elle souhaitoit plus de réussir qu'elle ne l'espéroit, et elle avoit raison.

Pendant qu'ils s'entretenoient ainsi, je soupirois, et j'étois consternée. « Il n'y a plus de remède, m'écriois-je quelquefois ; nous n'en reviendrons point. » En effet, qui n'auroit pas pensé que cet événement-ci romproit notre mariage, et qu'il en naîtroit des obstacles insurmontables?

« Et si Mme de Miran les surmonte, me disois-je en moi-même, si elle a ce courage-là, aurai-je celui d'abuser de toutes ses bontés, de l'exposer à tout le blâme, à tous les reproches qu'elle en essuiera de sa famille? Pourrai-je être heureuse, si mon bonheur dans les suites devient un sujet de honte et de repentir pour elle? »

Voilà ce qui me passoit dans l'esprit, en supposant même que Mme de Miran ne se rebutât point, et tînt bon contre l'ignominie que cette aventure-ci répandroit sur moi, si elle éclatoit, comme il y avoit tout lieu de croire qu'elle éclateroit.

Les deux carrosses, celui de Mme de Fare et celui de Valville, arrivèrent dans la cour. Mlle de Fare m'embrassa ; elle me tint longtemps entre ses bras, je ne pouvois m'en arracher ; et je montai la larme à l'œil dans le carrosse de Valville, renvoyée, pour ainsi dire avec moquerie, d'une maison où l'on m'avoit reçue la veille avec tant d'accueil.

Me voici partie; Valville me suivoit dans l'équipage de Mme de Fare ; nous nous trouvions quelquefois de front, et nous nous parlions alors.

Il affectoit une gaieté qu'assurément il n'avoit pas ; et dans un moment où son carrosse étoit extrêmement près du mien : « Songez-vous encore à ce qui s'est passé? me dit-il assez bas, et en avançant sa tête. Pour moi, ajouta-t-il, il n'y a que l'attention que vous y faites qui me fâche.

— Non, non, Monsieur, lui répondis-je, ceci n'est pas aussi indifférent que vous le croyez ; et moins vous y êtes sensible, et plus vous méritez que j'y pense.

— Nous ne saurions continuer la conversation, me répondit-il ; mais allez-vous rentrer dans votre couvent, et ne jugez-vous pas à propos de voir ma mère auparavant?

— Il n'y a pas moyen, lui dis-je ; vous savez l'état où nous avons laissé M. de Climal ; Mme de Miran est peut-être actuellement dans l'embarras ; ainsi il vaut mieux retourner chez moi.

— Je crois, reprit Valville, que je vois de loin le carrosse de ma mère. » Il ne se trompoit pas ; et Mme de Miran ne l'envoyoit plus tôt qu'elle ne l'avoit dit que pour avertir Valville que M. de Climal étoit mort.

Il reçut cette nouvelle avec beaucoup de douleur ; elle m'affligea moi-même très sérieusement ; les dernières actions du défunt me l'avoient rendu cher, et je pleurai de tout mon cœur.

Je descendis alors du carrosse de Valville, à qui je le laissai ; il renvoya l'équipage de Mme de Fare, et je me mis dans celui de Mme de Miran, dont le cocher avoit ordre de me ramener au couvent, où j'arrivai fort abattue et roulant mille tristes pensées dans ma tête.

Je fus trois jours sans voir personne de chez Mme de Miran.

Le quatrième, au matin, un laquais vint de sa part me dire qu'elle avoit été incommodée, et que je la verrois le lendemain ; et, dans l'instant que je quittois ce domestique, il tira mystérieusement de sa poche un billet que Valville l'avoit chargé de me donner, et que j'allai lire dans ma chambre.

« Je n'ai pas instruit ma mère de l'accident qui vous est arrivé chez Mme de Fare, m'y disoit-il. Peut-être cette dame sera-t-elle discrète en faveur de sa fille, qui l'en aura fortement pressée ; et, dans l'espérance que j'en ai, j'ai cru devoir cacher à ma mère une aventure qu'il vaut mieux qu'elle ignore, s'il est possible, et qui ne serviroit qu'à l'inquiéter. Elle vous verra demain, m'a-t-elle dit ; j'ai parlé à la Dutour, je l'ai mise dans nos intérêts ; rien n'a encore transpiré. Gardez-vous, de votre côté, je vous prie, de rien dire à ma mère. » Voilà quelle étoit à peu près la substance de son billet, que je lus en secouant la tête à l'endroit où il me recommandoit le silence.

« Vous avez beau dire, lui répondis-je en moi-même, il ne sera pas généreux de me taire ; il y aura à cela une espèce de trahison ou de fourberie à laquelle Mme de Miran ne doit point s'attendre de ma part ; ce sera lui manquer de reconnoissance, et je ne saurois me résoudre à une dissimulation si ingrate; il me semble que je dois lui déclarer tout, à quelque prix que ce soit.

En pensant ainsi pourtant, je n'étois pas encore déterminée à ce que je ferois; mais cette mauvaise finesse dont on me conseilloit d'user répugnoit à mon cœur; de sorte que je restai jusqu'au lendemain fort agitée, et sans prendre de résolution là-dessus. A trois heures après-midi, on m'annonça Mme de Miran, et j'allai la trouver au parloir dans une émotion qui venoit de plusieurs motifs. Et les voici.

« Me tairai-je? C'est assurément le plus sûr, me disois-je ; mais ce n'est pas le plus honnête, et je trouve cela lâche. Parlerai-je? C'est le parti le plus digne, mais d'un autre côté le plus dangereux. » Il falloit se hâter d'opter, et j'étois déjà devant Mme de Miran sans m'être encore arrêtée à rien.

Il est quelquefois difficile de décider entre la fortune et son devoir. Quand je dis ma fortune, je parle de celle de mon cœur, que je risquois de perdre, et du bonheur qu'il y auroit pour moi à me voir unie à un homme qui m'étoit cher : car je ne songeois point du tout aux biens de Valville, non plus qu'au rang qu'il me donneroit. Quand on aime bien, on ne pense qu'à son amour ; il absorbe toute autre considération ; et le reste, de quelque conséquence qu'il fût, ne m'auroit pas fait hésiter un instant. Mais il s'agissoit de celer à Mme de

Miran un accident qu'il importoit qu'elle sût, à cause des inconvéniens qui le suivroient.

« Ma fille, me dit-elle, voici un contrat de douze cents livres de rente qui vous appartient, et que je vous apporte ; il est en bonne forme, vous pouvez vous en fier à moi ; c'est mon frère qui vous le laisse, et mon fils qui est son héritier n'y perd rien, puisque vous devez l'épouser, et que cela lui revient ; mais n'importe, prenez : c'est un bien qui est à vous, et j'aime encore mieux, dans cette occasion-ci, qu'il le tienne de vous que de son oncle. » Voyez, je vous prie, quel début!

« Hélas! ma mère, lui répondis-je, ce qui me touche le plus dans tout cela, c'est la manière dont vous me traitez; mon Dieu, que je vous ai d'obligations! Y a-t-il rien qui vaille la tendresse dont vous m'honorez? Vous savez, ma mère, que j'aime M. de Valville, mais mon cœur est encore plus à vous qu'à lui ; ma reconnoissance pour vous m'est plus chère que mon amour. » Et, là-dessus, je me mis à pleurer. « Va, Marianne, me dit-elle, ta reconnoissance me fait grand plaisir; mais je n'en veux jamais d'autre de toi que celle qu'une fille doit avoir pour une mère bien tendre : voilà de quelle espèce j'exige que soit la tienne. Souviens-toi que ce n'est plus une étrangère, mais que c'est ma fille que j'aime; tu vas bientôt achever de la devenir, et je t'avoue qu'à présent je le souhaite autant que toi. Je vieillis. Je viens de perdre le seul frère qui me restoit ; je sens que je me détache de la vie, et je ne m'y propose plus d'autre douceur que celle d'avoir Marianne auprès de moi : je ne pourrois plus me passer de ma fille. »

Mes pleurs recommencèrent à ce discours. « Je te retirerai d'ici dans quelques jours, ajouta-t-elle, et je t'ai déjà retenu ta place dans un autre couvent. Es-tu contente de Mme de Fare? Je ne l'ai pas revue depuis que tu es revenue de chez elle; elle vint hier pour me voir, mais j'étois indisposée et ne recevois personne. S'est-il encore dit quelque chose chez elle sur le mariage entre Valville et toi, dont il fut question chez mon frère?

— Non, ma mère, on n'en parla plus, lui répondis-je confuse et pénétrée de tant de témoignages de tendresse ; et je n'ai pas la hardiesse d'espérer qu'on en parle davantage.

— Quoi! que veux-tu dire? reprit-elle, et d'où vient me tiens-tu ce discours? Ne dois-tu pas être sûre de mon cocher? — M. de Valville ne vous a donc informée de rien, ma mère? lui repartis-je. — Non, me dit-elle; qu'est-il donc arrivé, Marianne?

— Que je suis perdue, ma mère, et que Mme de Fare sait qui je suis, répondis-je. — Eh! qui le lui a dit? s'écria-t-elle sur-le-champ ; comment le sait-elle? — Par le plus malheureux accident du monde, repris-je; c'est que cette marchande de linge chez qui j'ai demeuré quatre ou cinq jours est venue par hasard à cette campagne pour y vendre quelque chose, et qu'elle m'y a trouvée.

— Eh! mon Dieu, tant pis; t'a-t-elle reconnue?

me dit-elle. — Oh! tout d'un coup, repris-je. — Eh bien, achève donc, ma fille, que s'est-il passé? — Qu'elle a voulu, repartis-je, m'embrasser avec cette familiarité qu'elle a cru lui être permise, qu'elle s'est étonnée de me voir si ajustée, qu'elle ne m'a jamais appelée que Marianne; qu'on lui a dit qu'elle se trompoit, qu'elle me prenoit pour une autre; enfin qu'elle a soutenu le contraire, et que, pour le prouver, elle a dit mille choses qui doivent entièrement décourager votre bonne volonté, qui doivent vous empêcher de conclure notre mariage, et me priver du bonheur de vous avoir véritablement pour ma mère. Le tout est arrivé dans ma chambre. Mlle de Fare, qui étoit présente, mais qui est une personne généreuse, et à qui M. de Valville a tout conté, ne m'en a témoigné ni moins d'estime, ni fait moins d'amitiés; au contraire: aussi nous a-t-elle promis de garder un secret éternel, et n'a-t-elle rien oublié pour me consoler. Mais je suis née si malheureuse que sa générosité ne servira à rien, ma mère. — Est-ce là tout? Ne t'afflige point, reprit Mme de Miran; si notre secret n'est su que de Mlle de Fare, je suis tranquille, et il n'y a rien de gâté; nous pouvons en toute sûreté nous en fier à elle, et tu as tort de dire que Mme de Fare sait qui tu es: il est certain que sa fille ne lui en aura point parlé, et je n'aurois que cette dame à craindre. — Eh bien, ma mère, c'est que Mme de Fare est instruite, lui répondis-je; il y avoit là une femme de chambre qui a entendu tout ce que la lingère a dit, et qui lui a tout rapporté ; et ce qui nous l'a persuadé, c'est que cette dame, qui vint ensuite, ne me traita pas aussi honnêtement que la veille : ses manières étoient bien changées, ma mère, je suis obligée de vous l'avouer ; je crouois faire une perfidie si je vous le cachois. Vous avez eu la bonté de dire que j'étois la fille d'une de vos amies de province ; mais il n'y a plus moyen de se sauver par là : Mme de Fare sait que je ne suis qu'une pauvre orpheline, ou du moins que je ne connois point ceux qui m'ont mise au monde, et que c'étoit par pure charité que M. de Climal m'avoit placée chez Mme Dutour. Voilà sur quoi il faut que vous comptiez, et ce que j'ai cru qu'il étoit de mon devoir de vous apprendre. M. de Valville ne vous en a pas avertie ; mais c'est qu'il m'aime, et qu'il a craint que vous ne voulussiez plus consentir à notre mariage, et il faut lui pardonner : il est votre fils, c'est une liberté qu'il a pu prendre avec vous ; sans compter qu'il n'y a personne que cette aventure-ci regarde de si près que lui : c'est lui qui en souffriroit le plus, puisqu'il seroit mon mari ; mais moi qui en aurois tout le profit, et qui ne veux pas l'avoir par une surprise qui vous seroit préjudiciable, moi que vous avez accablée de bienfaits, qui ne dois la qualité de votre fille qu'à votre bon cœur, et qui n'ai pas les privilèges de M. de Valville, je m'imagine que je ne serois pas pardonnable si j'avois des ruses avec vous, et si je vous dissimulois une chose qui a de quoi vous détourner du dessein où vous êtes de nous marier ensemble. » Mme de Miran, pendant que je lui parlois, me regardoit avec une attention dont je ne pénétrois pas le motif; mais, de l'air dont elle fixoit les yeux sur moi, il sembloit qu'elle m'examinoit plus qu'elle ne m'écoutoit. Je continuai, et j'ajoutai :

« Vous aviez envie de prendre des mesures qui auroient empêché qu'on ne me connût, et il n'y a plus de mesures à prendre; apparemment que Mme de Fare dira tout, malgré sa fille, qui l'a conjurée de n'en rien faire. Ainsi, voyez, ma mère, voilà la belle-fille que vous auriez si j'épousois M. de Valville; il n'y a pas autre chose à espérer. Je ne me consolerai point du bonheur dont vous aurez bien raison de me priver; mais je me consolerois encore moins de vous avoir trompée. »

Mme de Miran resta quelques momens sans me répondre, me parut plus rêveuse que triste, et puis me dit en faisant un léger soupir :

« Tu m'affliges, ma fille, et cependant tu m'enchantes; il faut convenir avec toi que tu as un malheur bien obstiné. N'y auroit-il pas moyen, sans que je m'en mêlasse, d'engager cette lingère à dire qu'en effet elle s'est méprise? Dis-moi, que lui répondis-tu alors?

— Rien, ma mère, lui repartis-je; je ne sus que pleurer, pendant que Mlle de Fare s'obstinoit à lui dire qu'elle ne me connoissoit pas.

— Pauvre enfant ! reprit Mme de Miran; vraiment non, je ne savois rien de cela ; mon fils n'a eu garde de me l'apprendre, et, comme tu le dis, il est bien pardonnable, et peut-être même t'a-t-il recommandé de ne m'en point parler.

— Hélas! ma mère, repris-je, je vous ai dit qu'il m'aime ; c'est toujours son excuse ; et ce n'est que d'aujourd'hui qu'il m'a priée de me taire.

— Comment! d'aujourd'hui ? s'écria-t-elle ; est-ce qu'il t'est venu voir? — Non, Madame, repartis-je, mais il m'a écrit, et je vous conjure de ne lui point dire que je vous l'ai avoué. C'est le laquais que vous m'avez envoyé hier qui m'a apporté ce petit billet de sa part »; et sur-le-champ je le lui remis entre les mains. Elle le lut.

« Je ne saurois blâmer mon fils, dit-elle ensuite ; mais tu es une fille étonnante, et il a raison de t'aimer. Va, ajouta-t-elle en me rendant le billet, si les hommes étoient raisonnables, il n'y en a pas un, quel qu'il soit, qui ne lui enviât sa conquête. Notre orgueil est bien petit auprès de ce que tu fais là ; tu n'as jamais été plus digne du consentement que j'ai donné à l'amour de Valville, et je ne me rétracte point, mon enfant, je ne me rétracte point. A quelque prix que ce soit, je te tiendrai parole ; je veux que tu vives avec moi ; tu seras ma consolation ; tu me dégoûtes de toutes les filles qu'on pourroit m'offrir pour mon fils, il n'y en a pas une qui pût m'être supportable après toi ; laisse-moi faire. Si Mme de Fare, qui, à te dire la vérité, est une bien petite femme, et l'esprit le plus frivole que je connoisse, si elle n'a encore rien répandu de ce qu'elle sait (ce qui est difficile à croire, vu son caractère), je lui écrirai ce soir d'une manière qui la retiendra peut-être. Dans le fond, comme je te l'ai dit, elle n'est que frivole et point méchante. Je la verrai ensuite, je lui conterai toute ton histoire : elle est curieuse, elle aime qu'on lui fasse des confidences ; je la mettrai dans la nôtre, et elle m'en sera si obligée qu'elle sera la première à me louer de ce que je fais pour toi, et qu'elle pensera de ta naissance pour le moins aussi avantageusement que moi, qui pense qu'elle est très bonne. Et supposons qu'elle ait déjà été indiscrète, n'importe, ma fille, on trouve des remèdes à tout, console-toi. J'en imagine un ; il ne s'agit, dans cette occurrence-ci, que de me mettre à l'abri de la censure. Il suffira que rien ne retombe sur moi. A l'égard de Valville, il est jeune, et, quelque bonne opinion qu'on ait de lui, il a beaucoup d'amour ; tu es de la plus aimable figure du monde, et la plus capable de mener loin le cœur de l'homme le plus sage : or, si mon fils t'épouse, et qu'on soit bien sûr que je n'y ai point consenti, il aura tort, et ce ne sera pas ma faute. Au surplus, je suis bonne, on me connoît assez pour telle ; je ne manquerai pas d'être irritée, mais enfin je pardonnerai tout. Tu entends bien ce que je veux dire, Marianne », ajouta-t-elle en souriant.

A quoi je ne répondis qu'en me jetant comme

une folle sur une main dont, par hasard, elle tenoit alors un des barreaux de la grille.

Je pleurai d'aise, je criai de joie, je tombai dans des transports de tendresse, de reconnoissance ; en un mot, je ne me possédois plus, je ne savois plus ce que je disois. « Ma chère mère, mon adorable mère! ah! mon Dieu, pourquoi n'ai-je qu'un cœur ? Est-il possible qu'il y en ait un comme le vôtre? Ah! Seigneur, quelle âme! » et mille autres discours que je tins et qui n'avoient point de suite.

« As-tu pu croire qu'une aussi louable sincérité que la tienne tourneroit à ton désavantage auprès d'une mère comme moi, Marianne ? me dit Mme de Miran, pendant que je me livrois à tous les mouvemens que je viens de vous dire.

— Hélas ! Madame, est-ce qu'on peut s'imaginer rien de semblable à vous et à vos sentimens? lui répondis-je quand je fus un peu plus calme. Si je n'y étois pas accoutumée, je ne le croirois pas. — Serre donc le parchemin que je t'ai donné, me dit-elle (c'étoit de ce contrat dont elle parloit). Sais-tu bien que, suivant la date de la donation, il t'est déjà dû un premier quartier de la rente, et que je te l'apporte? Le voilà, ajouta-t-elle en tirant de sa poche un petit rouleau de louis d'or, qu'elle me força de prendre à cause que je le refusois; je voulois qu'elle me le gardât.

« Il sera mieux entre vos mains qu'entre les miennes, lui disois-je; qu'en ferai-je? Ai-je besoin de quelque chose avec vous? Me laissez-vous man-

quer de rien? N'ai-je pas tout en abondance?
J'ai encore l'argent que vous m'avez donné vous-
même (cela étoit vrai), et celui dont j'ai hérité à
la mort de la demoiselle qui m'a élevée me reste
aussi. — Prends toujours, me dit-elle, prends; il
faut bien t'accoutumer à en avoir, et celui-ci est
à toi. »

Alors nous entendîmes ouvrir la porte du parloir où j'étois. Je serrai donc ce rouleau, et nous
vîmes entrer l'abbesse de notre couvent.

« J'ai su que vous étiez ici », dit-elle à Mme de
Miran, ou plutôt à ma mère, car je ne dois plus
l'appeler autrement : ne l'étoit-elle pas, si elle n'é-
toit pas même quelque chose de mieux?

« J'ai su que vous étiez ici, Madame, lui dit
donc l'abbesse d'un ton de condoléance (à cause
que je lui avois dit la mort de M. de Climal), et
je viens pour avoir l'honneur de vous voir un moment; je devois cet après-midi envoyer chez vous,
je l'avois dit à mademoiselle.

Elles eurent ensuite un instant de conversation
très sérieuse; Mme de Miran se leva. « Je serai
quelque temps sans vous revoir, et même sans sortir, Marianne, me dit-elle; adieu »; et puis elle
salua l'abbesse et partit. Jugez de la tranquillité où elle me laissa. Qu'avois-je désormais à
craindre? Par où mon bonheur pouvoit-il m'é-
chapper? Y avoit-il de revers plus terrible pour
moi que celui que je venois d'essuyer, et dont
je sortois victorieuse? Non, sans doute, et,

puisque la bonté de Mme de Miran à mon égard
résistoit à d'aussi puissans motifs de dégoût, je
pouvois défier le sort de me nuire : c'en étoit fait,
ceci épuisoit tout, et je n'avois plus contre moi,
raisonnablement parlant, que la mort de ma mère,
celle de son fils, ou la mienne.

Encore celle de ma mère, qui, je crois (et l'amour me le pardonne), qui, dis-je, m'auroit, je
pense, été plus sensible que celle de Valville même,
n'auroit pas, suivant toute apparence, empêché pour
lors notre mariage ; de sorte que je nageois dans
la joie, et je me disois : « Tous mes malheurs sont
donc finis ; et, qui plus est, si mes premières infortunes ont commencé par être excessives, il me
semble que mes premières prospérités commencent
de même, je n'ai peut-être pas perdu plus de biens
que j'en retrouve ; la mère à qui je dois la vie
n'auroit peut-être pas été plus tendre que la mère
qui m'adopte, et ne m'auroit pas laissé un meilleur
nom que celui que je vais porter. »

Mme de Miran me tint parole : dix ou onze
jours se passèrent sans que je la visse ; mais presque tous les jours elle envoyoit au couvent, et je
reçus aussi deux ou trois billets de Valville, et
ceux-ci, sa mère les savoit ; je ne vous les rapporterai point, il y en avoit de trop longs. Voici seulement ce que j'ai retenu du premier :

Vous m'avez décelé à ma mère, Mademoiselle
(c'est que j'avois montré son dernier billet à Mme de

Miran); *mais vous n'y gagnerez rien; au contraire, au lieu d'un billet ou deux que j'aurois tout au plus hasardé de vous écrire, vous en recevrez trois ou quatre, et davantage; en un mot, tant qu'il me plaira, car ma mère le veut bien; il faut, s'il vous plaît, que vous le vouliez bien aussi. Je vous avois priée de ne lui dire ni l'impertinence de la Dutour, ni le sot procédé de Mme de Fare, et vous n'avez tenu compte de ma prière; vous avez un petit cœur mutin, qui s'est avisé d'être plus franc et plus généreux que le mien. Quel tort cela m'a-t-il fait? Aucun, et, grâces au Ciel, je vous mets au pis; si je n'ai pas le cœur aussi noble que vous, en revanche, celui de ma mère vaut bien le vôtre, entendez-vous, Mademoiselle? Ainsi il n'en sera ni plus ni moins; et, quand nous serons mariés, nous verrons un peu s'il est vrai que le vôtre soit plus noble que le mien; et, en attendant, je puis me vanter du moins de l'avoir plus tendre. Savez-vous ce qu'ont produit tous les aveux que vous avez faits à ma mère? « Valville, m'a-t-elle dit, ma fille est incomparable; tu lui avois recommandé le secret sur ce qui s'est passé chez Mme de Fare, et je ne t'en sais pas mauvais gré; mais elle m'a tout dit, et je n'en reviens point; je l'aime mille fois plus que je ne l'aimois, et elle vaut mieux que toi. »*

Le reste du billet étoit rempli de tendresses; mais voilà le seul dont je me suis ressouvenue, et qui fût essentiel. Revenons. Il y avoit donc dix ou douze jours que je n'avois vu personne de chez

Mme de Miran, quand, sur les dix heures du matin, on vint me dire qu'il y avoit une parente de ma mère qui me demandoit et qui m'attendoit au parloir.

Comme on ne me dit point si elle étoit vieille ou jeune, je m'imaginai que c'étoit Mlle de Fare, qui, après sa mère, étoit la seule parente de Mme de Miran que je connusse; et je descendis, persuadée que ce ne pouvoit être qu'elle.

Point du tout ; je ne trouvai, au lieu d'elle, qu'une grande femme maigre et menue, dont le visage étroit et long lui donnoit une mine froide et sèche, avec de grands bras extrêmement plats, au bout desquels étoient deux mains pâles et décharnées, dont les doigts ne finissoient point. A cette vision, je m'arrêtai, je crus qu'on se trompoit, et que c'étoit une autre Marianne à qui ce grand spectre en vouloit (car c'étoit sous le nom de Marianne qu'elle m'avoit fait appeler). « Madame, lui dis-je, je ne sache point avoir l'honneur d'être connue de vous, et ce n'est pas moi que vous demandez apparemment.

— Vous m'excuserez, me répondit-elle ; mais, pour en être plus sûre, je vous dirai que la Marianne que je cherche est une jeune fille orpheline, qui, dit-on, ne connoît ni ses parens ni sa famille, qui a demeuré quelques jours en apprentissage chez une marchande lingère appelée Mme Dutour, et que madame la marquise de Fare emmena ces jours passés à sa maison de campagne. A tout ce que je dis là, Mademoiselle, cette Marianne qui est pensionnaire de Mme de Miran, n'est-ce pas vous?

— Oui, Madame, lui repartis-je; quelque intention que vous ayez en me le demandant, c'est moi-même, je ne le nierai jamais; j'ai trop de cœur et trop de sincérité pour cela.

— C'est fort bien répondu, reprit-elle : vous êtes très aimable; c'est dommage que vous portiez vos vues un peu trop haut Adieu, la belle fille, je ne voulois pas en savoir davantage. » Et là-dessus, sans autre compliment, elle rouvrit la porte du parloir pour s'en aller.

Étonnée de cette singulière façon d'agir, je restai d'abord comme immobile, et puis, la rappelant sur-le-champ : « Madame, lui criai-je, Madame, à propos de quoi me venez-vous donc voir? Êtes-vous parente de Mme de Miran, comme vous me l'avez fait dire? — Oui, ma belle enfant, très parente, me repartit-elle, et une parente qui aura un peu plus de raison qu'elle.

— Je ne sais pas vos desseins, Madame, repris-je à mon tour; mais ce seroit bien mal fait à vous si vous veniez ici pour me surprendre. » Elle ne me répondit rien, et acheva de descendre.

« Qu'est-ce que cela signifie? m'écriai-je toute seule, et à quoi tend une visite si extraordinaire? Est-ce encore quelque orage qui vient fondre sur moi? Il en sera tout ce qu'il pourra, mais je n'y entends rien. »

Et là-dessus je retournai à ma chambre, dans la

résolution d'informer Mme de Miran de ce nouvel accident ; non que je crusse qu'il y eût eu du mal à ne lui en rien dire : car de quelle conséquence cela pourroit-il être ? Je n'y en voyois aucune ; mais il y eût toujours eu quelque mystère à ne lui en point parler ; et ce mystère, tout indifférent qu'il me paroissoit, je me le serois reproché, il me seroit resté sur le cœur.

En un mot, je n'aurois pas été contente de moi. « Et puis, me direz-vous, vous ne couriez aucun risque à être franche ; vous deviez même y avoir pris goût, puisque vous ne vous en étiez jamais trouvée que mieux de l'avoir été avec Mme de Miran, et qu'elle avoit toujours récompensé votre franchise. »

J'en conviens, et peut-être ce motif faisoit-il beaucoup dans mon cœur ; mais c'étoit du moins sans que je m'en aperçusse, je vous jure, et je croyois là-dessus ne suivre que les purs mouvemens de ma reconnoissance.

Quoi qu'il en soit, j'écrivis à Mme de Miran. « Mardi, à telle heure, lui disois-je, est venue me voir une dame que je ne connois point, qui s'est dite votre parente, qui est faite de telle et telle manière, et qui, après s'être bien assurée que j'étois la personne qu'elle vouloit voir, ne m'a dit que telle et telle chose (et là-dessus je rapportois ses propres paroles, que j'étois bien aimable, mais que c'étoit dommage que je portasse mes vues un peu trop haut) ; et ensuite, ajoutois-je, elle s'est brusquement retirée sans autre explication. »

« Au portrait que tu me fais de la dame en question, me répondit par un petit billet Mme de Miran, je devine qui ce peut être, et je te le dirai demain dans l'après-midi. Demeure en repos. » Aussi y demeurai-je; mais ce ne sera pas pour longtemps.

Entre dix et onze, le lendemain matin, une sœur converse entra dans ma chambre, et me dit, de la part de l'abbesse, qu'il y avoit une femme de chambre de Mme de Miran qui venoit pour me prendre avec le carrosse, et qu'ainsi je me hâtasse de m'habiller.

Je le crois, il n'y avoit rien de plus positif; et je m'habille.

J'eus bientôt fait ; un demi-quart d'heure après je fus prête, et je descendis.

La femme de chambre en question, qui se promenoit dans la cour, parut à la porte quand on me l'ouvrit. Je vis une femme assez bien faite, mise à peu près comme elle devoit être, avec des façons convenables à son état, enfin une vraie femme de chambre, extrêmement révérencieuse.

De douter qu'elle fût à Mme de Miran, en vertu de quoi cette défiance me seroit-elle venue? Voici le carrosse dans lequel elle est arrivée, et ce carrosse est à ma mère; il étoit un peu différent de celui que je connoissois et que j'avois toujours vu ; mais ma mère peut en avoir plus d'un.

« Mademoiselle, me dit cette femme de chambre, je viens vous prendre, et Mme de Miran vous attend.

— Seroit-ce, lui dis-je, qu'elle va dîner ailleurs, et qu'elle veut m'emmener avec elle ? Il est pourtant de bonne heure.

— Non, ce n'est pour aller nulle part, je pense ; et il me semble que ce n'est seulement que pour passer la journée avec vous », me répondit-elle après avoir un instant hésité comme une personne qui ne sait que répondre. Mais cet instant d'embarras fut si court que je n'y songeai que lorsqu'il ne fut plus temps.

« Allons, Mademoiselle, lui dis-je, partons », et sur-le-champ nous montâmes en carrosse. Je remarquai cependant que le cocher m'étoit inconnu, et il n'y avoit point de laquais.

Cette femme de chambre se mit d'abord vis-à-vis de moi ; mais à peine fûmes-nous sorties de la cour du couvent qu'elle me dit : « Je ne saurois aller de cette façon-là ; vous voulez bien que je me place à côté de vous ? »

Je ne répondis mot, mais je trouvai l'action familière. Je savois que ce n'étoit point l'usage, je l'avois entendu dire. « Pourquoi, pensai-je en moi-même, cette femme-ci en agit-elle si librement avec moi, qui suis censée être si fort au-dessus d'elle, et qu'elle doit regarder comme une amie de sa maîtresse ? Je suis persuadée que ce n'est pas là l'intention de Mme de Miran. »

Après cette réflexion il m'en vint une autre : j'observai que le cocher n'avoit point la livrée de ma mère, et tout de suite je songeai à cette étonnante visite que j'avois reçue la veille de cette parente de Mme de Miran ; et toutes ces considérations furent suivies d'un peu d'inquiétude.

« Qu'est-ce que c'est que ce cocher ? lui dis-je ; je ne l'ai jamais vu à votre maîtresse, Mademoiselle. — Aussi n'est-il point à elle, me répondit cette femme ; c'est celui d'une dame qui l'est venue voir, et qui a bien voulu le prêter pour me mener à votre couvent. » Et pendant ce temps nous avancions. Je ne voyois point encore la rue de Mme de Miran, que je connoissois, et qui étoit aussi celle de la Dutour.

Vous vous ressouviendrez bien que je savois le chemin de chez cette lingère à mon couvent, puisque c'étoit de chez elle que j'étois partie pour m'y rendre avec mes hardes que j'y fis porter ; et je ne voyois aucune des rues que j'avois traversées alors.

Mon inquiétude en augmenta si fort que le cœur m'en battit. Je n'en laissai pourtant rien paroître ; d'autant plus que je m'accusois moi-même d'une méfiance ridicule.

« Arriverons-nous bientôt ? lui dis-je. Par quel chemin nous conduit donc ce cocher ? — Par le plus court, et dans un moment nous arrêterons », me répondit-elle.

Je regardois, j'examinois, mais inutilement.

Cette rue de la Dutour et de ma mère ne venoit point ; et, qui pis est, voici notre carrosse qui entre subitement par une grande porte, qui étoit celle d'un couvent.

« Eh ! mon Dieu, m'écriai-je alors, où me menez-vous ? Mme de Miran ne demeure point ici, Mademoiselle ; je crois que vous me trompez. » Et aussitôt j'entends refermer la porte par laquelle nous étions entrés, et le carrosse s'arrête au milieu de la cour.

Ma conductrice ne disoit mot ; je changeai de couleur, et je ne doutai plus qu'on ne m'eût fait une surprise.

« Ah ! misérable ! dis-je à cette femme, où suis-je, et quel est votre dessein ? — Point de bruit, me répondit-elle ; il n'y a pas si grand mal, et je vous mène en bon lieu, comme vous voyez. Au reste, Mademoiselle Marianne, c'est en vertu d'une autorité supérieure que vous êtes ici ; on auroit pu vous enlever d'une manière qui eût fait plus d'éclat, mais on a jugé à propos d'y aller plus doucement ; et c'est moi qu'on a envoyée pour vous tromper comme je l'ai fait. »

Pendant qu'elle me parloit ainsi, on ouvrit la porte de la clôture, et je vis deux ou trois religieuses qui, d'un air souriant et affectueux, attendoient que je fusse descendue du carrosse et que j'entrasse dans le couvent.

« Venez, ma belle enfant, venez, s'écrièrent-elles ; ne vous inquiétez point, vous ne serez pas fâchée d'être parmi nous. » Une tourière approcha du carrosse, où, la tête baissée, je versois un torrent de larmes.

« Allons, Mademoiselle, vous plaît-il de venir ? me dit-elle en me donnant la main. Aidez-la de votre côté », ajouta-t-elle à la femme qui m'avoit conduite. Et je descendis mourante.

Il fallut presque qu'elles me portassent ; je fus remise, pâle, interdite et sans force, entre les mains de ces religieuses, qui de là me portèrent, à leur tour, jusqu'à une chambre assez propre, où elles me mirent dans un fauteuil à côté d'une table.

J'y restai sans dire mot, toute baignée de mes larmes, et dans un état de foiblesse qui approchoit de l'évanouissement. J'avois les yeux fermés ; ces filles me parloient, m'exhortoient à prendre courage, et je ne leur répondois que par des sanglots et par des soupirs.

Enfin je levai la tête, et jetai sur elles une vue égarée. Alors une de ces religieuses, me prenant la main et la pressant entre les siennes :

« Allons, Mademoiselle, tâchez donc de revenir à vous, me dit-elle ; ne vous alarmez point, ce n'est pas un si grand malheur que d'avoir été conduite ici ; nous ne savons pas le sujet de votre douleur, mais de quoi est-il question ? Ce n'est pas de mourir ; c'est de rester dans une maison où vous trouverez peut-être plus de douceur et plus de consolation que vous ne pensez ; Dieu n'est-il pas le maître ? Hélas ! peut-être le remercierez-vous bientôt de ce qui vous paroît aujourd'hui si fâcheux. Ma fille, patience, c'est peut-être une grâce qu'il vous fait ; calmez-vous, nous vous en prions ; n'êtes-vous pas chrétienne ? et, quels que soient vos chagrins, faut-il les porter jusqu'au désespoir, qui est un si grand péché ? Hélas! mon Dieu, nous arrive-t-il rien ici-bas qui mérite que nous vous offensions ? Pourquoi tant gémir et tant pleurer? Vous pouvez bien penser qu'on n'a contre vous aucune intention qui doive vous faire peur. On nous a dit mille biens de vous avant que vous vinssiez; vous nous êtes annoncée comme la fille du monde la plus raisonnable; montrez-nous donc qu'on a dit vrai. Votre physionomie promet un esprit si bien fait ! Il n'y en a pas une de nous ici qui ne vous aime déjà, je vous assure ; c'est ce que nous nous sommes dit, toutes tant que nous sommes, seulement en vous voyant ; et, si madame n'étoit pas indisposée, et dans son lit, ce seroit elle qui vous auroit reçue, tant elle est impatiente de vous voir ! Ne démentez donc point la bonne opinion qu'on nous a donnée de vous, et que vous nous avez donnée vous-même. Nous sommes innocentes de l'affliction qu'on vous cause ; on nous a dit de vous recevoir, et nous vous avons reçue avec tendresse, et charmées de vous.

— Hélas ! ma mère, répondis-je en jetant un soupir, je ne vous accuse de rien ; je vous rends mille grâces, à vous et à ces dames, de tout ce que vous pensez d'obligeant pour moi. »

Et je leur dis ce peu de mots d'un air si plaintif et si attendrissant, on a quelquefois des tons si touchans dans la douleur, avec cela j'étois si jeune, et par là si intéressante, que je fis, je pense, pleurer ces bonnes filles.

« Elle n'a pas dîné sans doute, dit une d'entre elles ; il faudroit lui apporter quelque chose. — Il n'est pas nécessaire, repris-je, et je vous en remercie ; je ne mangerois point. »

Mais il fut décidé que je prendrois du moins un potage, qu'on alla chercher, et qu'on apporta avec un petit dîner de communauté, et, pour dessert, du fruit d'assez bonne mine.

Je refusai le tout d'abord ; mais ces religieuses étoient si pressantes! et ces personnes-là, dans leurs douces façons, ont quelque chose de si engageant que je ne pus me dispenser de goûter de ce potage, de manger du reste, et de boire un peu de vin et d'eau, toujours en refusant, toujours en disant : « Je ne saurois. »

Enfin, m'en voilà quitte ; me voilà, non pas consolée, mais du moins assez calme. A force de pleurer on tarit les larmes ; je venois de prendre un peu de nourriture ; on me caressoit beaucoup, et insensiblement cette désolation à laquelle je m'étois abandonnée se relâcha ; de l'affliction je tombai dans la tristesse ; je ne pleurai plus, je me mis à rêver.

« De quelle part me vient le coup qui me frappe? me disois-je. Que pensera là-dessus M*me* de

Miran? Que fera-t-elle? N'est-ce point cette parente de mauvais augure que j'ai vue à mon couvent qui est cause de ce qui m'arrive? Mais comment s'y est-elle prise? Mme de Fare n'entre-t-elle pas dans le complot? Quel dessein a-t-on? Ma mère ne me secourra-t-elle point? Découvrira-t-elle où je suis? Valville pourra-t-il se résoudre à me perdre? Ne le gagnera-t-on pas lui-même? Ne lui persuadera-t-on pas de m'abandonner? Mme de Miran n'a-t-elle consenti à rien? ou bien ne se rendra-t-elle pas à tout ce qu'on lui dira contre moi? Ils ne me verront plus tous deux; on dit que l'autorité s'en mêle; mon histoire deviendra publique. Ah! mon Dieu, il n'y aura plus de Valville pour moi, peut-être plus de mère! »

C'étoit ainsi que je m'entretenois; les religieuses qui m'avoient reçue n'étoient plus avec moi; la cloche les avoit appelées au chœur. Une sœur converse me tenoit compagnie, et disoit son chapelet pendant que je m'occupois de ces douloureuses réflexions, que j'adoucissois quelquefois de pensées plus consolantes.

« Ma mère m'aime tant! C'est un si bon cœur, elle a été jusqu'ici si inébranlable; j'ai reçu tant de témoignages de sa fermeté! Est-il possible qu'elle change jamais? Que ne m'a-t-elle pas dit encore la dernière fois qu'elle m'a vue! « Je veux « finir mes jours avec toi, je ne saurois plus me passer « de ma fille »; et puis Valville est un si honnête homme, une âme si tendre, si généreuse! Ah!

Seigneur, que de détresses! Qu'est-ce que tout cela deviendra? » C'étoit là par où je finissois, et c'étoit en effet tout ce que je pouvois dire.

Aux soupirs que je poussois, la bonne sœur converse, tout en continuant son chapelet et sans parler, levoit quelquefois les épaules, de cet air qui signifie qu'on plaint les gens, et qu'ils nous font quelquefois compassion.

Quelquefois aussi elle interrompoit ses prières et me disoit : « Eh! mon bon Jésus, ayez pitié de nous; hélas! Mademoiselle, que Dieu vous console et vous soit en aide! »

Mes religieuses revinrent me trouver. « Eh bien! qu'est-ce? me dirent-elles; sommes-nous un peu plus tranquille? Ah çà! vous n'avez pas vu notre jardin; il est fort beau; madame nous a dit de vous y mener; venez y faire un petit tour : la promenade dissipe, cela réjouit. Nous avons les plus belles allées du monde; et puis nous irons voir madame, qui est levée.

— Comme il vous plaira, Mesdames », répondis-je; et je les y suivis. Nous nous y promenâmes environ trois quarts d'heure; ensuite nous nous rendîmes dans l'appartement de l'abbesse; mais ces religieuses n'y restèrent qu'un instant avec moi et se retirèrent insensiblement l'une après l'autre.

Cette abbesse étoit âgée, d'une grande naissance, et me parut avoir été belle fille. Je n'ai rien vu de si serein, de si posé et en même temps de si grave que cette physionomie-là.

Je viens de vous dire qu'elle étoit âgée; mais on ne remarquoit pas cela tout d'un coup : c'étoit de ces visages qui ont l'air plus ancien que vieux. On diroit que le temps les ménage, que les années ne s'y sont point appesanties, qu'elles n'y ont fait que glisser : aussi n'y ont-elles laissé que des rides douces et légères.

Ajoutez à tout ce que je dis là je ne sais quel air de dignité ou de prudhomie monacale, et vous pourrez vous représenter l'abbesse en question, qui étoit grande et d'une propreté exquise. Imaginez-vous quelque chose de simple, mais d'extrêmement net et arrangé, qui rejaillit sur l'âme, et qui est comme une image de sa pureté, de sa paix, de sa satisfaction et de la sagesse de ses pensées.

Dès que je fus seule avec cette dame : « Mademoiselle, asseyez-vous, je vous prie », me dit-elle. Je pris donc un siège. « On me l'avoit bien dit, ajouta-t-elle, qu'on se prévient tout d'un coup en votre faveur; il n'est pas possible, avec l'air de douceur que vous avez, que vous ne soyez extrêmement raisonnable; toutes mes religieuses sont enchantées de vous. Dites-moi, comment vous trouvez-vous ici?

— Hélas! Madame, lui répondis-je, je m'y trouverois fort bien, si j'y étois venue de mon plein gré; mais je n'y suis encore que fort étonnée de m'y voir, et fort en peine de savoir pourquoi on m'y a mise.

— Mais, me repartit-elle, n'en devinez-vous

pas la raison? Ne soupçonnez-vous point ce qui en peut être la cause? — Non, Madame, repris-je; je n'ai fait ni de mal ni d'injure à personne.

— Eh bien, je vais donc vous apprendre de quoi il s'agit, me répondit-elle, ou du moins ce qu'on m'a dit là-dessus, et ce que je me suis chargée de vous dire à vous-même.

« Il y a un homme dans le monde, homme de condition, très riche, qui appartient à une famille des plus considérables, et qui veut vous épouser : toute cette famille en est alarmée, et c'est pour l'en empêcher qu'on a cru devoir vous soustraire à sa vue. Non pas que vous ne soyez une fille très sage et très vertueuse : de ce côté-là on vous rend pleine justice; ce n'est pas là-dessus qu'on vous attaque; c'est seulement sur une naissance qu'on ne connoît point, et dont vous savez tout le malheur. Ma fille, vous avez affaire à des parens puissans, qui ne souffriront point un pareil mariage. S'il ne falloit que du mérite, vous auriez lieu d'espérer que vous leur conviendriez mieux qu'une autre; mais on ne se contente pas de cela dans le monde. Tout estimable que vous êtes, ils n'en rougiroient pas moins de vous voir entrer dans leur alliance; vos bonnes qualités n'en rendroient pas votre mari plus excusable; on ne lui pardonneroit jamais une épouse comme vous; ce seroit un homme perdu dans l'estime publique. J'avoue qu'il est fâcheux que le monde pense ainsi; mais, dans le fond, on n'a pas tant de tort : la différence des conditions est une chose nécessaire dans la vie, et elle ne subsisteroit plus, il n'y auroit plus d'ordre, si on permettoit des unions aussi inégales que le seroit la vôtre, on peut dire même aussi monstrueuses, ma fille : car, entre nous, et pour vous aider à entendre raison, songez un peu à l'état où Dieu a permis que vous soyez, et à toutes ses circonstances ; examinez ce que vous êtes, et ce qu'est celui qui veut vous épouser ; mettez-vous à la place des païens ; je ne vous demande que cette petite réflexion-là.

— Eh! Madame, Madame, et moi je vous demande quartier là-dessus, lui dis-je de ce ton naïf et hardi qu'on a quelquefois dans une grande douleur. Je vous assure que c'est un sujet sur lequel il ne me reste plus de réflexions à faire, non plus que d'humiliations à essuyer. Je ne sais que trop ce que je suis, je ne l'ai caché à personne; on peut s'en informer; je l'ai dit à tous ceux que le hasard m'a fait connoître; je l'ai dit à M. de Valville, qui est celui dont vous parlez; je l'ai dit à Mme de Miran sa mère; je leur ai représenté toutes les misères de ma vie de la manière la plus forte et la plus capable de les rebuter ; je leur en ai fait le portrait le plus dégoûtant; j'y ai tout mis, Madame, et l'infortune où je suis tombée dès le berceau, au moyen de laquelle je n'appartiens à personne, et la compassion que des inconnus ont eue de moi dans une route où mon père et ma mère étoient étendus morts; la charité avec laquelle ils me prirent chez eux, l'éducation qu'ils m'ont donnée dans un village, et puis la pauvreté où je suis restée après leur mort; l'abandon où je me suis vue, les secours que j'ai reçus d'un honnête homme qui vient de mourir aussi, ou bien, si l'on veut, les aumônes qu'il m'a faites : car c'est ainsi que je me suis expliquée pour m'humilier davantage, pour mieux peindre mon indigence, pour rendre M. de Valville plus honteux de l'amour qu'il avoit pour moi; que veut-on de plus? Je ne me suis point épargnée, j'en ai peut-être plus dit qu'il n'y en a, de peur qu'on ne s'y trompât; il n'y a peut-être personne qui eût la cruauté de me traiter aussi mal que je l'ai fait moi-même; et je ne comprends pas, après tout ce que j'ai avoué, comment Mme de Miran et M. de Valville ne m'ont pas laissée là. Je devois les faire fuir; je défierois qu'on imaginât une personne plus chétive que je me la suis rendue; ainsi il n'y a plus rien à m'objecter à cet égard; on ne sauroit me mettre plus bas; et les répétitions ne serviroient plus qu'à accabler une fille si affligée, si à plaindre et si infortunée, que vous, Madame, qui êtes abbesse et religieuse, vous n'avez d'autre parti à prendre que d'avoir pitié de moi, et que de refuser d'être de moitié avec les personnes qui me persécutent, et qui me font un crime d'un amour dont il n'a pas tenu à moi de guérir M. de Valville, et qui est plutôt un effet de la permission de Dieu que de mon adresse et de ma volonté. Si les hommes sont si glorieux, ce n'est pas à une dame aussi pieuse et aussi charitable que vous à approuver leur mauvaise gloire; et, s'il est vrai aussi que j'aie beaucoup de mérite, ce que je n'ai pas la hardiesse de croire, vous devez donc trouver que j'ai tout ce qu'il faut. M. de Valville, qui est un homme du monde, ne m'en a pas demandé davantage, il s'est bien contenté de cela. Mme de Miran, qui est généralement aimée et estimée, qui a un rang à conserver aussi bien que ceux qui me nuisent, et qui n'aimeroit pas plus à rougir qu'eux, s'en est contentée de même, quoique j'aie fait tout mon possible afin qu'elle ne se contentât point : elle le sait; cependant la mère et le fils pensent l'un comme l'autre. Veut-on que je leur résiste; que je refuse ce qu'ils m'offrent, surtout quand je leur ai moi-même donné tout mon cœur, et que ce n'est ni leurs richesses ni leur rang que j'estime, mais seulement leur tendresse? D'ailleurs, ne sont-ils pas les maîtres? Ne savent-ils pas ce qu'ils font? Les ai-je trompés? Ne sais-je pas que c'est trop d'honneur pour moi? On ne m'apprendra rien là-dessus, Madame : ainsi, au nom de Dieu, n'en parlons plus; je suis la dernière de toutes les créatures de la terre en naissance, je ne l'ignore pas; en voilà assez. Ayez seulement la bonté de me dire à présent qui sont les gens qui m'ont mise ici et ce qu'ils prétendent avec la violence avec laquelle ils en usent aujourd'hui contre moi.

— Ma chère enfant, me répondit l'abbesse en

me regardant avec amitié, à la place de Mme de Miran, je crois que je penserois comme elle; j'entre tout à fait dans vos raisons, mais ne le dites pas. »

A ce discours, je lui pris la main que je baisai; et cette action parut lui plaire et l'attendrir.

« Je suis bien éloignée de vouloir vous chagriner, ma fille, continua-t-elle; je ne vous ai parlé comme vous venez de l'entendre qu'à cause qu'on m'en a priée, et, avant que vous vinssiez, je ne vous imaginois pas telle que vous êtes, il s'en faut de beaucoup. Je m'attendois à vous trouver jolie, et peut-être spirituelle; mais ce n'étoient là ni l'esprit ni les grâces, et encore moins le caractère que je me figurois. Vous êtes digne de la tendresse de Mme de Miran, et de sa complaisance pour les sentimens de son fils, en vérité, très digne. Je ne connois point cette dame; mais ce qu'elle fait pour vous me donne une grande opinion d'elle, et elle ne peut être elle-même qu'une femme d'un très grand mérite.

« Que tout ce que je vous dis là ne vous passe point, je vous le répète, ajouta-t-elle en me voyant pleurer de reconnoissance, et venons au reste.

« C'est par un ordre supérieur que vous êtes ici; et voici ce que je suis encore chargée de vous proposer.

« C'est de vous déterminer, ou à rester dans notre maison, c'est-à-dire à y prendre le voile, ou de consentir à un autre mariage.

« Je souhaiterois que le premier parti vous plût, je vous l'avoue sincèrement ; et je le souhaiterois autant pour vous que pour moi, à qui l'acquisition d'une fille comme vous feroit grand plaisir. Et d'où vient aussi pour vous? C'est que vous êtes belle, et que, dans le monde, avec la beauté que vous avez et quelque vertueuse qu'on soit, on est toujours exposée soi-même à force d'exposer les autres, et qu'enfin vous seriez ici en toute sûreté, et pour vous et pour eux.

« Quel plus grand avantage d'ailleurs peut-on tirer de sa beauté que de la consacrer à Dieu qui vous l'a donnée, et de qui vous n'éprouverez ni l'infidélité ni le mépris que vous avez à craindre de la part des hommes et de votre mari même? C'est souvent un malheur que d'être belle; un malheur pour le temps, un malheur pour l'éternité. Vous croirez que je vous parle en religieuse; point du tout, je vous parle le langage de la raison, un langage dont la vérité se justifie tous les jours, et que la plus saine partie des gens du siècle vous tiendroient eux-mêmes.

« Mais je ne vous le dis qu'en passant, et je n'appuie point là-dessus.

« Voilà donc les deux choses que j'ai promis de vous proposer aujourd'hui; et dès ce soir on doit venir savoir votre réponse. Consultez-vous, ma chère enfant; voyez ce qu'il faut que je dise, et quelle parole je donnerai pour vous : car on demande votre parole sur l'un ou l'autre de ces deux partis, sous peine d'être dès demain transférée ailleurs, et même bien loin de Paris, si vous ne répondiez pas. Ainsi, dites-moi, voulez-vous être religieuse? aimez-vous mieux être mariée?

—Hélas! ma mère, ni l'un ni l'autre, repartis-je; je ne suis pas en état de m'offrir à Dieu de la manière dont on me le propose, et vous ne me le conseilleriez pas vous-même, le cœur, comme je l'ai, plein d'une tendresse ou plutôt d'une passion qui n'a à la vérité que des vues légitimes, et qui, je crois, est innocente aujourd'hui, mais qui cesseroit de l'être dès que je serois engagée par des vœux; aussi ne m'engagerai-je point, le Ciel m'en préserve; je ne suis pas assez heureuse pour le pouvoir. A l'égard du mariage auquel on prétend que je consente, qu'on me laisse du temps pour réfléchir là-dessus.

—On ne vous en laisse point, ma fille, me répondit l'abbesse, et c'est une affaire qu'on veut se hâter de conclure. Vous devez être mariée en très peu de jours, ou vous résoudre à sortir de Paris pour être conduite on ne m'a pas dit où; et, si vous m'en croyez, mon avis seroit que vous promissiez de prendre le mari en question, à condition que vous le verrez auparavant, que vous saurez quel homme c'est, de quelle part il vient, quelle est sa fortune, et que vous parlerez même à ceux qui veulent que vous l'épousiez. Ce sont de ces choses qu'on ne peut, ce me semble, vous refuser, quelque envie qu'on ait d'aller vite; vous y gagnerez du temps; et que sait-on ce qui peut arriver dans l'intervalle?

— Vous avez raison, Madame, lui dis-je en soupirant; c'est là cependant une bien petite ressource; mais n'importe; il n'y a donc qu'à dire que je consens au mariage, pourvu qu'on m'accorde tout ce que vous venez de dire; peut-être quelque événement favorable me délivrera-t-il de la persécution que j'éprouve. »

Nous en étions là quand une sœur avertit l'abbesse qu'on l'attendoit à son parloir. « Ce pourroit bien être de vous dont il est question, ma fille, me dit-elle; je soupçonne que c'est votre réponse qu'on vient savoir : en tout cas, nous nous reverrons tantôt; j'ai de bonnes intentions pour vous, ma chère enfant, soyez-en persuadée. »

Elle me quitta là-dessus, et je revins dans la chambre où j'avois dîné; j'y entrai le cœur mort; je suis sûre que je n'étois pas reconnoissable; j'avois l'esprit bouleversé; c'étoit de ces accablemens où l'on est comme imbécile.

Je fus bien une heure dans cet état; j'entendis ensuite qu'on ouvroit ma porte; on entra : je regardois qui c'étoit, ou plutôt j'ouvrois les yeux et ne disois mot. On me parloit, je n'entendois pas. « Hem? quoi? que voulez-vous? » Voilà tout ce qu'on pouvoit tirer de moi. Enfin, on me répéta si souvent que l'abbesse me demandoit, que je me levai pour aller la trouver. « Je ne me trompois pas, me dit-elle d'aussi loin qu'elle m'aperçut;

c'est de vous dont il s'agissoit, et j'augure bien de ce qui va se passer. J'ai dit que vous acceptiez le parti du mariage; et demain, entre onze heures et midi, on enverra un carrosse qui vous mènera dans une maison où vous verrez et le mari qu'on vous destine, et les personnes qui vous le proposent. J'ai tâché, par tous les discours que j'ai tenus, de vous procurer les égards que vous méritez, et j'espère qu'on en aura pour vous. Mettez votre confiance en Dieu, ma fille : tous les événemens dépendent de sa providence; et, si vous avez recours à lui, il ne vous abandonnera pas. Je vous aurois volontiers offert d'envoyer avertir Mme de Miran que vous êtes ici; mais, quelque plaisir que je me fisse de vous obliger, c'est un service qu'il ne m'est pas permis de vous rendre. On a exigé que je ne me mêlerois de rien; j'en ai moi-même donné parole, et j'en suis très fâchée. »

Une religieuse, qui vint alors, abrégea notre entretien, et je retournai dans le jardin un peu moins abattue que je ne l'avois été en arrivant chez elle. Je vis un peu plus clair dans mes pensées; je m'arrangeai sur la conduite que je tiendrois dans cette maison où l'on devoit me mener le lendemain; je méditai ce que je dirois, et je trouvois mes raisons si fortes qu'il me sembloit impossible qu'on ne s'y rendît pas, pour peu qu'on voulût bien m'écouter.

Il est vrai que les petits arrangemens qu'on prend d'avance sont assez souvent inutiles, et que c'est la manière dont les choses tournent qui décide de ce qu'on dit ou de ce qu'on fait en pareilles occasions; mais ces sortes de préparations vous amusent et vous soulagent. On se flatte de gagner son procès pendant qu'on fait son plaidoyer; cela est naturel, et le temps se passe.

Il me venoit encore d'autres idées. « Du couvent à la maison où l'on me transfère il y aura du chemin, me disois-je. Eh! mon Dieu, si vous permettiez que Valville ou Mme de Miran rencontrassent le carrosse où je serai, ils ne manqueroient pas de crier qu'on arrêtât; et, si ceux qui me mèneront ne le vouloient pas, de mon côté, je crierois, je me débattrois, je ferois du bruit; et au pis aller mon amant et ma mère pourroient me suivre et voir où l'on me conduira. »

Voyez, je vous prie, à quoi l'on va penser dans de certaines situations. Il n'y a point d'accident pour ou contre que l'on n'imagine, point de chimère agréable ou fâcheuse qu'on ne se forge.

Aussi, en supposant même que je rencontrasse ma mère ou son fils, étoit-il bien sûr qu'ils crieroient qu'on arrêtât? pensois-je en moi-même. Ne fermeront-ils pas les yeux? ne feront-ils point semblant de ne me pas voir? Eh! Seigneur! s'ils avoient donné les mains à mon enlèvement! si la famille, à force de représentations, de prières, de reproches, leur avoit persuadé de se dédire! Les maximes ou les usages du monde me sont si contraires! les grands sentimens se soutiennent si difficilement! et le misérable orgueil des hommes veut qu'on fasse si peu de cas de moi ! Il est si scandalisé de ma misère ! Et là-dessus je recommençois à pleurer, et un moment après à me flatter. Mais j'oubliois un article de mon récit.

C'est qu'en rentrant sur le soir dans ma chambre, au sortir du jardin où je m'étois promenée, je vis mon coffre (car je n'avois point encore d'autre meuble) qui étoit sur une chaise, et qu'on avoit apporté de mon autre couvent.

Vous ne sauriez croire de quel nouveau trouble il me frappa ; mon enlèvement m'avoit, je pense, moins consternée ; les bras m'en tombèrent.

« Comment ! m'écriai-je, ceci est donc bien sérieux ! » car jusqu'alors je n'avois pas fait réflexion que mes hardes me manquoient ; et, quand j'y aurois songé, je n'aurois eu garde de les demander ; il n'y a point d'extrémité que je n'eusse plutôt soufferte.

Quoi qu'il en soit, dès que je les vis, mon malheur me parut sans retour. M'apporter jusqu'à mon coffre ! Il n'y a donc plus de ressource. Vous eussiez dit que tout le reste n'étoit encore rien en comparaison de cela ; ce malheureux coffre en signifioit cent fois davantage ; il décidoit, et il m'accabla ; ce fut un trait de rigueur qui me laissa sans réplique.

« Allons, me dis-je, voilà qui est fait ; tout le monde est d'accord contre moi ; c'est un adieu éternel qu'on me donne ; il est certain que ma mère et son fils sont de la partie. »

Demandez-moi pourquoi je tirois si affirmativement cette conséquence. Il faudroit vingt pages pour vous l'expliquer ; ce n'étoit pas ma raison, c'étoit ma douleur qui concluoit ainsi.

Dans les circonstances où j'étois, il y a des choses qui ne sont point importantes en elles-mêmes, mais qui sont tristes à voir au premier coup d'œil, et qui ont une apparence effrayante ; c'est par là qu'on les saisit quand on a l'âme déjà disposée à la crainte.

On m'apporte mes hardes, on ne veut donc plus de moi ; on rompt donc tout commerce ; il est donc résolu qu'on ne me verra plus : voilà de quoi cela avoit l'air pour une personne déjà aussi découragée que je l'étois ; et ce n'auroit rien été, si j'avois raisonné.

On m'enlève d'une maison pour me mettre dans une autre : il falloit bien que mes hardes me suivissent ; le transport qu'on en faisoit n'étoit qu'une conséquence toute simple de ce qui m'arrivoit : voilà ce que j'aurois pensé, si j'avois été de sang-froid.

Quoi qu'il en soit, je passai une nuit cruelle, et, le lendemain, le cœur me battit toute la matinée.

Ce carrosse que l'abbesse m'avoit annoncé fut dans la cour précisément à l'heure qu'elle m'avoit dite. On vint m'avertir ; je descendis tremblante ; et le premier objet qui s'offrit à mes yeux quand on m'ouvrit la porte, ce fut cette femme qui m'avoit enlevée de mon couvent pour me mener dans celui-ci.

Je lui fis un petit salut assez indifférent. « Bonjour, Mademoiselle Marianne; vous vous passeriez bien de me revoir, me dit-elle, mais ce n'est pas à moi qu'il faut s'en prendre. Au surplus, je pense que vous n'aurez pas lieu d'être mécontente de tout ceci, et je voudrois bien être à votre place, moi qui vous parle : à la vérité, je ne suis ni si jeune, ni si jolie que vous ; c'est ce qui fait la différence. »

Et nous étions déjà dans le carrosse pendant qu'elle me parloit ainsi.

« Vous savez donc quelque chose de ce qui me regarde? lui dis-je. — Eh! mais oui, me répondit-elle; j'en ai entendu dire quelques mots par-ci par-là : il s'agit d'un homme d'importance qu'on ne veut point que vous épousiez, n'est-ce pas?

— A peu près, repris-je. — Eh bien, me repartit-elle, ôtez que vous êtes peut-être entêtée de ce jeune homme qu'on vous refuse; par ma foi! je ne trouve point que vous ayez tant à vous plaindre. On dit que vous n'avez ni père ni mère, et qu'on ne sait ni d'où vous venez, ni qui vous êtes ; on ne vous en fait point un reproche, ce n'est pas votre faute; mais, entre nous, qu'est-ce qu'on devient avec cela? On reste sur le pavé; on vous en montrera mille comme vous qui y sont; cependant il n'en est ni plus ni moins pour vous. On vous ôte un amant qui est trop grand seigneur pour être votre mari ; mais, en revanche, on vous en donne un autre que vous n'auriez jamais eu, et dont une belle et bonne fille de bourgeois s'accommoderoit à merveille. Je n'en trouverai pas un pareil, moi qui ai père et mère, oncle et tante, et tous les parens, tous les cousins du monde ; et il faut que vous soyez née coiffée. Je vous en parle savamment, au reste : car j'ai vu le mari dont il s'agit. C'est un jeune homme de vingt-sept à vingt-huit ans, vraiment fort joli garçon, fort bien fait. Je ne sais pas son bien ; mais il a de si bonnes protections qu'il n'en a que faire, et il ira loin. Je ne dis pas qu'à son tour il ne soit fort heureux de vous avoir ; mais cela n'empêche pas que ce ne soit une fortune et un très bon établissement pour vous.

— Enfin, nous verrons, lui répondis-je, sans vouloir disputer avec elle. Mais pourriez-vous m'apprendre qui sont les gens chez qui vous me menez, et à qui je vais parler ?

— Oh ! reprit-elle, ce sont des personnes de très grande importance ; vous êtes en de bonnes mains. Nous allons chez Mme de..., qui est une parente de la famille de votre premier amant. » Or, cette dame, qu'elle me nommoit, n'étoit, s'il vous plaît, que la femme du ministre, et je devois paroître devant le ministre même, ou, pour mieux dire, j'allois chez lui. Jugez à quelles fortes parties j'avois affaire, et s'il me restoit la moindre lueur d'espérance dans ma disgrâce.

Je vous ai dit que j'avois imaginé que Mme de Miran ou son fils pourroient me rencontrer en chemin : mais, quand même ce hasard-là me seroit arrivé, il me seroit devenu bien inutile, par la précaution que prit la femme, qui avoit apparemment ses ordres : il y avoit des rideaux tirés sur les glaces du carrosse, de façon que je ne pouvois ni voir ni être vue.

Nous arrivâmes, et on nous arrêta à une porte de derrière qui donnoit dans un vaste jardin, que nous traversâmes, et dans une allée duquel ma conductrice me laissa assise sur un banc, en attendant, me dit-elle, qu'elle eût été savoir s'il étoit temps que je me présentasse.

A peine y avoit-il un demi-quart d'heure que j'étois seule que je vis venir une femme de quarante-cinq à cinquante ans, qui me parut être de la maison, et qui, en m'abordant d'un air de politesse subalterne et domestique, me dit : « Ne vous impatientez pas, Mademoiselle. Monsieur de... (et ce fut le ministre qu'elle me nomma) est enfermé avec quelqu'un, et on viendra vous chercher dès qu'il aura fait. » Alors, par une allée qui rentroit dans celle où nous étions, vint un jeune homme de vingt-huit à trente ans, d'une figure assez passable, vêtu fort uniment mais avec propreté, qui nous salua et qui feignit aussitôt de se retirer.

« Monsieur, Monsieur, lui cria cette femme qui m'avoit abordée, mademoiselle attend qu'on la vienne prendre ; je n'ai pas le temps de rester avec elle, tenez-lui compagnie, je vous prie; la commission est bien agréable, comme vous voyez. — Aussi vous suis-je bien obligé de me la donner, reprit-il en s'approchant d'un air plus révérencieux que galant.

— Ah çà! dit la femme, je vous laisse donc; Mademoiselle, c'est un de nos amis, au moins, ajouta-t-elle, sans quoi je ne m'en irois pas, et son entretien vaut bien le mien »; là-dessus elle partit.

« Qu'est-ce que tout cela signifie? me dis-je en moi-même; et pourquoi cette femme me laisse-t-elle? »

Ce jeune homme me parut d'abord assez interdit; et il débuta par s'asseoir à côté de moi, après m'avoir fait encore une révérence à laquelle je répondis avec beaucoup de froideur.

« Voici, dit-il, le plus beau temps du monde, et cette allée-ci est charmante; c'est comme si on étoit à la campagne. — Oui », repartis-je. Et puis la conversation tomba; je ne m'embarrassois guère de ce qu'elle deviendroit.

Apparemment qu'il cherchoit comment il la relèveroit, et le seul moyen dont il s'avisa pour cela ce fut de tirer sa tabatière, et puis, me la présentant ouverte : « Mademoiselle en use-t-elle? me dit-il. — Non, Monsieur », répondis-je. Et le voilà encore à ne savoir que dire. Les monosyllabes dont j'usois pour parler comme lui n'étoient d'aucune ressource. Comment faire?

Je toussai. « Mademoiselle est-elle enrhumée? Ce temps-ci cause beaucoup de rhumes; hier il faisoit froid, aujourd'hui il fait chaud, et ces changemens de temps n'accommodent pas la santé. — Cela est vrai, lui dis-je.

— Pour moi, reprit-il, quelque temps qu'il fasse, je ne suis point sujet aux rhumes; je ne connois pas ma poitrine; rien ne m'incommode.

— Tant mieux, lui dis-je. — Quant à vous, Mademoiselle, me repartit-il, enrhumée ou non, vous n'en avez pas moins le meilleur visage du monde aussi bien que le plus beau.

— Monsieur, vous êtes bien honnête, lui répondis-je... — Oh! c'est la vérité. Paris est bien grand, reprit-il, mais il n'y a certainement pas beaucoup de personnes qui puissent se vanter d'être faites comme mademoiselle, ni d'avoir tant de grâces.

— Monsieur, lui dis-je, voilà des complimens que je ne mérite point; je ne me pique pas de beauté, et il n'est pas question de moi, s'il vous plaît. — Mademoiselle, je dis ce que je vois, et il n'y a personne à ma place qui ne vous en dît autant et davantage, reprit-il; vous ne devez pas vous fâcher d'un discours qu'il vous est impossible d'empêcher, à moins que vous ne vous cachiez, et ce seroit grand dommage : car il est certain qu'il n'y a point de dame qui soit si digne d'être considérée. En mon particulier, je me tiens bien heureux de vous avoir vue, et encore plus heureux si cette occasion, qui m'est si favorable, me procuroit le bonheur de vous revoir et de vous présenter mes services.

— A moi, Monsieur, qui ne vous trouve ici que par hasard, et qui, suivant toute apparence, ne vous retrouverai de ma vie?

— Eh! pourquoi de votre vie, Mademoiselle? reprit-il; c'est selon votre volonté, cela dépend de vous; et, si ma personne ne vous étoit pas désagréable, voici une rencontre qui pourroit avoir bien des suites; il ne tiendra qu'à vous que nous ayons fait connoissance ensemble pour toujours; et, pour ce qui est de moi, il n'y a pas à douter que je ne le souhaite; il n'y a rien à quoi j'aspire tant : c'est ce que la sincère inclination que je me sens pour vous m'engage à vous dire. Il est vrai qu'il n'y a qu'un moment que j'ai l'honneur de voir mademoiselle, et vous me direz que c'est avoir le cœur pris bien promptement; mais c'est le mérite et la physionomie des gens qui règlent cela. Certainement je ne m'attendois pas à tant de charmes, et, puisque nous sommes sur ce sujet, je prendrai la liberté de vous assurer que tout mon désir est d'être assez fortuné pour vous convenir et pour obtenir la possession d'une aussi charmante personne que mademoiselle.

— Comment, Monsieur! repris-je, négligeant de répondre à d'aussi pesantes et d'aussi grossières protestations de tendresse, vous ne vous attendiez pas, dites-vous, à tant de charmes? Est-ce que vous avez su que vous me verriez ici? En étiez-vous averti?

— Oui, Mademoiselle, me repartit-il; ce n'est pas la peine de vous tenir plus longtemps en suspens; c'est de moi dont Mlle Cathos vous a entretenue en vous menant; elle vient de me le dire.

— Quoi! m'écriai-je encore, c'est donc vous qui êtes le mari qu'on me propose, Monsieur?

— C'est justement votre serviteur, me dit-il; ainsi vous voyez bien que j'ai raison quand je dis que notre connoissance durera longtemps si vous en êtes d'avis; c'étoit tout exprès que je me promenois dans le jardin, et on ne m'a laissé avec vous qu'afin de nous procurer le moyen de nous entretenir. On m'avoit bien promis que je verrois une très aimable demoiselle, mais j'en trouve encore plus qu'on ne m'en a dit; d'où il arrive que ce sera avec un tendre amour que je me marierai aujourd'hui, et non pas par raison et par intérêt, comme je le croyois. Oui, Mademoiselle, c'est véritablement que je vous aime; je suis enchanté des perfections que je rencontre en vous, je n'en ai point vu de pareilles, et c'est ce qui m'a d'abord embarrassé en vous parlant : car, quoique j'aie bien fréquenté des demoiselles, je n'ai encore été amoureux d'aucune. Aussi êtes-vous plus gracieuse que toutes les autres, et c'est à vous à voir ce que vous voulez qu'il en soit. Vous êtes bien mon fait; il n'y a plus qu'à savoir si je suis le vôtre. Au surplus, Mademoiselle, vous pouvez vous enquêter de mon humeur et de mon caractère, je suis sûr qu'on vous en fera de bons rapports; je ne suis ni joueur ni débauché;

je me vante d'être rangé; je ne songe qu'à faire mon chemin à cette heure que je suis garçon, et je ne serai pas pire quand je serai en ménage. Au contraire, une femme et des enfans vous rendent encore meilleur ménager. Pour ce qui est de mes facultés présentes, elles ne sont pas bonnement bien considérables; mon père a un peu mangé, un peu trop aimé la joie, ce qui n'enrichit pas une famille; d'ailleurs, j'ai un frère et une sœur, dont je suis l'aîné à la vérité, mais c'est toujours trois parts au lieu d'une. On me donnera pourtant quelque chose d'avance en faveur de notre mariage; mais ce n'est pas cela que je regarde : le principal est qu'on me gratifie à présent d'une bonne place, et qu'on me va mettre dans les affaires dès que notre contrat sera signé; sans compter que, depuis trois ans, je n'ai pas laissé que de faire quelques petites épargnes sur les appointemens d'un petit emploi que j'ai et qu'on me change contre un plus fort; ainsi, comme vous voyez, nous serions bientôt à notre aise, avec la protection que j'ai. C'est ce que vous saurez de la propre bouche de M. de... (il parloit du ministre) : car je ne vous dis rien que de vrai, ma chère demoiselle », ajouta-t-il en me prenant la main, qu'il voulut baiser.

Le cœur m'en souleva. « Doucement, lui dis-je avec un dégoût que je ne pus dissimuler; point de gestes, s'il vous plaît; nous ne sommes pas encore convenus de nos faits. Qui êtes-vous, Monsieur? — Qui je suis, Mademoiselle? me répondit-il d'un air confus et pourtant piqué. J'ai l'honneur d'être le fils du père nourricier de Mme de... (il me nomma la femme du ministre); ainsi elle est ma sœur de lait; rien que cela. Ma mère a une pension d'elle; ma sœur la sert actuellement en qualité de première fille de chambre; elle nous aime tous, et elle veut avoir soin de ma fortune. Voilà qui je suis, Mademoiselle; y a-t-il rien là dedans qui vous choque? Est-ce que le parti n'est pas de votre goût?

— Monsieur, lui dis-je, je ne songe guère à me marier. — C'est peut-être que je vous déplais? me repartit-il. — Non, lui dis-je, mais, si j'épouse jamais quelqu'un, je veux du moins l'aimer, et je ne vous aime pas encore; nous verrons dans la suite. — Tant pis, c'est l'effet de mon malheur, me répondit-il. Ce n'est pas que je sois en peine de trouver une femme; il n'y a pas encore plus de huit jours qu'on me parla d'une qui aura beaucoup de bien d'une tante, et qui d'ailleurs a père et mère.

— Et moi, Monsieur, lui dis-je, je suis orpheline, et vous me faites trop d'honneur. — Je ne dis pas cela, Mademoiselle, et ce n'est pas à quoi je songe; mais véritablement je ne me serois pas imaginé que vous eussiez eu tant de mépris pour moi, me dit-il; j'aurois cru que vous y prendriez un peu plus garde, eu égard à l'occurrence où vous êtes, qui est naturellement assez fâcheuse et n'est pas des plus favorables à votre établissement. Excusez si je vous en parle; mais c'est par bonne amitié et en manière de conseil. Il y a des occasions qu'il ne faut pas laisser aller, principalement quand on a affaire à des gens qui n'y regardent pas de si près, et qui ne font pas plus les difficiles que moi. En cas de mariage, il n'y a personne qui ne soit bien aise d'entrer dans une famille; moi, je m'en passe, c'est ce qu'il y a à considérer.

— Ah! Monsieur, lui dis-je avec un geste d'indignation, vous me tenez là un étrange discours, et votre amour n'est guère poli; laissons cela, je vous prie.

— Pardi! Mademoiselle, comme il vous plaira, me répondit-il en se levant; je n'en serai ni pis ni mieux; et, avec votre permission, il n'y a pas de quoi être si fière. Si ce n'est pas vous, j'en suis bien mortifié, mais ce sera une autre; on a cru vous faire plaisir, et point de tort. A l'exception de votre beauté que je ne dispute pas et qui m'a donné dans la vue, je ne sais pas qui y perdra le plus de nous deux. Je n'ai chicané sur rien, quoique tout vous manque; je vous aurois estimée, honorée et chérie ni plus ni moins; et, dès que cela ne vous accommode pas, je prends congé de Mademoiselle, et je reste bien son très humble serviteur.

— Monsieur, lui dis-je, je suis votre servante. » Là-dessus il fit quelques pas pour s'en aller, et puis, revenant à moi :

« Au surplus, Mademoiselle, je songe que vous êtes seule; et si, en attendant qu'on revienne vous chercher, ma compagnie peut vous être bonne à quelque chose, je me donnerai l'honneur de vous l'offrir.

— Je vous rends mille grâces, Monsieur, lui répondis-je la larme à l'œil, non pas de ce qu'il me quittoit, comme vous pouvez penser, mais de la douleur de me voir livrée à d'aussi mortifiantes aventures.

— Ce n'est peut-être pas moi qui est cause que vous pleurez, Mademoiselle, ajouta-t-il; je n'ai rien dit qui soit capable de vous chagriner.—Non, Monsieur, repris-je, je ne me plains point de vous, et ce n'est pas la peine que vous restiez : car voici la personne qui m'a amenée ici et qui arrive. »

En effet, je voyois venir de loin Mlle Cathos (c'étoit ainsi qu'il l'avoit appelée); et, soit qu'il ne voulût pas l'avoir pour témoin du peu d'accueil que je faisois à son amour, il se retira avant qu'elle m'abordât, et prit même un chemin différent du sien pour ne la pas rencontrer.

« Pourquoi donc M. Villot vous quitte-t-il? me dit cette femme en m'abordant; est-ce que vous l'avez renvoyé ? — Non, repris-je, c'est que vous veniez et que nous n'avons plus rien à nous dire. —Eh bien ! repartit-elle, Mademoiselle Marianne, n'est-il pas vrai que c'est un garçon bien fait? Vous ai-je trompée? Quand vous n'auriez pas les disgrâces que vous savez, en demanderiez-vous un autre, et Dieu ne vous fait-il pas une grande grâce? Allons, partons, ajouta-t-elle, on nous attend. »

Je me levai tristement sans lui répondre, et la suivis, Dieu sait dans quelle situation d'esprit !

Nous traversâmes de longs appartemens, et nous arrivâmes dans une salle où se tenoit une troupe de valets. J'y vis cependant deux personnes dont l'une étoit un jeune homme de vingt-quatre à vingt-cinq ans, d'une figure fort noble ; l'autre, un homme plus âgé, qui avoit l'air d'un officier, et qui s'entretenoient près d'une fenêtre.

« Arrêtez un moment ici, me dit la femme qui me conduisoit ; je vais avertir que vous êtes là. » Elle entra aussitôt dans une chambre dont elle ressortit un moment après.

Mais, pendant ce court espace de temps qu'elle m'avoit laissée seule, le jeune homme en question avoit discontinué son entretien, et ne s'étoit attaché qu'à me regarder avec une extrême attention, et, malgré tout mon accablement, j'y pris garde.

Ce sont là de ces choses qui ne nous échappent point, à nous autres femmes. Dans quelque affliction que nous soyons plongées, notre vanité fait toujours ses fonctions ; elle n'est jamais en défaut, et la gloire de nos charmes est une affaire à part dont rien ne nous distrait. J'entendis même que ce jeune homme disoit à l'autre du ton d'un homme qui admire : « Avez-vous jamais rien vu de si aimable ? »

Je baissai les yeux, et je détournai la tête ; mais ce fut toujours une petite douceur que je ne négligeai point de goûter chemin faisant, et qui n'interrompit point mes tristes pensées.

Il en est de cela comme d'une fleur agréable dont on sent l'odeur en passant.

« Entrons », me dit la femme qui venoit de sortir de la chambre. Je la suivis, et les deux hommes entrèrent avec nous. J'y trouvai cinq ou six dames et trois messieurs, dont deux me parurent gens de robe et l'autre d'épée. M. Villot (vous savez qui c'est) y étoit aussi à côté de la porte, où il se tenoit comme à quartier et dans une humble contenance.

J'ai dit trois messieurs; je n'en compte pas un quatrième, quoique le principal, puisqu'il étoit le maître de la maison, ce que je conjecturai en le voyant sans chapeau. C'étoit le ministre même, et ma conductrice me le confirma.

« Mademoiselle, c'est devant M. de... que vous êtes », me dit-elle. Et elle me le nomma.

C'étoit un homme âgé, mais grand, d'une belle figure et de bonne mine, d'une physionomie qui vous rassuroit en la voyant, qui vous calmoit, qui vous remplissoit de confiance, et qui étoit comme un gage de la bonté qu'il auroit pour vous et de la justice qu'il alloit vous rendre.

C'étoient de ces traits que le temps a moins vieillis qu'il ne les a rendus respectables. Figurez-vous un visage qu'on aime à voir sans songer à l'âge qu'il a; on se plaisoit à sentir la vénération qu'il inspiroit; la santé même qu'on y voyoit avoit quelque chose de vénérable; elle y paroissoit encore moins l'effet du tempérament que le fruit de la sagesse, de la sérénité et de la tranquillité de l'âme.

Cette âme y faisoit rejaillir la douceur de ses mœurs ; elle y peignoit l'aimable et consolante image de ce qu'elle étoit ; elle l'embellissoit de toutes les grâces de son caractère, et ces grâces-là n'ont point d'âge.

Tel étoit le ministre devant qui je parus ; je ne vous parlerai point de ce qui regarde son ministère : ce seroit une matière qui me passe.

Je vous dirai seulement une chose que j'ai moi-même entendu dire.

C'est qu'il y avoit dans sa façon de gouverner un mérite bien particulier, et qui étoit jusqu'alors inconnu dans tous les ministres.

Nous en avons eu dont le nom est pour jamais consacré dans nos histoires ; c'étoient de grands hommes, mais qui durant leur ministère avoient eu soin de tenir les esprits attentifs à leurs actions, et de paroître toujours suspects d'une profonde politique. On les imaginoit toujours entourés de mystères ; ils étoient bien aises qu'on attendît d'eux de grands coups, même avant qu'ils les eussent faits ; que dans une affaire épineuse on pensât qu'ils seroient habiles, même avant qu'ils le fussent : c'étoit là une opinion flatteuse dont ils faisoient en sorte qu'on les honorât ; industrie superbe, mais que leurs succès rendoient, à la vérité, bien pardonnable.

En un mot, on ne savoit point où ils alloient, mais on les voyoit aller ; on ignoroit où tendoient leurs mouvemens, mais on les voyoit se remuer, et ils se plaisoient à être vus, et ils disoient : « Regardez-moi. »

Celui-ci, au contraire, disoit-on. gouvernoit à la manière des sages, dont la conduite est douce, simple, sans faste, et désintéressée pour eux-mêmes; qui songent à être utiles et jamais à être vantés; qui font de grandes actions dans la seule pensée que les autres en ont besoin, et non pas à cause qu'il est glorieux de les avoir faites. Ils n'avertissent point qu'ils seront habiles, ils se contentent de l'être, et ne remarquent pas même qu'ils l'ont été. De l'air dont ils agissent, leurs opérations les plus dignes d'estime se confondent avec leurs actions les plus ordinaires; rien ne les en distingue en apparence; on n'a point eu de nouvelles du travail qu'elles ont coûté; c'est un génie sans ostentation qui les a conduites; il a tout fait pour elles et rien pour lui : d'où il arrive que ceux qui en retirent le fruit le prennent souvent comme on le leur donne, et sont plus contens que surpris : il n'y a que les gens qui pensent qui ne sont point les dupes de la simplicité du procédé de celui qui les mène.

Il en étoit de même à l'égard du ministre dont il est question : falloit-il surmonter des difficultés presque insurmontables; remédier à tel inconvénient presque sans remède; procurer une gloire, un avantage, un bien nécessaire à l'État; rendre traitable un ennemi qui l'attaquoit, et que sa douceur, que l'embarras des temps où il se trouvoit ou que la modestie de son ministère abusoit, il faisoit tout cela, mais aussi discrètement, aussi uniment, avec aussi peu d'agitation qu'il faisoit tout le reste. C'étoient des mesures si paisibles, si imperceptibles ; il se soucioit si peu de vous préparer à toute l'estime qu'il alloit mériter, qu'on eût pu oublier de le louer malgré toutes ses actions louables.

C'étoit comme un père de famille qui veille au bien, au repos et à la considération de ses enfans ; qui les rend heureux sans leur vanter les soins qu'il se donne pour cela, parce qu'il n'a que faire de leur éloge ; les enfans, de leur côté, n'y prennent pas trop garde, mais ils l'aiment.

Et ce caractère, une fois connu dans un ministre, est bien neuf et bien respectable ; il donne peu d'occupation aux curieux, mais beaucoup de confiance et de tranquillité aux sujets.

A l'égard des étrangers, ils regardoient ce ministre-ci comme un homme qui aimoit la justice et avec qui ils ne gagneroient rien à ne la pas aimer eux-mêmes ; il leur avoit appris à régler leur ambition et à ne craindre aucune mauvaise tentative de la sienne : voilà comme on parloit de lui. Revenons ; nous sommes dans sa chambre.

Entre toutes les personnes qui nous entouroient, et qui étoient au nombre de sept ou huit, tant hommes que femmes, quelques-unes sembloient ne me regarder qu'avec curiosité, quelques autres d'un air railleur et dédaigneux. De ce dernier nombre étoient les païens de Valville; je m'en aperçus après.

J'oublie de vous dire que le fils du père nourricier de madame, ce jeune homme qu'on me destinoit pour époux, s'y trouvoit aussi; il se tenoit d'un air humble et timide à côté de la porte; ajoutez-y les deux hommes que j'avois vus dans la salle, et qui étoient entrés après nous.

Je fus d'abord un peu étourdie de tout cet appareil, mais cela se passa bien vite. Dans un extrême découragement on ne craint plus rien. D'ailleurs, on avoit tort avec moi, et je n'avois tort avec personne; on me persécutoit; j'aimois Valville, on me l'ôtoit : il me sembloit n'avoir plus rien à craindre, et l'autorité la plus formidable perd à la fin le droit d'épouvanter l'innocence qu'elle opprime.

« Elle est vraiment jolie, et Valville est assez excusable, dit le ministre d'un air souriant et en adressant la parole à une de ces dames, qui étoit sa femme; oui, fort jolie. — Eh! pour une maîtresse, passe », répondit une autre dame d'un ton revêche.

A ce discours, je ne fis que jeter sur elle un regard froid et indifférent. « Doucement, lui dit le ministre. Approchez, Mademoiselle, ajouta-t-il en me parlant : on dit que M. de Valville vous aime; est-il vrai qu'il songe à vous épouser? — Du moins me l'a-t-il dit, Monseigneur », répondis-je.

Là-dessus, voici de grands éclats de rire moqueurs de la part de deux ou trois de ces dames. Je me contentai de les regarder encore, et le ministre de leur faire un signe de la main pour les engager à cesser.

« Vous n'avez ni père ni mère, et ne savez qui vous êtes, me dit-il après. — Cela est vrai, Monseigneur, lui répondis-je. — Eh bien, ajouta-t-il, faites-vous donc justice, et ne songez plus à ce mariage-là. Je ne souffrirois pas qu'il se fît, mais je vous en dédommagerai; j'aurai soin de vous : voici un jeune homme qui vous convient, qui est un fort honnête garçon, que je pousserai, et qu'il faut que vous épousiez : n'y consentez-vous pas?

— Je n'ai pas dessein de me marier, Monseigneur, lui répondis-je, et je vous conjure de ne m'en pas presser ; mon parti est pris là-dessus. — Je vous donne encore vingt-quatre heures pour y songer, reprit-il; on va vous reconduire au couvent; je vous renverrai chercher demain ; point de mutinerie; aussi bien ne reverrez-vous plus Valville; j'y mettrai ordre.

— Je ne changerai point de sentiment, Monseigneur, repartis-je; je ne me marierai point, surtout à un homme qui m'a reproché mes malheurs : ainsi vous n'avez qu'à voir dès à présent ce que vous voulez faire de moi; il seroit inutile de me faire revenir. »

A peine achevois-je ces mots qu'on annonça Valville et sa mère, qui parurent sur-le-champ.

Jugez de leur surprise et de la mienne. Ils avoient découvert que le ministre avoit part à mon enlèvement, et ils venoient me redemander.

« Quoi! ma fille, tu es ici? s'écria Mme de Milan. — Ah! ma mère, c'est elle-même! » s'écria de son côté Valville.

Je vous dirai le reste dans la septième partie, qui, à deux pages près, débutera, je le promets, par l'histoire de la religieuse, que je ne croyois pas encore si loin quand j'ai commencé cette sixième partie-ci.

SEPTIÈME PARTIE

Souvenez-vous-en, Madame; la deuxième partie de mon histoire fut si longtemps à venir que vous fûtes persuadée qu'elle ne viendroit jamais. La troisième se fit beaucoup attendre; vous doutiez que je vous l'envoyasse. La quatrième vint assez tard, mais vous l'attendiez, en m'appelant une paresseuse. Quant à la cinquième, vous n'y comptiez pas sitôt, lorsqu'elle arriva. La sixième est venue si vite qu'elle vous a surprise; peut-être ne l'avez-vous lue qu'à moitié, et voici la septième.

Oh! je vous prie, sur tout cela, comment me définiriez-vous? Suis-je paresseuse? ma diligence vous montre le contraire. Suis-je diligente? ma paresse passée m'a promis que non.

Que suis-je donc à cet égard? Eh! mais, je suis ce que vous voyez, ce que vous êtes peut-être, ce qu'en général nous sommes tous; ce que mon humeur et ma fantaisie me rendent, tantôt digne de

louange, et tantôt de blâme sur la même chose ;
n'est-ce pas là tout le monde ?

J'ai vu, dans une infinité de gens, des défauts
et des qualités sur lesquels je me fiois, et qui m'ont
trompée : j'avois droit de croire ces gens-là généreux, et ils se trouvoient mesquins ; je les croyois
mesquins, et ils se trouvoient généreux. Autrefois
vous ne pouviez pas souffrir un livre ; aujourd'hui
vous ne faites que lire ; peut-être que bientôt vous
laisserez là la lecture, et peut-être redeviendrai-je
paresseuse.

A tout hasard poursuivons notre histoire. Nous
en sommes à l'apparition subite et inopinée de
Mme de Miran et de Valville.

On n'avoit point soupçonné qu'ils viendroient,
de sorte qu'il n'y avoit aucun ordre donné en ce
cas-là. La seule attention qu'on avoit eue, c'étoit
de finir mon affaire dans la matinée et de prendre
le temps le moins sujet aux visites.

D'ailleurs, on s'étoit imaginé que Mme de
Miran ne sauroit à qui s'adresser pour apprendre
ce que j'étois devenue ; qu'elle ignoreroit que le
ministre eût eu part à mon aventure ; mais vous
vous rappelez bien la visite que j'avois reçue, il
n'y avoit que deux ou trois jours, d'une certaine
dame maigre, longue et menue ; vous savez aussi
que j'en avois sur-le-champ informé Mme de
Miran ; que je lui avois fait un portrait de cette
dame ; qu'elle m'avoit écrit qu'à ce portrait elle
reconnoissoit le spectre en question.

Et ce fut justement cela qui fit que ma mère se douta des auteurs de mon enlèvement ; ce fut ce qui la guida dans la recherche qu'elle fit de sa fille.

Il falloit bien que mon histoire eût percé ; Mme de Fare avoit infailliblement parlé ; cette dame longue et maigre avoit été instruite : elle étoit méchante et glorieuse ; le discours qu'elle m'avoit tenu au couvent marquoit de mauvaises intentions : c'étoit elle apparemment qui avoit ameuté les parens, qui les avoit engagés à se remuer pour se garantir de l'affront que Mme de Miran alloit leur faire en me mettant dans la famille ; et ma disparition ne pouvoit être que l'effet d'une intrigue liée entre eux.

Mais m'avoient-ils enlevée de leur chef ? car ils pouvoient n'y avoir employé que de l'adresse. Leur complot n'étoit-il pas autorisé ? Avoient-ils agi sans pouvoir ?

Un carrosse m'étoit venu prendre ; quelle livrée avoit le cocher ? Cette femme qui s'étoit dite envoyée par ma mère pour me tirer du couvent, quelle étoit sa figure ? Mme de Miran et son fils s'informent de tout, font d'exactes perquisitions.

La tourière du couvent avoit vu le cocher ; elle se ressouvenoit de la livrée ; elle avoit vu la femme en question, et en avoit retenu les traits, qui étoient assez remarquables. C'étoit un visage un peu large et très brun, la bouche grande et le nez long ; voilà qui étoit fort reconnoissable. Aussi ma mère et son fils la reconnurent-ils pour l'avoir vue chez Mme de..., femme du ministre et leur parente; c'étoit une de ses femmes.

A l'égard de la livrée du cocher, il s'agissoit d'un galon jaune sur un drap brun; ce qui leur indiquoit celle d'un magistrat, cousin de ma mère, et avec qui ils se trouvoient tous les jours.

Et qu'est-ce que cela concluoit? Non seulement que la famille avoit agi là dedans, mais que le ministre même l'appuyoit, puisque Mme de... avoit chargé une de ses femmes de me venir prendre; c'étoit une conséquence toute naturelle.

Tous ces instructions-là, au reste, ils ne les reçurent que le lendemain de mon enlèvement. Non pas que Mme de Miran ne fût venue la veille après midi, comme vous savez qu'elle me l'avoit écrit; mais c'est que, lorsqu'elle vint, la tourière, qui étoit la seule de qui elle pût tirer quelques lumières, étoit absente pour différentes commissions de la maison, de façon qu'il fallut revenir le lendemain matin pour lui parler; ce ne fut même qu'assez tard; il étoit près de midi quand ils arrivèrent; ma mère, qui ne se portoit pas bien, n'avoit pu sortir de chez elle de meilleure heure.

Mon enlèvement l'avoit pénétrée de douleur et d'inquiétude. C'étoit comme une mère qui auroit perdu sa fille, ni plus ni moins; c'est ainsi que me le contèrent les religieuses de mon couvent et la tourière.

Elle se trouva mal au moment qu'elle apprit ce

qui m'étoit arrivé; il fallut la secourir, elle ne cessa de pleurer.

« Je vous avoue que je l'aime, disoit-elle en parlant de moi à l'abbesse, qui me le répéta; je m'y suis attachée, Madame, et il n'y a pas moyen de faire autrement avec elle. C'est un cœur, c'est une âme, une façon de penser qui vous étonneroit. Vous savez qu'elle ne possède rien, et vous ne sauriez croire combien je l'ai trouvée noble, généreuse et désintéressée, cette chère enfant; cela passe l'imagination, et je l'estime encore plus que je ne l'aime; j'ai vu d'elle des traits de caractère qui m'ont touchée jusqu'au fond du cœur. Imaginez-vous que c'est moi, que c'est ma personne qu'elle aime, et non pas les secours que je lui donne; est-ce que cela n'est pas admirable dans la situation où elle est? Je crois qu'elle mourroit plutôt que de me déplaire; elle pousse cela jusqu'au scrupule; et, si je cessois de l'aimer, elle n'auroit plus le courage de rien recevoir de moi. Ce que je vous dis est vrai, et cependant je la perds : car comment la retrouver? Qu'est-ce que mes indignes païens en ont fait? où l'ont-ils mise?

— Mais, Madame, pourquoi vous l'enlèveroient-ils? lui répondoit l'abbesse. D'où vient qu'ils seroient fâchés de vos bontés et de votre charité pour elle? Quel intérêt ont-ils d'y mettre obstacle?

— Hélas! Madame, lui disoit-elle, c'est que mon fils n'a pas eu l'orgueil de la mépriser; c'est qu'il a eu assez de raison pour lui rendre justice, et le cœur assez bien fait pour sentir ce qu'elle vaut; c'est qu'ils ont craint qu'il ne l'aimât trop, que je ne l'aimasse trop moi-même, et que je ne consentisse à l'amour de mon fils qui la connoît. De vous dire comment et où il l'a vue, nous n'avons pas le temps; mais voilà la source de la persécution qu'elle éprouve d'eux. Un malheureux événement les a instruits de tout, et cela par l'indiscrétion d'une de mes parentes, qui est la plus sotte femme du monde, et qui n'a pu retenir sa misérable fureur de parler. Ils n'ont pas tout le tort, au reste, de se méfier de ma tendresse pour elle; il n'y a point d'homme de bon sens à qui je ne crusse donner un trésor, si je le mariois avec cette petite fille-là. »

Et voyez que d'amour! jugez-en par la franchise avec laquelle elle parloit : elle disoit tout, elle ne cachoit plus rien; et elle qui avoit exigé de nous tant de circonspection, tant de discrétion et tant de prudence, la voilà qui, à force de tendresse et de sensibilité pour moi, oublie elle-même de le taire, et est la première à révéler notre secret; tout lui échappe dans le trouble de son cœur. O trouble aimable, que tout mon amour pour elle, quelque prodigieux qu'il ait été, n'a jamais pu payer, et dont le ressouvenir m'arrache actuellement des larmes! Oui, Madame, j'en pleure encore. Ah! mon Dieu, que mon âme avoit d'obligations à la sienne!

Hélas! cette chère mère, cette âme admirable,

elle n'est plus pour moi, et notre tendresse ne vit plus que dans mon cœur.

Passons là-dessus, je m'y arrête trop ; j'en perds de vue Valville, dont Mme de Miran avoit encore à soutenir le désespoir, et à qui, dans l'accablement où il se trouvoit, elle avoit défendu de paroître ; de sorte qu'il s'etoit tenu dans le carrosse pendant qu'elle interrogeoit la tourière ; et sur ce qu'elle en apprit, toute languissante et toute indisposée qu'elle étoit, elle courut chez le ministre, persuadée que c'étoit là qu'il falloit aller pour savoir de mes nouvelles et pour me retrouver.

De toutes les personnes de la famille, celle avec laquelle elle étoit le plus liée, et qu'elle aimoit le plus, c'étoit Mme de..., femme du ministre, qui l'aimoit beaucoup aussi ; et, quoiqu'il fût certain que cette dame se fût prêtée au complot de la famille, ma mère ne douta point qu'elle n'eût eu beaucoup de peine à s'y résoudre, et se promit bien de la ranger de son parti dès qu'elle lui auroit parlé.

Et elle avoit raison d'avoir cette opinion-là d'elle ; ce fut elle en effet qui refusa de soutenir l'entreprise et qui, comme vous l'allez voir, parut opiner qu'on me laissât en repos.

Voici donc Mme de Miran et Valville qui entrent tout d'un coup dans la chambre où nous étions. C'étoit Mme de..., et non pas le ministre, que ma mère avoit demandée d'abord, et les gens de la maison, qu'on n'avoit avertis de rien et qui ignoroient de quoi il étoit question dans cette chambre, laissèrent passer ma mère et son fils, et leur ouvrirent tout de suite.

Dès qu'ils me virent tous deux (je vous l'ai déjà dit, je pense), ils s'écrièrent, l'une : « Ah! ma fille, tu es ici! » l'autre : « Ah! ma mère, c'est elle-même! »

Le ministre, à la vue de Mme de Miran, sourit d'un air affable, et pourtant ne put se défendre, ce me sembla, d'être un peu déconcerté (c'est qu'il étoit bon et qu'on lui avoit dit combien elle aimoit cette petite fille). A l'égard des parens, ils la saluèrent d'un air extrêmement sérieux, jetèrent sur elle un regard froid et critique, et puis détournèrent les yeux.

Valville les dévoroit des siens ; mais il avoit ordre de se taire ; ma mère ne l'avoit amené qu'à cette condition-là. Tout le reste de la compagnie parut attentif et curieux : la situation promettoit quelque chose d'intéressant.

Ce fut Mme de... qui rompit le silence. « Bonjour, Madame, dit-elle à ma mère; franchement on ne vous attendoit pas, et j'ai bien peur que vous n'alliez être fâchée contre moi.

— Eh! d'où vient, Madame, le seroit-elle? ajouta tout de suite cette parente longue et maigre (car je ne me ressouviens point de son nom, et n'ai retenu d'elle que la singularité de sa figure); d'où vient le seroit-elle? ajouta-t-elle, dis-je, d'un ton aigre et aussi revêche que sa physionomie ; est-ce qu'on désoblige madame quand on lui rend service et qu'on lui sauve les reproches de toute sa famille?

— Vous êtes la maîtresse de penser de mes actions ce qu'il vous plaira, Madame, lui répondit d'un air indifférent Mme de Miran ; mais je ne les réformerai point sur le jugement que vous en ferez ; nous sommes d'un caractère trop différent pour être jamais du même avis ; je n'approuve pas plus vos sentimens que vous approuvez les miens, et je ne vous en dis rien ; faites de même à mon égard. »

Valville étoit rouge comme du feu ; il avoit les yeux étincelans ; je voyois à sa respiration précipitée qu'il avoit peine à se contenir et que le cœur lui battoit.

« Monsieur, continua Mme de Miran en adressant la parole au ministre, c'étoit Mme de... que je venois voir, et voici l'objet de la visite que je lui rendois ce matin, ajouta-t-elle en me montrant. J'ai su qu'une des femmes de madame l'étoit venue prendre sous mon nom au couvent où je l'avois mise, et j'espérois qu'elle me diroit ce que cela signifie, car je n'y comprends rien. A-t-on voulu se divertir à m'inquiéter? Quelle peut avoir été l'intention de ceux qui ont imaginé de me soustraire cette jeune enfant à qui je m'intéresse? Ce projet-là ne vient pas de madame, j'en suis sûre ; je ne la confonds point du tout avec les gens qui ont tout au plus gagné sur elle qu'elle s'y prêtât. Je ne m'en prends point à vous non plus, Monsieur : on vous a gagné aussi, et voilà tout ; mais de quel prétexte s'est-on servi ? Sur quoi a-t-on pu fonder une entreprise aussi bizarre ? De quoi mademoiselle est-elle coupable ?

— Mademoiselle ! s'écria encore là-dessus, d'un ton railleur, cette parente sans nom ; mademoiselle ! Il me semble avoir entendu dire qu'elle s'appeloit Marianne, ou bien qu'elle s'appelle comme on veut : car, comme on ne sait d'où elle soit, on n'est sûr de rien avec elle, à moins qu'on ne devine ; mais c'est peut-être une petite galanterie que vous lui faites à cause qu'elle est passablement gentille. » Valville, à ce discours, ne put se retenir, et la regarda avec un ris amer et moqueur qu'elle sentit.

« Mon petit cousin, lui dit-elle, ce que je dis là ne vous plaît pas, nous le savons ; mais vous pourriez vous dispenser d'en rire. — Et si je le trouve plaisant, ma grande cousine, pourquoi n'en rirois-je pas ? répondit-il.

— Taisez-vous, mon fils, lui dit aussitôt Mme de Miran. Pour vous, Madame, laissez-moi, je vous prie, parler à ma façon et comme je crois qu'il convient. Si mademoiselle avoit affaire à vous, vous seriez la maîtresse de l'appeler comme il vous plairoit ; quant à moi, je suis bien aise de l'appeler mademoiselle ; je dirai pourtant Marianne quand je voudrai, et cela sans conséquence, sans blesser les égards que je crois lui devoir : le soin que je prends d'elle me donne des droits que vous n'avez pas ; mais ce ne sera jamais que dans ce sens-là que je la traiterai aussi familièrement que vous le faites et que vous vous figurez qu'il vous est permis de le faire. Chacun a sa manière de penser, et ce n'est pas là la mienne ; je n'abuserai jamais du malheur de personne. Dieu nous a caché ce qu'elle est, je ne déciderai point : je vois bien qu'elle est à plaindre ; mais je ne vois pas pourquoi on l'humilieroit : l'un n'entraîne pas l'autre; au contraire, la raison et l'humanité, sans compter la religion, nous portent à ménager les personnes qui sont dans le cas où celle-ci se trouve ; il nous répugne de profiter contre elles de l'abaissement où le sort les a jetées ; les airs de mépris ont mauvaise grâce avec elles, et leur infortune leur tient lieu de rang auprès des cœurs bien faits, principalement quand il s'agit d'une fille comme mademoiselle, et d'un malheur pareil au sien : car enfin, Madame, puisque vous êtes instruite de ce qui lui est arrivé, vous savez donc qu'on a des indices presque certains que son père et sa mère, qui furent tués en voyage lorsqu'elle n'avoit que deux ou trois ans, étoient des étrangers de la première distinction; ce fut là l'opinion qu'on eut d'eux dans le temps. Vous savez qu'ils avoient avec eux deux laquais et une femme de chambre, qui furent tués aussi avec le reste de l'équipage ; que mademoiselle, dont la petite parure marquoit une enfant de condition, ressembloit à la dame assassinée; qu'on ne douta point qu'elle ne fût sa fille; et que tout ce que je dis là est certifié par une personne vertueuse, qui se chargea d'elle alors, qui l'a élevée, qui a confié les mêmes circonstances en mourant à un saint religieux nommé le père Saint-Vincent que je connois, et qui, de son côté, le dira à tout le monde. »

A cet endroit de son récit, les indifférens de la compagnie, je veux dire ceux qui n'étoient point de la famille, parurent s'attendrir sur moi; quelques parens même des moins obstinés, et surtout Mme de..., en furent touchés; il se fit un petit murmure qui m'étoit favorable.

« Ainsi, Madame, ajouta Mme de Miran sans s'interrompre, vous voyez bien que tous les préjugés sont pour elle ; que voilà de reste de quoi justifier le titre de mademoiselle que je lui donne et que je ne saurois lui refuser sans risquer d'en agir mal avec elle. Il n'est donc point ici question de galanterie, mais d'une justice que tout veut que je lui rende, à moins que d'ajouter des injures à celles que le hasard lui a déjà faites, et que vous ne me conseilleriez pas vous-même, ce qui seroit en effet inexcusable, barbare et d'un orgueil pitoyable, vous en conviendriez; surtout, je vous le répète encore, avec une jeune personne du caractère dont elle est. Je suis fâchée qu'elle soit présente, mais vous me forcez de vous dire que sa figure, qui vous paroît jolie, est en vérité ce qui la distingue le moins ; et je puis vous assurer que, par son bon esprit, par les qualités de l'âme et par la noblesse des procédés, elle est demoiselle autant qu'aucune fille, de quelque rang qu'elle soit, puisse l'être. Oh! vous m'avouerez que cela impose, du moins c'est ainsi que j'en juge ; et ce que je vous dis là, elle ne le doit ni à l'usage du monde, ni à l'éducation qu'elle a eue, et qui a été fort simple; il faut que cela soit dans le sang, et voilà à mon gré l'essentiel.

— Oh! sans doute, ajouta Valville, qui glissa tout doucement ce peu de mots; sans doute, et, si dans le monde on s'étoit avisé de ne donner les titres de madame ou de mademoiselle qu'au mérite de l'esprit et du cœur, ah! qu'il y auroit de madames ou de mademoiselles qui ne seroient plus que des Manons et des Cathos! Mais heureusement on n'a tué ni leur père ni leur mère, et on sait qui elles sont. »

Là-dessus on ne put s'empêcher de rire un peu. « Mon fils, encore une fois, je vous défends de parler, lui dit assez vivement Mme de Miran.

« Quoi qu'il en soit, continua-t-elle ensuite, je la protège ; je lui ai fait du bien, j'ai dessein de lui en faire encore ; elle a besoin que je lui en fasse, et il n'y a point d'honnêtes gens qui n'enviassent le plaisir que j'y ai, qui ne voulussent se mettre à ma place. C'est de toutes les actions la plus louable que je puisse faire; il seroit honteux d'y trouver à redire, à moins qu'il n'y ait des lois qui défendent d'avoir le cœur humain et généreux ; à moins que ce ne soit offenser l'État que de s'intéresser, quand on est riche, à la personne la plus digne qu'on la secoure et qu'on la venge de ses malheurs. Voilà tout mon crime ; et, en attendant qu'on me prouve que c'en est un, je viens, Monsieur, vous demander raison de la hardiesse qu'on a eue à mon égard, et de la surprise qu'on a faite à vous-même aussi bien qu'à madame ; je viens chercher une fille que j'aime, et que vous aimeriez autant que moi si vous la connoissiez, Monsieur. »

Elle s'arrêta là. Tout le monde se tut, et moi, je pleurois en jetant sur elle des regards qui témoignoient les mouvemens dont j'étois saisie pour elle, et qui émurent tous les assistans ; il n'y eut que cette inexorable parente que je n'ai point nommée, qui ne se rendit point, et dont l'air paroissoit toujours aussi sec et aussi révolté qu'il l'avoit été d'abord.

« Aimez-la, Madame, aimez-la ; qui est-ce qui vous en empêche? dit-elle en secouant la tête ; mais n'oubliez pas que vous avez des parens et des alliés qui ne doivent point en souffrir, et que du moins il n'y aille rien du leur ; c'est tout ce qu'on vous demande.

— Eh ! vous n'y songez pas, Madame, vous n'y songez pas, reprit ma mère ; ce n'est ni à vous ni à personne à régler mes sentimens là-dessus ; je ne suis ni sous votre tutelle ni sous la leur ; je leur laisse volontiers le droit de conseil avec moi, mais non pas celui de réprimande ; c'est vous qui les faites agir et parler, Madame, et je suis persuadée qu'aucun d'eux n'avoueroit ce que vous leur faites dire à tous.

— Vous m'excuserez, Madame, vous m'excuserez, s'écria la harpie; nous n'ignorons pas vos desseins, et ils nous choquent tous aussi; en un mot, votre fils aime trop cette petite fille, et, qui pis est, vous le permettez.

— Et, si en effet je le lui permets, qui est-ce qui pourra le lui défendre? Quel compte aura-t-il à rendre aux autres? repartit froidement Mme de Miran. Vous dirai-je encore plus? c'est que j'aurois fait mauvaise opinion de mon fils, c'est que je ferois très peu de cas de son caractère, si lui-même n'en faisoit pas beaucoup de cette petite fille, pour parler comme vous, que je ne tiens pourtant pas pour si petite, et qui ne sera telle que pour ceux qui n'auront peut-être que leur orgueil au-dessus d'elle. »

A ce dernier mot, le ministre, qui avoit écouté tout le dialogue toujours souriant et les yeux baissés, prit sur-le-champ la parole pour empêcher les répliques.

« Oui, Madame, vous avez raison, dit-il à Mme de Miran ; on ne sauroit qu'approuver les bontés que vous avez pour cette belle enfant; vous êtes généreuse, cela est respectable, et les malheurs qu'elle a essuyés sont dignes de votre attention; sa physionomie ne dément point non plus les vertus et les qualités que vous lui trouvez; elle a tout l'air de les avoir, et ce n'est ni le soin que vous prenez d'elle, ni la bienveillance que vous avez pour elle, qui nous alarment. Je prétends moi-même avoir part au bien que vous voulez lui faire. La seule chose qui nous inquiète, c'est qu'on dit que M. de Valville a non seulement beaucoup d'estime pour elle, ce qui est très juste, mais encore beaucoup de tendresse, ce que la jeune personne, faite comme elle est, rend très vraisemblable. En un mot, on parle d'un mariage qui est résolu, et auquel vous consentez, dit-on, par la force de l'attachement que vous avez pour elle; et voilà ce qui intrigue la famille.

— Et je pense que cette famille a droit de s'en intriguer, dit tout de suite la parente pie-grièche.
— Madame, je n'ai pas tout dit; laissez-moi achever, je vous prie, lui repartit le ministre sans hausser le ton, mais d'un air sérieux; madame vaut bien qu'on lui parle raison.

« J'avoue, reprit-il, qu'il est probable, sur tout ce que vous nous rapportez, que la jeune enfant a de la naissance; mais la catastrophe en question a jeté là-dessus une obscurité qui blesse, qu'on vous reprocheroit, et dont nos usages ne veulent pas qu'on fasse si peu de compte. Je suis totalement de votre avis pourtant sur les égards que vous avez pour elle; ce ne sera pas moi qui lui refuserai le titre de mademoiselle, et je crois avec vous qu'on le doit même à la condition dont elle est; mais remarquez que nous le croyons, vous et moi, par un sentiment généreux qui ne sera peut-être avoué de personne, que, du moins, qui que ce soit n'est obligé d'avoir, et dont peu de gens seront capables. C'est comme un présent que nous lui faisons, et que les autres peuvent se dispenser de lui faire. Je dirai bien avec vous qu'ils auront tort, mais ils ne le sentiront point ; ils vous répondront qu'il n'y a rien d'établi en pareil cas, et vous n'aurez rien à leur répliquer, rien qui puisse vous justifier auprès d'eux, si vous portez la générosité jusqu'à un certain excès, tel que seroit le mariage dont le bruit court, et auquel je n'ajoute point de foi. Je ne doute pas même que vous ne leviez volontiers tout soupçon sur cet article, et j'en ai trouvé un moyen qui est facile. J'ai imaginé de pourvoir avantageusement mademoiselle, de la marier à un jeune homme né de fort honnêtes gens, qui a déjà quelque bien, dont j'augmenterai la fortune, et avec qui elle se verra dans une situation très honorable. Je n'ai même envoyé chercher mademoiselle que pour lui proposer ce parti, qu'elle refuse, tout honnête et tout avantageux qu'il est ; de sorte que, pour la déterminer, j'ai cru devoir user d'un peu de rigueur, d'autant plus qu'il y va de son bien. J'ai même été jusqu'à la menacer de l'éloigner de Paris ; cependant son obstination continue : cela vous paroît-il raisonnable ? Joignez-vous donc à moi, Madame ; vos services vous ont acquis de l'autorité sur elle, tâchez de la résoudre, je vous prie ; voici le jeune homme en question », ajouta-t-il.

Et il lui montroit M. Villot, qui, quoique assez bien fait, avoit alors, autant qu'on peut l'avoir, l'air d'un pauvre petit homme sans conséquence, dont le métier étoit de ramper et d'obéir, à qui même il n'appartenoit pas d'avoir du cœur, et à qui on pouvoit dire : « Retirez-vous », sans lui faire d'injure.

Voilà à quoi il ressembloit en cet instant avec sa figure qui n'étoit qu'humble et point honteuse.

« C'est un garçon fort doux et de fort bonnes mœurs, reprit le ministre en continuant, et qui vivra avec mademoiselle comme avec une personne à qui il devra la fortune que je lui promets à cause d'elle ; c'est ce que je lui ai bien recommandé de ne jamais oublier. » Le fils du nourricier de madame ne répondit à cela qu'en se prosternant, qu'en se courbant jusqu'à terre.

« N'approuvez-vous pas ce que je fais là, Madame, dit encore le ministre à ma mère, et n'êtes-vous pas contente ? Elle restera à Paris ; vous l'aimez, et vous ne la perdrez pas de vue ; je m'y engage, et je ne l'entends pas autrement. »

Là-dessus Mme de Miran jeta les yeux sur M. Villot, qui l'en remercia par une autre prosternation, quoique la façon dont on le regarda n'exigeât pas de reconnoissance.

Et puis ma mère, secouant la tête : « Cette union n'est guère assortie, ce me semble, dit-elle, et j'ai peine à croire qu'elle soit du goût de Marianne. Monsieur, je me flatte, comme vous le dites, d'avoir quelque pouvoir sur elle ; mais je vous avoue que je ne l'emploierai pas dans cette occurrence-ci ; ce seroit lui faire payer trop cher les services que je lui ai rendus. Qu'elle décide, au reste; elle est la maîtresse. Voyez, Mademoiselle; consentez-vous à ce qu'on vous propose ?

— Je me suis déjà déclarée, Madame, lui répondis-je d'un air triste, respectueux, mais ferme; j'ai dit que j'aime mieux rester comme je suis, et je n'ai point changé d'avis. Mes malheurs sont bien grands; mais ce qu'il y a encore de plus fâcheux pour moi, c'est que je suis née avec un cœur qu'il ne faudroit pas que j'eusse, et qu'il m'est pourtant impossible de vaincre. Jamais, avec ce cœur-là, je ne pourrai aimer le jeune homme qu'on me présente, jamais. Je sens que je ne m'accoutumerois pas à lui, que je le regarderois comme un homme qui ne seroit pas fait pour moi; c'est une pensée qui ne me quitteroit point; j'aurois beau la condamner et me trouver ridicule de l'avoir, je l'aurois toujours; au moyen de quoi je ne pourrois le rendre heureux, ni être en repos moi-même; sans compter que je ne me pardonnerois pas la vie désagréable que mèneroit avec moi un mari qui m'aimeroit peut-être, qui pourtant me seroit insupportable, et qui auroit eu tout l'amour d'une autre femme, si je n'avois pas été sans nécessité le charger de moi et de mon antipathie. Ainsi il ne faut pas parler de ce mariage, dont cependant je remercie Monseigneur, qui a eu la bonté d'y penser pour moi; mais, en vérité, il n'y a pas moyen.

— Dites-nous donc quelle résolution vous prenez, me répondit le ministre; que voulez-vous devenir? Aimez-vous mieux être religieuse? On vous l'a déjà proposé, et vous choisirez le couvent qu'il vous plaira. Voyez, songez à quelque état qui vous tranquillise; vous ne voulez pas souffrir qu'on chagrine plus longtemps Mme de Miran à cause de vous; prenez un parti.

— Non, Monsieur, dit mon ennemie; non, rien ne lui convient; on l'aime, on l'épousera, tout est d'accord; la petite personne n'en rabattra rien, à moins qu'on n'y mette ordre; elle est sûre de son fait; madame l'appelle déjà sa fille, à ce qu'on dit. »

Le ministre, à ce discours, fit un geste d'impatience qui la fit taire; et moi, reprenant la parole : « Vous vous trompez, Madame, lui dis-je, à l'égard de la crainte qu'on a que M. de Valville ne m'aime trop, qu'il ne veuille m'épouser, et que Mme de Miran n'ait la complaisance de le vouloir bien aussi; on peut entièrement se rassurer là-dessus. Il est vrai que Mme de Miran a eu la bonté de me tenir lieu de mère (je sanglotois en disant cela), et que je suis obligée, sous peine d'être la plus ingrate créature du monde, de la chérir et de la respecter autant que la mère qui m'a donné la vie; je lui dois la même soumission, la même vénération, et je pense quelquefois que je lui en dois bien davantage : car enfin je ne suis point sa fille, et cependant il est vrai, comme vous le dites, qu'elle m'a traitée comme si je l'avois été. Je ne lui suis rien ; elle n'auroit eu aucun tort de me laisser dans l'état où j'étois, ou bien elle pouvoit se contenter en passant d'avoir pour moi une compassion ordinaire, et de me dire : « Je vous « aimerai. » Mais point du tout, c'est quelque chose d'incompréhensible que ses bontés pour moi, que ses soins, que ses considérations. Je ne saurois y songer, je ne saurois la regarder elle-même sans pleurer d'amour et de reconnoissance, sans lui dire dans mon cœur que ma vie est à elle, sans souhaiter d'avoir mille vies pour les lui donner toutes, si elle en avoit besoin pour sauver la sienne ; et je rends grâces à Dieu de ce que j'ai occasion de dire cela publiquement ; ce m'est une joie infinie, la plus grande que j'aurai jamais, que de pouvoir faire éclater les transports de tendresse, et tous les dévouemens, et toute l'admiration que je sens pour elle. Oui, Madame, je ne suis qu'une étrangère, qu'une malheureuse orpheline, que Dieu, qui est le maître, a abandonnée à toutes les misères imaginables ; mais, quand on viendroit m'apprendre que je suis la fille d'une reine, quand j'aurois un royaume pour héritage, je ne voudrois rien de tout cela si je ne pouvois l'avoir qu'en me séparant de vous ; je ne vivrois point si je vous perdois ; je n'aime que vous d'affection ; je ne tiens sur la terre qu'à vous qui m'avez recueillie si charitablement, et qui avez la générosité de m'aimer tant, quoiqu'on tâche de vous en faire rougir et quoique tout le monde me méprise. »

La Vie de Marianne. II.

Ici, à travers les larmes que je versois, j'aperçus plusieurs personnes de la compagnie qui détournoient la tête pour s'essuyer les yeux.

Le ministre baissoit les siens, et vouloit cacher qu'il étoit ému. Valville restoit comme immobile, en me regardant d'un air passionné et dans un parfait oubli de tout ce qui nous environnoit; et ma mère laissoit bien franchement couler ses pleurs, sans s'embarrasser qu'on les vît.

« Tu n'as pas tout dit, achève, Marianne, et ne parle plus de moi, puisque cela t'attendrit trop, me dit-elle en me tendant sans façon sa main, que je baisai de même; achève...

— Oui, Madame, lui répondis-je. Vous m'avez dit, Monseigneur, que vous m'éloigneriez de Paris, et que vous m'enverriez loin d'ici si je refusois d'épouser ce jeune homme, repris-je donc en m'adressant au ministre, et vous êtes toujours le maître; mais j'ai à vous répondre une chose qui doit empêcher messieurs les parens d'être encore inquiets sur le mariage qu'ils appréhendent entre M. de Valville et moi : c'est que jamais il ne se fera; je le garantis, j'en donne ma parole, et on peut s'en fier à moi; et, si je ne vous en ai pas assuré avant que Mme de Miran arrivât, vous aurez la bonté de m'excuser, Monseigneur : ce qui m'a empêchée de le faire, c'est que je n'ai pas cru qu'il fût à propos, ni honnête à moi, de renoncer à M. de Valville pendant qu'on me menaçoit pour m'y contraindre; j'ai pensé que je serois une lâche et une ingrate de montrer si peu de courage en cette occasion-ci, après que M. de Valville lui-même a bien eu celui de m'aimer, et de m'aimer si tendrement de tout son cœur, et comme une personne qu'on respecte, malgré la situation où il m'a vue, qui étoit si rebutante, et à laquelle il n'a pas seulement pris garde, sinon que pour m'en aimer et m'en considérer davantage.

« Voilà ma raison, Monseigneur; si je vous avois promis de ne le plus voir, il auroit eu lieu de s'imaginer que je ne me mettois guère en peine de lui, puisque je n'aurois pas voulu endurer d'être persécutée pour l'amour de lui; et mon intention étoit qu'il sût le contraire, qu'il ne doutât point que son cœur a véritablement acquis le mien, et je serois bien honteuse si cela n'étoit pas. Peut-être est-ce ici la dernière fois que je le verrai, et j'en profite pour m'acquitter de ce que je lui dois, et en même temps pour dire à Mme de Miran, aussi bien qu'à lui, que ce que la crainte et la menace n'ont pas pu me forcer de faire, je le fais aujourd'hui par pure reconnoissance pour elle et pour son fils. Non, Madame, non, ma généreuse mère; non, Monsieur de Valville, vous m'êtes trop chers tous les deux; je ne serai jamais la cause des reproches que vous souffririez si je restois, ni de la honte qu'on dit que je vous attirerois. Le monde me dédaigne, il me rejette; nous ne changerons pas le monde, et il faut s'accorder à ce qu'il veut. Vous dites qu'il est injuste; ce n'est pas à moi à en dire autant, j'y gagnerois trop; je dis seulement que vous êtes bien généreuse et que je n'abuserai jamais du mépris que vous faites pour moi des coutumes du monde. Aussi bien est-il certain que je mourrois de chagrin du blâme qui retomberoit sur vous; et, si je ne vous l'épargnois pas, je serois indigne de vos bontés. Hélas! je vous aurois donc trompée; il ne seroit pas vrai que j'aurois le caractère que vous me croyez, et je n'ai que le parti que je prends pour montrer que vous n'avez pas eu tort de le croire. M. de Climal, par sa piété, m'a laissé quelque chose pour vivre; et ce qu'il y a suffit pour une fille qui n'est rien, qui, en vous quittant, quitte tout ce qui l'attachoit et tout ce qui pourroit l'attacher; qui, après cela, ne se soucie plus de rien, ne regrette plus rien, et qui va pour toute sa vie se renfermer dans un couvent où il n'y a qu'à donner ordre que je ne voie personne, à l'exception de Madame, qui est comme ma mère, et dont je supplie qu'on ne me prive pas tout d'un coup si elle veut me voir quelquefois. Voilà tous mes desseins, à moins que Monseigneur, pour être encore plus sûr de moi, ne m'exile loin d'ici suivant l'intention qu'il en a eue d'abord. »

Un torrent de pleurs termina mon discours. Valville, pâle et abattu, paroissoit prêt à se trouver mal; et Mme de Miran alloit, ce me semble, me répondre, quand le ministre la prévint, et, se retournant avec une action animée vers les parentes :

« Mesdames, leur dit-il, savez-vous quelque réponse à ce que nous venons d'entendre ? Pour moi, je n'y en sais point, et je vous déclare que je ne m'en mêle plus. A quoi voulez-vous qu'on remédie ? A l'estime que Mme de Miran a pour la vertu, à l'estime qu'assurément nous en avons tous ? Empêcherons-nous la vertu de plaire ? Vous ne seriez pas de cet avis-là, ni moi non plus, et l'autorité n'a que faire ici. »

Et puis, se tournant vers le frère de lait de madame : « Laissez-nous, Villot, lui dit-il. Madame, je vous rends votre fille, avec tout le pouvoir que vous avez sur elle ; vous lui avez tenu lieu de mère : elle ne pouvoit pas en trouver une meilleure, et elle méritoit de vous trouver. Allez, Mademoiselle, oubliez tout ce qui s'est passé ici ; qu'il reste comme nul, et consolez-vous d'ignorer qui vous êtes. La noblesse de vos parens est incertaine ; mais celle de votre cœur est incontestable, et je la préférerois, s'il falloit opter. » Il se retiroit en disant cela ; mais il me prit un transport qui l'arrêta et qui étoit preste.

C'est que je me jetai à ses genoux avec une rapidité plus éloquente et plus expressive que tout ce que je lui aurois dit, et que je ne pus lui dire, pour le remercier du jugement plein de bonté et de vertu qu'il venoit lui-même de rendre en ma faveur.

Il me releva sur-le-champ d'un air qui témoignoit que mon action le surprenoit agréablement et l'attendrissoit ; je m'aperçus aussi qu'elle plaisoit à toute la compagnie.

« Levez-vous, ma belle enfant, me dit-il ; vous ne me devez rien, je vous rends justice » ; et puis, s'adressant aux autres : « Elle en fera tant que nous l'aimerons tous aussi, ajouta-t-il ; et il n'y a point d'autre parti à prendre avec elle. Ramenez-la, Madame (c'étoit à ma mère à qui il parloit) ; ramenez-la, et prenez garde à ce que deviendra votre fils, s'il l'aime : car, avec les qualités que nous voyons dans cette enfant-là, je ne réponds pas de lui, et ne répondrois de personne ; faites comme vous pourrez, ce sont vos affaires.

— Sans doute, dit aussitôt Mme de..., son épouse ; et, si on a donné à madame l'embarras qu'elle a aujourd'hui, ce n'est pas ma faute ; il n'a pas tenu à moi qu'on ne le lui épargnât.

— Sur ce pied-là, Mesdames, repartit en se levant cette parente revêche, je pense qu'il ne vous reste plus qu'à saluer votre cousine ; embrassez-la d'avance, vous ne risquez rien. Pour moi, on me permettra de m'en dispenser malgré son incomparable noblesse de cœur ; je ne suis pas extrêmement sensible aux vertus romanesques. Adieu, la petite aventurière ; vous n'êtes encore qu'une fille de condition, nous dit-on ; mais vous n'en demeurerez pas là, et nous serons bien heureuses si, au premier jour, vous ne vous trouvez pas une princesse. »

Au lieu de lui répondre, je m'avançai vers ma

mère, dont je voulus aussi embrasser les genoux et qui m'en empêcha; mais je pris sa main que je baisai et sur laquelle je répandis des larmes de joie.

La parente farouche sortit avec colère et dit à deux dames en s'enallant: « Ne venez-vous pas? »

Là-dessus elles se levèrent, mais plus par complaisance pour elle que par inimitié pour moi; on voyoit bien qu'elles n'approuvoient pas son emportement, et qu'elles ne la suivoient que dans la crainte de la fâcher. Une d'elles dit même tout bas à Mme de Miran : « Elle nous a amenées, et elle ne nous pardonneroit pas si nous restions. »

Valville, à qui le cœur étoit revenu, ne la regardoit plus qu'en riant, et se vengeoit ainsi du peu de succès de son entreprise. « Votre carrosse est-il là-bas? lui dit-il; voulez-vous que nous vous ramenions, Madame? — Laissez-moi, lui dit-elle, vous me faites pitié d'être si content. »

Elle salua ensuite Mme de..., ne jeta pas les yeux sur ma mère qui la saluoit, et partit avec les deux dames dont je viens de parler.

Aussitôt le reste de la compagnie se rassembla autour de moi, et il n'y eut personne qui ne me dît quelque chose d'obligeant.

« Mon Dieu! que je me reproche d'avoir trempé dans cette intrigue-ci! dit Mme de... à ma mère. Que je leur sais mauvais gré de m'avoir persécutée pour y entrer! On ne peut pas avoir plus de tort que nous en avions; n'est-il pas vrai, Mesdames?

— Ah! Seigneur! ne nous en parlez pas, nous en sommes honteuses, répondirent-elles. Qu'elle est aimable! Nous n'avons rien de si joli à Paris. — Ni peut-être rien de si estimable, reprit Mme de... Je ne saurois vous exprimer l'inquiétude où j'étois pendant tout ce dialogue, et je suis bien contente de M. de... (elle parloit du ministre, son mari); oh! bien contente; il n'a encore rien fait qui m'ait tant plu; ce qu'il vient de dire est d'une justice admirable.

— Avec tout autre juge que lui, j'avoue que le cœur m'auroit battu, dit à son tour le jeune cavalier que j'avois vu dans l'antichambre, et qui étoit encore là; mais, avec M. de..., je n'ai pas douté un instant de ce qui arriveroit. — Et moi, je devrois lui demander pardon d'avoir eu peur pour Mademoiselle », dit alors Valville, qui les avoit jusqu'ici écoutés d'un air modeste et intérieurement satisfait.

Tout le monde rit de sa réponse, mais discrètement et sans lui rien dire. Il étoit tard, ma mère prit congé de Mme de..., qui l'embrassa avec toute l'amitié possible, comme pour lui faire oublier le secours qu'elle avoit prêté à nos ennemis; elle me fit l'honneur de m'embrasser moi-même, ce que je reçus avec tout le respect qui convenoit; et nous nous retirâmes.

A peine fûmes-nous dans l'antichambre que cette femme qu'on avoit envoyée pour me tirer de mon premier couvent sous le nom de ma mère, et qui étoit venue ce matin même me reprendre à celui où elle m'avoit mise la veille; que cette femme, dis-je, se présenta à nous, et nous dit qu'elle avoit ordre du ministre de nous mener tout à l'heure, si nous voulions, à ce dernier couvent, pour me faire rendre mes hardes, qu'on hésiteroit peut-être de me donner si nous y allions sans elle, à moins que Mme de Miran n'aimât mieux remettre à y aller dans l'après-midi.

« Non, non, dit ma mère, finissons cela, ne différons point. Venez, Mademoiselle; aussi bien avons-nous besoin de vous pour aller là : car j'ai oublié de demander où c'est; venez, j'aurai soin qu'on vous ramène ensuite. »

Cette femme nous suivit donc, et monta en carrosse avec nous : vous jugez bien qu'il ne fut plus question de cette familiarité qu'elle avoit eue avec moi lorsqu'elle m'étoit venue prendre, et je la vis un peu honteuse de la différence qu'il y avoit pour elle de ce voyage-ci à ceux que nous avions déjà faits ensemble : chacun a son petit orgueil; nous n'étions plus camarades, et cela lui donnoit quelque confusion.

Je n'en abusai point : j'avois trop de joie, je sortois d'un trop grand triomphe pour m'amuser à être maligne ou glorieuse, et je n'ai jamais été ni l'un ni l'autre.

L'entretien fut fort réservé pendant le chemin, à cause de cette femme qui nous accompagnoit, et qui, à l'occasion de je ne sais quoi qui fut dit, nous apprit que c'étoit de Mme de Fare que venoit toute la rumeur, et qu'en même temps elle avoit refusé de se joindre aux autres parens dans les mouvemens qu'ils s'étoient donnés ; de sorte qu'elle n'avoit pas précisément parlé pour me nuire, mais seulement pour avoir le plaisir d'être indiscrète et de révéler une chose qui surprendroit.

Elle nous conta aussi que M. Villot étoit au désespoir de ce qu'il ne seroit point à moi. « Je l'ai laissé qui pleuroit comme un enfant », nous dit-elle ; sur quoi je jetai les yeux sur Valville, pour qui il me parut que le récit de l'affliction de M. Villot n'étoit pas amusant : aussi n'y répondîmes-nous rien, ma mère et moi, et laissâmes-nous tomber ce petit article, d'autant plus que nous étions arrivés à la porte du couvent où je descendis avec cette femme.

« Il est inutile que je paroisse, me dit ma mère, et je crois même qu'il suffiroit que Mademoiselle allât redemander vos hardes, sans parler de nous et sans dire que nous sommes ici.

— Permettez-moi de me montrer aussi, lui dis-je ; les bontés que l'abbesse a eues pour moi exigent que je la remercie ; je ne saurois m'en dispenser sans ingratitude. — Ah ! tu as raison, ma fille, et je ne savois pas cela, me repartit-elle ; va, mais hâte-toi, et dis-lui que je t'attends, que je suis fatiguée et qu'il m'est impossible de descendre ; fais le plus vite que tu pourras ; il vaut mieux que tu la reviennes voir. »

Abrégeons donc ; je parus, on me rendit mon coffre ou ma cassette, lequel des deux il vous plaira. Toutes les religieuses que j'avois vues vinrent se réjouir avec moi du succès de mon aventure : l'abbesse me donna les témoignages d'affection les plus sincères ; elle auroit souhaité que j'eusse passé le reste de la soirée avec elle, mais il n'y avoit pas moyen. « Ma mère est à la porte de votre maison dans son carrosse : elle vous auroit vue, lui dis-je ; mais elle est indisposée ; elle vous fait ses excuses, et il faut que je vous quitte.

— Quoi ! s'écria-t-elle, cette mère si tendre, cette dame que j'estime tant, est ici ! Mon Dieu ! que j'aurois de plaisir à la voir et à lui dire du bien de vous ! Allez, Mademoiselle, retournez-vous-en, mais tâchez de la déterminer à venir un instant ; si je pouvois sortir, je courrois à elle ; et supposons qu'il soit trop tard, dites-lui que je la conjure de revenir encore une fois ici avec vous. Partez, ma chère enfant. » Et aussitôt elle me congédia. Un domestique de la maison portoit mon petit ballot ; tout ceci se passa en moins d'un demi-quart d'heure de temps. J'oublie encore que l'abbesse chargea la tourière d'aller faire ses complimens à Mme de Miran, qui, de son côté, la fit assurer que nous la reviendrions voir au premier jour ; et puis nous partîmes pour aller, devineriez-vous où ? « Au logis, dit ma mère : car à ton autre couvent on a dîné, et nous t'y remettrons sur le soir, non que j'aie envie de t'y laisser longtemps, mais il est bon que tu y fasses encore quelque séjour, ne fût-ce qu'à cause de ce qui t'est arrivé et de l'inquiétude que j'en ai montrée moi-même. »

Nous avancions pendant qu'elle parloit, et nous voici dans la cour de ma mère, d'où elle congédia cette femme de Mme de... qui nous avoit suivies, et nous montâmes chez elle.

Une certaine gouvernante qui étoit dans la maison de Mme de Miran quand on m'y porta après ma chute au sortir de l'église, et que, si vous vous en souvenez, Valville appela pour me déchausser, n'y étoit plus, et, de tous les domestiques, il n'y avoit plus qu'un laquais de Valville qui me connût; c'étoit celui qui avoit suivi mon fiacre jusque chez Mme Dutour, et qui d'ailleurs m'avoit déjà revue plusieurs fois, puisqu'il m'étoit venu rendre deux ou trois billets de Valville à mon couvent. Or ce laquais étoit malade; ainsi il n'y avoit là personne qui sût qui j'étois.

Et ce qui fait que je vous dis cela, c'est que, pendant que nous montions chez ma mère, je rêvois, toute joyeuse que j'étois, que j'allois trouver dans cette maison et cette gouvernante que je vous ai rappelée, et quelques valets qui ne manqueroient pas de me reconnoître.

« Ah ! c'est cette petite fille qu'on a apportée ici, et qui avoit mal au pied ! vont-ils dire, pensois-je en moi-même ; c'est cette petite lingère que nous croyions une demoiselle, et qui se fit reconduire chez Mme Dutour ! »

Et cela me déplaisoit ; j'avois peur aussi que Valville n'en fût un peu honteux ; peut-être, m'aimant autant qu'il faisoit, ne s'en seroit-il pas soucié ; mais heureusement nous ne fûmes exposés ni l'un ni l'autre au désagrément que j'imaginois, et je goûtai tout à mon aise le plaisir de me trouver chez ma mère et d'y être comme si j'avois été chez moi.

« Ah çà, ma fille, me dit-elle, viens que je t'embrasse à présent que nous sommes sans critique ; tout ceci a tourné on ne peut pas mieux : on se doute de nos desseins, on les prévoit, on n'a pas même paru les désapprouver ; le ministre t'a rendu ta parole en te remettant entre mes mains ; et, grâces au Ciel, on ne sera plus surpris de rien. Tu m'as dit tantôt les choses du monde les plus tendres, ma chère enfant ; mais, franchement, je les mérite bien pour tout le chagrin que tu m'as causé ; tu en as eu beaucoup aussi, n'est-il pas vrai ? As-tu songé à celui que j'aurois ? Que pensois-tu de ta mère ? »

Elle me tenoit ce discours assise dans un fauteuil ; j'étois vis-à-vis d'elle ; et, me laissant aller à une saillie de reconnoissance, je me jetai tout d'un coup à ses genoux ; et puis, la regardant après lui avoir baisé la main : « Ma mère, lui dis-je, voilà M. de Valville ; il m'est bien cher, et ce n'est plus un secret, je l'ai publié devant tout le monde, mais il ne m'empêchera pas de vous dire que j'ai mille fois plus encore songé à vous qu'à lui. C'étoit ma mère qui m'occupoit, c'étoit sa tendresse et son bon cœur : « Que fera-t-elle? que « ne fera-t-elle pas? » me disois-je ; et toujours ma mère dans l'esprit. Toutes mes pensées vous regardoient : je ne savois pas si vous réussiriez à me tirer d'embarras; mais ce que je souhaitois le plus, c'étoit que ma mère fût bien fâchée de ne plus voir sa fille; je désirois cent fois plus sa tendresse que ma délivrance, et j'aurois tout enduré, hormis d'être abandonnée d'elle. J'étois si pleine de ce que je vous dis là, j'en étois tellement agitée, que j'en sentois quelque petite inquiétude dont je m'accuse, quoiqu'elle n'ait presque pas duré. J'ai pourtant songé aussi à M. de Valville : car, s'il m'oublioit, ce seroit une grande affliction pour moi, plus grande que je ne puis le dire; mais le principal est que vous m'aimiez : c'est le cœur de ma mère qui m'est le plus nécessaire, il va avant tout dans le mien : car il m'a tant fait de bien, je lui ai tant d'obligation, il m'est si doux de lui être chère! N'ai-je pas raison, Monsieur? »

Mme de Miran m'écoutoit en souriant. « Levez-vous, petite fille, me dit-elle ensuite ; vous me faites oublier que j'ai à vous quereller de votre imprudence d'hier matin. Je voudrois bien savoir pourquoi vous vous laissez emmener par une femme qui vous est totalement inconnue, qui vient vous chercher sans billet de ma part, et dans un équipage qui n'est pas à moi non plus. Où étoit votre esprit de n'avoir pas fait attention à tout cela, surtout après la visite suspecte que vous aviez reçue de ce grand squelette dont vous m'aviez si bien dépeint la figure? Les menaces ne vous annonçoient-elles pas quelque dessein? Ne devoient-elles pas vous laisser quelque défiance? Vous êtes une étourdie ; et, pendant le séjour que vous ferez encore à votre couvent, je vous défends d'en sortir jamais qu'avec cette femme que vous venez de voir (elle parloit d'une femme de chambre qui avoit paru il n'y avoit qu'un moment), ou que sur une lettre de moi, quand je n'irai pas vous chercher moi-même; entendez-vous? »

Là-dessus on servit, nous dînâmes. Valville mangea fort peu, et moi aussi ; ma mère y prit garde, elle en rit.

« Apparemment que la joie ôte l'appétit, nous dit-elle en badinant. — Oui, ma mère, reprit Valville sur le même ton ; on ne sauroit faire tant de choses à la fois. »

Le repas fini, Mme de Miran passa dans sa chambre, et nous l'y suivîmes. De là elle entra dans un petit cabinet, d'où elle m'appela. J'y vins. « Donne-moi ta main, me dit-elle ; voyons si cette bague-ci te conviendra. » C'étoit un brillant de prix ; et, pendant qu'elle me l'essayoit : « Je vois, lui répondis-je, un portrait (c'étoit le sien) que j'aimerois mieux mille fois que la bague, toute belle qu'elle est, et que toutes les pierreries du monde : troquons, ma mère; cédez-moi le portrait, je vous rendrai la bague.

— Patience, me dit-elle, je le ferai placer ici dans votre chambre, quand vous y serez; et vous y serez bientôt. Où mettez-vous votre argent, Marianne? continua-t-elle. Vous n'avez rien pour cela, je pense. » Aussitôt elle ouvrit un tiroir. « Tenez, voilà une bourse qui est fort bien travaillée; servez-vous-en. — Je vous remercie, ma mère, lui repartis-je; mais où mettrai-je tout l'amour, tout le respect et toute la reconnoissance que j'ai pour ma mère? Il me semble que j'en ai plus qu'il n'en peut tenir dans mon cœur. »

Elle sourit à ce discours. « Savez-vous ce qu'il faut faire, ma mère? nous dit Valville, qui étoit resté à l'entrée du cabinet, et que la joie d'entendre ce que nous disions toutes deux avec cette familiarité douce et badine tenoit comme en extase; mettons votre fille le plus vite que nous pourrions dans cette chambre où vous avez dessein de placer le portrait; elle en sera moins embarrassée de tout l'amour qu'elle a pour vous, et plus à portée de venir vous en parler pour le soulager.

— C'est de quoi nous allons nous entretenir tout à l'heure, répondit Mme de Miran; sortons, je veux lui montrer l'appartement que j'occupois du vivant de votre père. »

Et sur-le-champ nous passâmes dans une grande antichambre que j'avois déjà vue, et dans laquelle il y avoit une porte vis-à-vis de celle par où nous y entrions. Cette porte nous mena à cet appartement qu'ils vouloient me faire voir. Il étoit plus vaste et plus orné que celui de Mme de Miran, et donnoit, comme le sien, sur un très beau jardin. « Eh bien! ma fille, comment vous trouvez-vous ici? Ne vous y ennuierez-vous point? y regretterez-vous votre couvent? » me dit-elle en riant.

Je me mis à pleurer là-dessus de pur ravissement, et, me jetant entre ses bras : « Ah! ma mère, lui repartis-je d'un ton pénétré, quelles délices pour moi! Songez-vous que cet appartement-ci me conduira dans le vôtre? »

A peine achevois-je ces mots qu'un coup de sifflet nous avertit qu'il venoit une visite.

« Ah! mon Dieu, s'écria Mme de Miran, que je suis fâchée! J'allois sonner pour donner ordre de dire que je n'y étois pas; retournons chez moi. » Nous nous y rendîmes.

Un laquais entra, qui nous annonça deux dames que je ne connoissois pas, qui n'avoient point entendu parler de moi non plus; qui me regardèrent beaucoup, et me prirent peut-être pour une parente de la maison. Elles venoient rendre elles-mêmes une de ces visites indifférentes, qui entre femmes n'aboutissent qu'à se voir une demi-heure, qu'à se dire quelques bagatelles ennuyantes, et qu'à se laisser là sans se soucier les unes des autres.

Je remarquerai, pour vous amuser seulement (et je n'écris que pour cela), que, de ces deux dames, il y en eut une qui parla fort peu, ne prit presque point de part à ce que l'on disoit, ne fit que remuer la tête pour en varier les attitudes et les rendre avantageuses ; enfin, qui ne songea qu'à elle et à ses grâces ; et il est vrai qu'elle en auroit eu quelques-unes si elle s'étoit moins occupée de la vanité d'en avoir ; mais cette vanité gâtoit tout, et ne lui en laissoit pas une de naturelle. Il y a beaucoup de femmes comme elle qui seroient fort aimables si elles pouvoient oublier un peu qu'elles le sont. Celle-ci, j'en suis sûre, n'alloit et ne venoit par le monde que pour se montrer, que pour dire : « Voyez-moi » ; elle ne vivoit que pour cela.

Je crois qu'elle me trouva jolie, car elle me regarda peu, et toujours de côté ; on déméloit qu'elle faisoit semblant de me compter pour rien, de ne pas s'apercevoir que j'étois là, et le tout pour persuader qu'elle ne trouvoit rien en moi que de fort commun.

Une chose la trahit pourtant, c'est qu'elle avoit toujours les yeux sur Valville, pour observer laquelle des deux il regarderoit le plus, d'elle ou de moi ; et en un sens c'étoit bien là me regarder moi-même, et craindre que je n'eusse la préférence. L'autre dame, plus âgée, étoit une femme fort sérieuse, et cependant fort frivole, c'est-à-dire qui parloit gravement et avec dignité d'un équipage qu'elle faisoit faire, d'un repas qu'elle avoit donné, d'une visite qu'elle avoit rendue, d'une histoire que lui avoit contée la marquise une telle ; et puis c'étoit madame la duchesse de... qui se portoit mieux, mais qui avoit pris l'air de trop bonne heure ; qu'elle l'en avoit querellée, que cela étoit effroyable ; et puis c'étoit une repartie haute et convenable qu'elle avoit faite la veille à cette madame une telle, qui s'oublioit de temps en temps à cause qu'elle étoit riche, qui ne distinguoit pas d'avec elle les femmes d'une certaine façon ; et mille autres choses d'une aussi plate et d'une aussi vaine espèce qui firent le sujet de cet entretien, pendant lequel d'autres visites aussi fatigantes arrivèrent encore. De sorte qu'il étoit tard quand nous en fûmes débarrassées, et qu'il n'y avoit point de temps à perdre pour me ramener à mon couvent,

« Nous nous reverrons demain ou le jour d'après, dit ma mère, je t'enverrai chercher ; hâtons-nous de partir, j'ai besoin de repos, et je me coucherai dès que je serai revenue. Pour vous, mon fils, vous n'avez qu'à rester ici, nous n'avons pas besoin de vous. » Valville se plaignit, mais il obéit, et nous remontâmes en carrosse.

Nous voici arrivées au couvent, où nous vîmes un instant l'abbesse dans son parloir ; ma mère l'instruisit de la fin de mon aventure, et puis je rentrai.

Deux jours après, Mme de Miran vint me reprendre à l'heure de midi ; vous savez qu'elle me l'avoit promis ; je dînai chez elle avec Valville ; il y fut question de notre mariage. En ce temps-là même on traitoit pour Valville d'une charge considérable ; il devoit en être incessamment pourvu ; il n'y avoit tout au plus que trois semaines à attendre ; et il fut conclu que nous nous marierions dès que cette affaire seroit terminée.

Voilà qui étoit bien positif : Valville ne se possédoit pas de joie ; je ne savois plus que dire dans la mienne ; elle m'ôtoit la parole, et je ne faisois que regarder ma mère.

« Ce n'est pas le tout, me dit-elle ; je vais ce soir pour huit ou dix jours à ma terre, où je veux me reposer de toutes les fatigues que j'ai eues depuis la mort de mon frère, et je suis d'avis de te mener avec moi, pendant que mon fils va passer quelque temps à Versailles, où il est nécessaire qu'il se rende. Tu n'as rien apporté de ton couvent pour cette petite absence, mais je te donnerai tout ce qu'il te faut.

— Ah ! mon Dieu, que de plaisir ! Quoi ! dix ou douze jours avec vous, sans vous quitter ! lui répondis-je ; ne changez donc point d'avis, ma mère. »

Aussitôt elle passa dans son cabinet, écrivit à l'abbesse qu'elle m'emmenoit à la campagne, fit porter le billet sur-le-champ, et deux heures après nous partîmes.

Notre voyage n'étoit pas long ; cette terre n'étoit éloignée que de trois petites lieues, et Valville se déroba deux ou trois fois de Versailles pour nous y venir voir. Il ne fut pas pourvu de cette charge dont j'ai parlé aussi vite qu'on l'avoit cru ; il survint des difficultés qui traînèrent l'affaire en longueur ;

chaque jour cependant on en attendoit la conclusion. Nous revînmes de la campagne, ma mère et moi, et je retournai encore à mon couvent, où elle ne comptoit pas que je dusse rester plus d'une semaine; j'y restai pourtant plus d'un mois, pendant lequel je vins, comme à l'ordinaire, dîner quelquefois chez elle et quelquefois chez Mme Doisin.

Durant cet intervalle, Valville fut toujours aussi empressé et aussi tendre qu'il l'eût jamais été, mais sur la fin plus gai qu'il n'avoit coutume de l'être; en un mot, il avoit toujours autant d'amour, mais plus de patience sur les incidens qui reculoient la conclusion de son affaire; et ce que je vous dis là, je ne me le rappelai que longtemps après, en repassant sur tout ce qui avoit précédé le malheur qui m'arriva dans la suite. La dernière fois même que je dînai chez sa mère, il ne s'y trouva pas lorsque je vins, et ne se rendit au logis qu'un instant avant que nous nous missions à table. Un importun l'avoit retenu, nous dit-il; et je le crus, d'autant plus qu'à cela près je ne voyois rien de changé en lui. Et, en effet, il étoit toujours le même, à l'exception qu'il étoit un peu plus dissipé qu'à l'ordinaire, à ce que m'avoit dit Mme de Miran avant qu'il entrât; « et c'est qu'il s'ennuie, avoit-elle ajouté, de voir différer votre mariage. »

Enfin, la dernière fois qu'elle me ramenoit à mon couvent : « Je vous prie, ma mère, que je sois de la partie », lui dit Valville, qui avoit été charmant ce jour-là; qui, à mon gré, ne m'avoit jamais tant aimée; qui ne me l'avoit jamais dit avec tant de grâce, ni si galamment, ni si spirituellement. Et tant pis, tant de galanterie et tant d'esprit n'étoient pas bon signe : il falloit apparemment que son amour ne fût plus ni si sérieux ni si fort; et il ne me disoit de si jolies choses qu'à cause qu'il commençoit à n'en plus sentir de si tendres.

Quoi qu'il en soit, il eut envie de nous suivre; Mme de Miran disputa d'abord, et puis consentit: le Ciel en avoit ainsi ordonné. « Je le veux bien, reprit-elle, mais à condition que vous resterez dans le carrosse, et que vous ne paroîtrez point pendant que j'irai voir un instant l'abbesse. » Et c'est de cette complaisance qu'elle eut pour lui que vont venir les plus grands chagrins que j'aie eus de ma vie.

Une dame de grande distinction étoit venue la veille à mon couvent avec sa fille, qu'elle vouloit y mettre en pension jusqu'à son retour d'un voyage qu'elle alloit faire en Angleterre pour y recueillir une succession que lui laissoit la mort de sa mère.

Il y avoit très peu de temps que le mari de cette dame étoit mort en France. C'étoit un seigneur anglois, qu'à l'exemple de beaucoup d'autres, son zèle et sa fidélité pour son roi avoient obligé de sortir de son pays; et sa veuve, dont le bien avoit fait toute sa ressource, partoit pour le vendre, et pour recueillir cette succession, dont elle vouloit se défaire aussi, dans le dessein de revenir en France, où elle avoit fixé son séjour.

Elle étoit donc convenue la veille avec l'abbesse que sa fille entreroit le lendemain dans ce couvent, et elle venoit positivement de l'amener quand nous arrivâmes, de sorte que nous trouvâmes leur carrosse dans la cour.

A peine sortions-nous du nôtre que nous vîmes ces deux dames descendre d'un parloir où elles venoient d'avoir un moment d'entretien avec l'abbesse.

On ouvroit déjà la porte du couvent pour recevoir la fille, qui, jetant les yeux sur cette porte ouverte et sur quelques religieuses qui l'attendoient, regarda ensuite sa mère qui pleuroit, et tomba tout à coup évanouie entre ses bras.

La mère, presque aussi foible que sa fille, alloit, à son tour, se laisser tomber sur la dernière marche de l'escalier qu'elles venoient de descendre, si un laquais, qui étoit à elle, ne s'étoit avancé pour les soutenir toutes deux.

Cet accident, dont nous avions été témoins, Mme de Miran et moi, nous fit faire un cri, et nous nous hâtâmes d'aller à elles pour les secourir, et pour aider le laquais lui-même, qui avoit bien de la peine à les empêcher de tomber toutes deux.

« Eh vite ! Mesdames, vite ! je vous conjure, crioit la mère en pleurs, et du ton d'une personne qui n'en peut plus ; je crois que ma fille se meurt. »

Les religieuses qui étoient à l'entrée du couvent, bien effrayées, appeloient de leur côté une tourière, qui vint en courant ouvrir un petit réduit, une espèce de petite chambre où elle couchoit, et qui, par bonheur, étoit à côté de l'escalier du parloir.

Ce fut là où l'on tâcha de porter la demoiselle évanouie, et nous entrâmes avec la mère, que Mme de Miran soutenoit, et à qui on craignoit qu'il n'en arrivât autant qu'à sa fille.

Valville, ému de ce spectacle qu'il avoit vu aussi bien que nous du carrosse où il étoit resté, oubliant qu'il ne devoit pas se montrer, en sortit sans aucune réflexion, et vint dans cette petite chambre.

On y avoit mis la demoiselle sur le lit de la tourière, et nous la délacions, cette tourière et moi, pour lui faciliter la respiration.

Sa tête penchoit sur le chevet; un de ses bras pendoit hors du lit, et l'autre étoit étendu sur elle, tous deux, il faut que j'en convienne, tous deux d'une forme admirable.

Figurez-vous des yeux qui avoient une beauté particulière à être fermés.

Je n'ai rien vu de si touchant que ce visage-là, sur lequel cependant l'image de la mort étoit peinte; mais c'en étoit une image qui attendrissoit, et qui n'effrayoit pas.

En voyant cette jeune personne, on eût plutôt dit: « Elle ne vit plus », qu'on n'eût dit: « Elle est morte. » Je ne puis vous représenter l'impression qu'elle faisoit qu'en vous priant de distinguer ces deux façons de parler, qui paroissent signifier la même chose, et qui dans le sentiment pourtant en signifient de différentes. Cette expression, « elle ne vit plus », ne lui ôtoit que la vie, et ne lui donnoit pas les laideurs de la mort.

Enfin, avec ce corps délacé, avec cette belle tête penchée, avec ces traits, dont on regrettoit les grâces qui y étoient encore, quoiqu'on s'imaginât ne les y plus voir, avec ces beaux yeux fermés, je ne sache point d'objet plus intéressant qu'elle l'étoit, ni de situation plus propre à remuer le cœur que celle où elle se trouvoit alors.

Valville étoit derrière nous, qui avoit la vue fixée sur elle; je le regardai plusieurs fois, et il ne s'en aperçut point. J'en fus un peu étonnée, mais je n'allai pas plus loin, et n'en inférai rien.

Mme de Miran cherchoit dans sa poche un flacon plein d'une eau souveraine en pareils accidens, et elle l'avoit oublié chez elle.

Valville, qui en avoit un pareil au sien, s'approcha tout d'un coup avec vivacité, nous écarta tous, pour ainsi dire, et, se mettant à genoux devant elle, tâcha de lui faire respirer de cette liqueur qui étoit dans le flacon, et lui en versa dans la bouche; ce qui, joint aux mouvemens que nous lui donnions, fit qu'elle entr'ouvrit les yeux et les promena languissamment sur Valville, qui lui dit avec je ne sais quel ton tendre ou affectueux que je trouvai singulier: « Allons, Mademoiselle, prenez-en, respirez-en encore. »

Et lui-même, par un geste sans doute involontaire, lui prit une de ses mains qu'il pressoit dans les siennes. Je la lui ôtai sur-le-champ, sans savoir pourquoi.

« Doucement, Monsieur, lui dis-je ; il ne faut pas l'agiter tant. » Il ne m'écouta pas ; mais tout cela ne paroissoit, de part et d'autre, que l'effet d'un empressement secourable pour la demoiselle ; et il se disposoit encore à lui faire respirer de cet élixir, quand la jeune personne, en soupirant, ouvrit tout à fait les yeux, souleva sa main que je tenois, et la laissa retomber sur le bras de Valville qui la prit, et qui étoit toujours à genoux devant elle.

« Ah ! mon Dieu, dit-elle, où suis-je ? » Valville gardoit cette main, la serroit, ce me sembla, et ne se relevoit pas.

La demoiselle, achevant enfin de reprendre ses esprits, l'envisagea plus fixement aussi, lui retira tout doucement sa main sans cesser d'avoir les yeux sur lui ; et, comme elle devina bien, au flacon qu'il avoit, qu'il s'étoit empressé pour la secourir : « Je vous suis obligée, Monsieur, lui dit-elle ; où est ma mère ? est-elle encore ici ? »

Cette dame étoit au chevet du lit, assise sur une chaise où on l'avoit placée et où elle n'avoit eu jusque-là que la force de soupirer et de pleurer.

« Me voilà, ma chère fille, répondit-elle avec un accent un peu étranger. Ah ! Seigneur ! que vous m'avez effrayée, ma chère Varthon ! Voici des dames à qui vous avez bien de l'obligation, aussi bien qu'à monsieur. »

Et observez que ce monsieur demeuroit toujours

dans la même posture ; je le répète à cause qu'il m'ennuyoit de l'y voir. La demoiselle, bien revenue à elle, jeta d'abord ses regards sur nous, ensuite les arrêta sur lui ; et puis, s'apercevant du petit désordre où elle étoit, ce qui venoit de ce qu'on l'avoit délacée, elle en parut un peu confuse et porta sa main sur son sein. « Levez-vous donc, Monsieur, dis-je à Valville ; voilà qui est fini, mademoiselle n'a plus besoin de secours. — Cela est vrai, » me répondit-il comme avec distraction et sans ôter les yeux de dessus elle. « Je voudrois bien me lever », dit alors la demoiselle en s'appuyant sur sa mère, qui l'aida du mieux qu'elle put. J'allois m'en mêler et prêter mon bras, quand Valville me prévint et avança précipitamment le sien pour la soulever.

Tant d'empressement de sa part n'étoit pas de mon goût ; mais de dire pourquoi je le désapprouvois, c'est ce que je n'aurois pu faire ; je ne serois pas même convenue qu'il me déplaisoit ; je pense que ce petit dépit que j'en avois me faisoit agir sans que je le connusse : comment en aurois-je connu les motifs? Et, suivant toute apparence, Valville y entendoit aussi peu de finesse que moi.

Il falloit bien cependant qu'il se passât quelque chose d'extraordinaire en lui : car vous avez vu la brusquerie avec laquelle je lui avois parlé deux ou trois fois, et il ne l'avoit pas remarquée ; il n'en fut point surpris, comme il n'auroit pas manqué de l'être dans un autre temps ; ou bien il la souffrit en homme qui la méritoit, qui se rendoit justice à son insu, et qui étoit coupable dans le fond de son cœur : aussi l'étoit-il, mais il l'ignoroit. Poursuivons.

Les religieuses attendoient toujours que la demoiselle entrât. Elle nous remercia, Mme de Miran et moi, de fort bonne grâce, mais d'un air modeste, du service que nous venions de lui rendre. Je m'imaginai la voir un peu plus embarrassée dans le compliment qu'elle fit à Valville, et elle baissa les yeux en lui parlant. « Allons, ma mère, ajouta-t-elle ensuite, c'est demain le jour de votre départ ; vous n'avez pas de temps à perdre, et il est temps que j'entre. » Là-dessus elles s'embrassèrent, non sans verser encore beaucoup de pleurs.

J'ai supprimé toutes les politesses que Mme de Miran et la dame étrangère s'étoient faites. Cette dernière lui avoit même conté en peu de mots les raisons qui l'obligeoient à laisser la jeune personne dans le couvent.

« Ma fille, me dit ma mère en les voyant s'embrasser pour la dernière fois, puisque vous allez avoir l'honneur d'être la compagne de mademoiselle, tâchez de gagner son amitié, et n'oubliez rien de ce qui pourra contribuer à la consoler.

— Voilà bien de la bonté, Madame, repartit aussitôt la dame étrangère ; je prendrai donc à mon tour la liberté de vous la recommander à vous-même. » A quoi Mme de Miran répondit qu'elle demandoit aussi la permission de la faire venir chez elle quand elle m'enverroit chercher; ce qui fut reçu, de la part de l'autre, avec tous les témoignages possibles de reconnoissance.

Ces deux dames se connoissoient de nom, et par là savoient les égards qu'elles se devoient l'une à l'autre.

A tout cela Valville ne disoit mot, et regardoit seulement la demoiselle, sur qui, contre son ordinaire, je lui trouvois les yeux plus souvent que sur moi ; ce que j'attribuois, sans en être contente, à un pur mouvement de curiosité.

Le moyen de le soupçonner d'autre chose, lui qui m'aimoit tant, qui venoit dans la même journée de m'en donner de si grandes preuves; lui que j'aimois tant moi-même, à qui je l'avois tant dit, et qui étoit si charmé d'en être sûr !

Hélas! sûr! Peut-être ne l'étoit-il que trop. On ne le croiroit pas, mais les âmes tendres et délicates ont volontiers le défaut de se relàcher dans leur tendresse, quand elles ont obtenu toute la vôtre; l'envie de vous plaire leur fournit des grâces infinies, leur fait faire des efforts qui sont délicieux pour elles; mais, dès qu'elles ont plu, les voilà désœuvrées.

Quoi qu'il en soit, la jeune demoiselle, en reconnoissance de l'attachement que Mme de Miran m'ordonnoit d'avoir pour elle, vint galamment se jeter à mon cou et me demander mon amitié. Cette action, à laquelle elle se livra de la manière du monde la plus aimable et la plus naïve, m'attendrit ;

je n'en aurois peut-être pas fait autant qu'elle; non qu'elle ne m'eût paru fort digne d'être aimée, mais mon cœur ne me disoit rien pour elle, ou plutôt je me sentois un fond de froideur que j'aurois eu de la peine à vaincre, et qui ne tint point contre ses caresses; je les lui rendis avec toute la sensibilité dont j'étois capable, et m'intéressai véritablement à elle, qui, s'arrachant encore d'entre les bras de sa mère, se retira enfin dans le couvent, d'où je lui criai que j'allois la suivre dès que nous aurions vu l'abbesse, avec qui Mme de Miran vouloit avoir un instant d'entretien.

La mère remonta dans son équipage, baignée de ses larmes, et le lendemain partit en effet pour l'Angleterre.

Mme de Miran alla un instant parler à l'abbesse, me vit entrer dans le couvent, et alla rejoindre Valville, qui s'étoit remis dans le carrosse où il l'attendoit. Il nous avoit quittés à l'instant où nous avions été au parloir de l'abbesse, et je ne l'avois pas vu moins tendre qu'il avoit coutume de l'être; il n'y eut qu'une chose à laquelle il manqua, c'est qu'il oublia de parler à Mme de Miran du jour où nous nous reverrions, et je me rappelai cet oubli un quart d'heure après que je fus rentrée : mais nous avions été dérangés; l'accident de la demoiselle avoit distrait nos idées, avoit fixé notre attention; et puis, ma mère n'avoit-elle pas dit au logis que je reviendrois le lendemain ou le jour d'après? Cela ne suffisoit-il pas?

Je l'excusois donc, et je traitois de chicane la remarque que j'avois d'abord faite sur son oubli.

Je reçus de l'abbesse, des religieuses et des pensionnaires que je connoissois, l'accueil le plus obligeant ; je vous ai déjà dit qu'on m'aimoit, et cela étoit vrai, surtout de la part de cette religieuse dont j'ai déjà fait mention, et qui m'avoit si bien vengée de la hauteur et des railleries de la jeune et jolie pensionnaire dont je vous ai parlé aussi. Dès que j'eus remercié tout le monde de la joie qu'on avoit témoignée de mon retour, je courus chez ma nouvelle compagne, dont on avoit la veille apporté toutes les hardes, qu'une sœur converse arrangeoit alors, pendant qu'elle rêvoit tristement à côté d'une table sur laquelle elle étoit appuyée.

Elle se leva du plus loin qu'elle m'aperçut, vint m'embrasser, et marqua un extrême plaisir à me voir.

Il auroit été difficile de ne pas l'aimer ; elle avoit les manières simples, ingénues, caressantes, et, pour tout dire enfin, le cœur comme les manières. C'est un éloge que je ne puis lui refuser, malgré tous les chagrins qu'elle m'a causés.

Je m'épris pour elle de l'inclination la plus tendre. La sienne pour moi, disoit-elle, avoit commencé dès qu'elle m'avoit vue ; elle n'avoit senti de consolation qu'en apprenant que je demeurerois avec elle. « Promettez-moi que vous m'aimerez, que nous serons inséparables », ajouta-t-elle avec des tons, des serremens de main, avec des regards dont la douceur pénétroit l'âme et entraînoit la persuasion ; de sorte que nous nous liâmes du commerce de cœur le plus étroit.

Elle étoit, pour ainsi dire, étrangère, quoiqu'elle fût née en France ; son père étoit mort, sa mère partoit pour l'Angleterre ; elle y pouvoit mourir : peut-être cette mère venoit-elle de lui dire un éternel adieu ; peut-être au premier jour annonceroit-on à sa fille qu'elle étoit orpheline ; et moi, j'en étois une : mes infortunes alloient bien au delà de celles qu'elle avoit à appréhender, mais je la voyois en danger d'éprouver une partie des miennes. Je songeois donc que son sort pourroit avoir bientôt quelque ressemblance avec le mien, et cette réflexion m'attachoit encore plus à elle ; il me sembloit voir en elle une personne qui étoit plus réellement ma compagne qu'une autre.

Elle me confioit son affliction ; et, dans l'attendrissement où nous étions toutes deux, dans cette effusion de sentimens tendres et généreux à laquelle nos cœurs s'abandonnoient, comme elle m'entretenoit des malheurs de sa famille, je lui racontai aussi les miens, et les lui racontai à mon avantage, non par aucune vanité, prenez garde, mais, ainsi que je vous l'ai déjà dit, par un pur effet de la disposition d'esprit où je me trouvois. Mon récit devint intéressant ; je le fis de la meilleure foi du monde, dans un goût aussi noble que tragique ; je parlai en déplorable victime du sort, en héroïne de roman, qui ne disoit pourtant rien que de vrai, mais qui ornoit la vérité de tout ce qui pouvoit la rendre touchante et me rendre moi-même une infortunée respectable.

En un mot, je ne mentis en rien, je n'en étois pas capable ; mais je peignis dans le grand : mon sentiment me menoit ainsi sans que j'y pensasse.

Aussi la belle Varthon m'écoutoit-elle en me plaignant, en soupirant avec moi, en mêlant ses larmes avec les miennes : car nous en répandions toutes deux ; elle pleuroit sur moi, et je pleurois sur elle.

Je lui fis l'histoire de mon arrivée à Paris avec la sœur du curé, qui y étoit morte ; je traitai le caractère de cette sœur aussi dignement que je traitois mes aventures.

C'étoit, disois-je, une personne qui avoit eu tant de dignité dans ses sentimens, dont la vertu avoit été si aimable, qui m'avoit élevée avec des égards si tendres, et qui étoit si fort au-dessus de l'état où le curé son frère et elle vivoient à la campagne! Et cela étoit encore vrai.

Ensuite je rapportois la situation où j'étois restée après sa mort ; et ce que je dis là-dessus fendoit le cœur.

Le père Saint-Vincent, M. de Climal, que je ne nommai point (mon respect et ma tendresse pour sa mémoire m'en auroient empêchée, quand j'en aurois eu envie), l'injure qu'il m'avoit faite, son repentir, sa réparation, la Dutour même, chez qui

La Vie de Marianne. II.

il m'avoit mise, si peu convenablement pour une fille comme moi; tout vint à sa place, aussi bien que Mme de Miran, à qui, dans cet endroit de mon récit, je ne songeai point non plus à donner d'autre nom que celui d'une dame que j'avois rencontrée, sauf à la nommer après, quand je serois hors de ce ton romanesque que j'avois pris. Je n'avois omis ni ma chute au sortir de l'église, ni le jeune homme aimable et distingué par sa naissance chez lequel on m'avoit portée; et peut-être, dans le reste de mon histoire, lui aurois-je appris que ce jeune homme étoit celui qui l'avoit secourue; que la dame qu'elle venoit de voir étoit sa mère, et que je devois bientôt épouser son fils, si une converse qui entra ne nous eût pas averties qu'il étoit temps d'aller souper: ce qui m'empêcha de continuer, et de mettre au fait Mlle Varthon, qui n'y étoit pas encore, puisque j'en restois à l'endroit où Mme de Miran m'avoit trouvée; ainsi cette demoiselle ne pouvoit appliquer rien de ce que je lui avois dit aux personnes qu'elle avoit vues avec moi.

Nous allâmes donc souper. Mlle Varthon, pendant le repas, se plaignit d'un grand mal de tête, qui augmenta et qui l'obligea, au sortir de table, de retourner dans sa chambre, où je la suivis; mais, comme elle avoit besoin de repos, je la quittai après l'avoir embrassée; et rien de ce qui s'étoit passé pendant son évanouissement ne me revint dans l'esprit.

Je me levai le lendemain de meilleure heure qu'à

mon ordinaire pour me rendre chez elle ; on alloit la saigner ; je crus que cette saignée annonçoit une maladie sérieuse, et je me mis à pleurer ; elle me serra la main et me rassura. « Ce n'est rien, ma chère amie, me dit-elle ; c'est une légère indisposition qui me vient d'avoir été hier fort agitée, ce qui m'a donné un peu de fièvre, et voilà tout. »

Elle avoit raison ; la saignée calma le sang ; le lendemain elle se porta mieux, et ce petit dérangement de santé auquel j'avois été si sensible ne servit qu'à lui prouver ma tendresse et à redoubler la sienne, que l'état où je tombai moi-même mit bientôt à une plus forte épreuve.

Elle venoit de se lever l'après-midi, quand, voulant aller prendre mon ouvrage qui étoit sur la table, je fus surprise d'un étourdissement qui me força d'appeler à mon secours.

Il n'y avoit dans sa chambre qu'elle et cette religieuse que j'aimois et qui m'aimoit. Mlle Varthon fut la plus prompte, et accourut à moi.

Mon étourdissement se passa, et je m'assis ; mais de temps en temps il recommençoit. Je me sentis même une assez grande difficulté de respirer, enfin des pesanteurs, et un accablement total.

La religieuse me tâta le pouls, parut inquiète, ne me dit rien qui m'alarmât, mais me conseilla d'aller me mettre au lit, et sur-le-champ Mlle Varthon et elle me menèrent chez moi. Je voulois tenir bon contre le mal, et me persuader que ce n'étoit rien ; mais il n'y eut pas moyen de résister, je n'en pouvois plus, il fallut me coucher, et je les priai de me laisser.

A peine sortoient-elles de ma chambre qu'on m'apporta un billet de Mme de Miran, qui n'étoit que de deux lignes.

Je n'ai pu te voir ces deux jours-ci, n'en sois point inquiète, ma fille ; j'irai demain te prendre à midi.

« N'y a-t-il que celui-là, ma sœur ? » dis-je, après l'avoir lu, à la converse qui me l'avoit apporté. C'est que je croyois que Valville auroit pu m'écrire aussi, et assurément il n'avoit tenu qu'à lui ; mais il n'y avoit rien de sa part.

« Non, répondit cette fille à la question que je lui faisois ; c'est tout ce que vient de remettre à la tourière un laquais qui attend. Avez-vous quelque chose à lui faire dire, Mademoiselle ?

— Apportez-moi, je vous prie, une plume et du papier », lui dis-je. Et voici ce que je répondis, tout accablée que j'étois :

Je rends mille grâces à ma mère de la bonté qu'elle a de me donner de ses nouvelles ; j'avois besoin d'en recevoir ; je viens de me coucher, je suis un peu indisposée ; j'espère que ce ne sera rien, et que demain je serai prête. J'embrasse les genoux de ma mère.

Je n'aurois pu en écrire davantage, quand je

l'aurois voulu, et, deux heures après, j'avois une
fièvre si ardente que la tête s'embarrassa. Cette
fièvre fut suivie d'un redoublement, qui, joint à
d'autres accidens compliqués, fit désespérer de ma
vie. J'eus le transport au cerveau ; je ne reconnus
plus personne, ni Mlle Varthon, ni mon amie la
religieuse, pas même ma mère, qui eut la permission d'entrer, et que je ne distinguai des autres que
par l'extrême attention avec laquelle je la regardai
sans lui rien dire.

Je restai à peu près dans le même état quatre
jours entiers, pendant lesquels je ne sus ni où j'étois,
ni qui me parloit ; on m'avoit saignée, je n'en
savois rien. La fièvre baissa le cinquième ; les accidens diminuèrent, la raison me revint, et le premier
signe que j'en donnai, c'est qu'en voyant Mme de
Miran, qui étoit au chevet de mon lit, je m'écriai :
« Ah ! ma mère ! »

Et, comme alors elle avançoit sa main dans
l'intention de me faire une caresse, je tirai le bras
hors du lit pour la lui saisir, et la portai à ma bouche, que je tins longtemps collée dessus.

Mlle Varthon et quelques religieuses étoient autour de mon lit ; la première paroissoit extrêmement
triste. « J'ai donc été bien mal ? leur dis-je d'une voix
foible et presque éteinte, et je vous ai sans doute
causé bien de la peine ? — Oui, ma fille, me répondit Mme de Miran ; il n'y a personne ici qui ne
vous ait donné des témoignages de son bon cœur ;
mais, grâce au Ciel, vous voilà réchappée. »

Mlle Varthon s'approcha, me serra avec amitié le bras que j'avois hors du lit, et me dit quelque chose de tendre, à quoi je ne répondis que par un souris et par un regard qui lui marquoit ma reconnoissance. Deux jours après, je fus entièrement hors de danger, et je n'avois plus de fièvre, il me restoit seulement une grande foiblesse qui dura longtemps. Mme de Miran n'avoit eu la permission de me voir qu'en conséquence de l'extrême péril où je m'étois trouvée, et elle s'abstint d'entrer dès qu'il fut passé ; mais j'omets une chose. C'est que, le lendemain du jour où je reconnus ma mère, je fis réflexion que je pouvois redevenir tout aussi malade que je l'avois été, et que je n'en réchapperois peut-être pas.

Je songeai ensuite à ce contrat de rente que m'avoit laissé M. de Climal. « A qui appartiendroit-il, si je mourois ? me disois-je : il seroit sans doute perdu pour la famille ; et la justice aussi bien que la reconnoissance veulent que je le lui rende. »

Pendant que cette pensée m'occupoit, il n'y avoit qu'une sœur converse dans ma chambre. Mlle Varthon, qui ne me quittoit presque pas, n'étoit point encore venue, et peut-être pas levée. Les religieuses étoient au chœur, et je me voyois libre. « Ma sœur, dis-je à cette converse, on a désespéré de ma vie ces jours passés ; ma fièvre est de beaucoup diminuée, mais il n'est point sûr qu'elle ne me reprenne pas avec la même violence. A tout hasard, faites-moi le plaisir de me soulever un peu et de m'apporter de quoi écrire deux lignes qu'il est absolument nécessaire que j'écrive.

— Eh! Jésus Maria! à quoi est-ce que vous allez rêver, Mademoiselle? me dit cette converse. Vous me faites peur, il semble que vous vouliez faire votre testament. Savez-vous bien que vous offensez Dieu d'aller vous mettre ces choses-là dans l'esprit, au lieu de le remercier de la grâce qu'il vous fait d'être mieux que vous n'étiez? — Eh! ma chère sœur, ne me refusez pas, lui repartis-je: il ne s'agit que de deux lignes, il ne faut qu'un instant. — Eh! mon Dieu! reprit-elle en se levant, je m'en fais une conscience; me voilà toute tremblante, avec vos deux lignes. Tenez, êtes-vous bien? ajouta-t-elle en me mettant sur mon séant. — Oui, lui dis-je; approchez-moi l'écritoire. »

La mienne étoit garnie de tout ce qu'il falloit, et je me hâtai de finir avant que personne arrivât.

Je donne à Mme de Miran, à qui je dois tout, le contrat que défunt M. de Climal, son frère, a eu la charité de me laisser. Je donne aussi à la même dame tout ce que j'ai en ma possession, pour en disposer à sa volonté.

Je signai ensuite *Marianne*, et je gardai le billet que je mis sous mon chevet, dans le dessein de le remettre à ma mère, quand elle seroit venue. Elle ne tarda pas; à peine y avoit-il un quart d'heure que mon petit codicille étoit écrit qu'elle arriva.

« Eh bien! ma fille, comment es-tu ce matin? me dit-elle en me tâtant le pouls. Encore mieux qu'hier, ce me semble, et je te crois guérie; il ne te faut plus que des forces. »

Je pris alors mon petit papier, et le lui glissai dans la main. « Que me donnes-tu là? s'écria-t-elle; voyons. » Elle l'ouvrit, le lut, et se mit à rire. « Que tu es folle, ma pauvre enfant! me dit-elle; tu fais des donations, et tu te portes mieux que moi (elle avoit quelque raison de dire cela, car elle étoit fort changée); va, ma fille, tu as tout l'air de ne faire ton testament de longtemps, et je n'y serai plus quand tu le feras, ajouta-t-elle en déchirant le papier qu'elle jeta dans la cheminée; garde ton bien pour mes petits-fils; tu n'auras point d'autres héritiers, je l'espère.

— Eh! pourquoi dites-vous que vous n'y serez plus, ma mère? Il vaudroit donc mieux que je mourusse aujourd'hui, lui répondis-je la larme à l'œil.

— Paix! me repartit-elle; n'est-il pas naturel que je finisse avant vous? Qu'est-ce que cela signifie? C'est l'extravagance de votre papier qui est cause de ce que je vous dis là. Songeons à vivre, et hâte-toi de guérir de peur que Valville ne soit malade. Je t'avertis qu'il ne s'accommode point de ne te plus voir. » (Notez que je lui en avois toujours demandé des nouvelles.)

Elle en étoit là, quand Mlle Varthon et le médecin entrèrent. Celui-ci me trouva fort tranquille et hors d'affaire, à ma foiblesse près; de façon que ma mère ne vint plus, et se contenta les jours suivans d'envoyer savoir comment je me portois, ou de passer au couvent pour l'apprendre elle-même ; et le lendemain ce fut Valville qui vint de sa part.

Je n'ai pas songé à vous dire que Mme de Miran, durant ses visites, avoit toujours extrêmement caressé Mlle Varthon, et qu'il étoit arrêté que nous irions, cette belle étrangère et moi, dîner chez elle aussitôt que je pourrois sortir.

Or, ce fut à cette demoiselle que Valville demanda à parler, tant pour s'informer de mon état, et lui faire à elle-même des complimens de la part de sa mère, que pour s'acquitter d'un devoir de politesse envers cette jeune personne, à qui la bienséance vouloit qu'il s'intéressât depuis le service qu'il lui avoit rendu. Mlle Varthon étoit dans ma chambre, lorsqu'on vint l'avertir qu'on désiroit lui parler de la part de Mme de Miran, sans lui dire qui c'étoit.

« C'est apparemment vous que cela regarde », me dit-elle en me quittant pour aller au parloir ; et je ne doutai pas, en effet, que je ne fusse l'objet ou de la visite ou du message.

Il est pourtant vrai que Valville n'avoit point d'autre commission que de s'informer de ma santé, et que ce fut lui qui imagina de demander Mlle Varthon, à qui ma mère lui avoit simplement dit de faire faire ses complimens, et voilà tout.

Il se passa bien une demi-heure avant que Mlle Varthon revînt. Vous remarquerez qu'il n'avoit plus été question avec elle de la suite de mes aventures, depuis le jour où je lui en avois conté une partie, et qu'elle ignoroit totalement que j'aimois Valville et que je devois l'épouser; elle avoit été indisposée dès le jour de son entrée au couvent; deux jours après j'étois tombée malade : il n'y avoit pas eu moyen d'en revenir à la continuation de mon histoire.

« Comment donc! me dit-elle, en rentrant, d'un air content, vous ne m'avez pas dit que ce jeune homme, d'une si jolie figure, qui me secourut avec vous dans mon évanouissement, étoit le fils de Mme de Miran, que j'ai vue depuis si souvent ici, et qui vous aime tant? Savez-vous bien que c'est lui qui m'attendoit dans le parloir?

— Qui! M. de Valville? répondis-je avec un peu de surprise. Eh! que vous vouloit-il? Vous avez été bien longtemps ensemble. — Un quart d'heure à peu près, reprit-elle; il venoit, comme on me l'a dit, de la part de sa mère, savoir comment vous vous portez; elle l'avoit aussi chargé de quelques complimens pour moi, et il a cru, de son côté, me devoir une petite visite de politesse.

— Il avoit raison, lui répondis-je d'un air assez rêveur; ne vous a-t-il point donné de lettre pour moi? Mme de Miran ne m'a-t-elle point écrit? — Non, me dit-elle, il n'y a rien. »

Là-dessus quelques pensionnaires de mes amies entrèrent, qui nous firent changer de conversation.

Je ne laissai pas que d'être étonnée que Mme de

Milan ne m'eût point écrit : non pas que son silence m'inquiétât, ni que j'attendisse une lettre d'elle, car il n'étoit pas nécessaire qu'elle m'écrivît : je l'avois vue la veille; on lui apprenoit que je me portois toujours de mieux en mieux, et il suffisoit bien qu'elle envoyât savoir si cela continuoit; il n'en falloit pas davantage.

Mais ce qui m'étonnoit, c'est que Valville, de qui, dans des circonstances peut-être moins intéressantes, j'avois reçu de si fréquentes lettres qu'il joignoit à celles que m'écrivoit sa mère, ou qui m'avoit si souvent écrit un mot dans celles de cette dame, ne se fût point avisé en cette occurrence-ci de me donner de pareilles marques d'attention.

Dans le fort de ma maladie, me disois-je, j'avoue que ses lettres n'auroient pas été de saison; mais j'ai pensé mourir; me voici convalescente; il lui est permis de m'écrire, et il ne m'écrit point; il ne me donne aucun témoignage de sa joie.

Peut-être, dans l'état languissant où je suis encore, a-t-il cru qu'il falloit s'abstenir de m'envoyer un billet à part; mais il auroit pu, ce me semble, prier sa mère de m'en écrire un, afin d'y joindre quelques lignes de sa main; et il ne songe à rien.

Cette négligence me fâchoit; je ne l'y reconnoissois pas. Qu'est devenu Valville ? Ce n'est plus là son cœur. Cela me chagrinoit sérieusement; je n'en revenois point.

« J'ai refusé jusqu'à ce jour, me dit Mlle Varthon pendant que nos compagnes s'entretenoient, d'aller dîner chez une dame qui est l'intime amie de ma mère, et à laquelle elle m'a recommandée; vous étiez encore trop malade, et je n'ai pas voulu vous quitter; mais ce matin, avant que d'entrer chez vous, je lui ai enfin mandé par un laquais qu'elle m'a envoyé que j'irois demain chez elle. Je m'en dédirai pourtant si vous le souhaitez, ajouta-t-elle. Voyez, resterai-je? Je vous avertis que j'aimerois bien mieux être avec vous.

— Non, lui répondis-je en lui prenant affectueusement la main, je vous prie d'y aller; il faut répondre à l'envie qu'elle a de vous voir. Ayez seulement la bonté d'en revenir une demi-heure plus tôt que vous ne le feriez sans moi, et je serai contente.

— Mais je ne le serois pas, moi, me repartit-elle; et vous trouverez bon que j'abrège un peu davantage; je ne prétends point m'y ennuyer si longtemps que vous le dites. »

Passons donc au lendemain. Mlle Varthon se rendit chez cette amie de sa mère, dont le carrosse la vint chercher de si bonne heure qu'elle en murmura, qu'elle en fut de mauvaise humeur, et le tout encore à cause de moi avec qui elle étoit alors. Cependant elle en revint beaucoup plus tard que je ne l'attendois. « Je n'ai pas été la maîtresse de quitter, me dit-elle; on m'a retenue malgré moi. » Et c'étoit assez croyable.

Quelques jours après, elle y retourna encore, et puis y retourna; il le falloit, à moins que de rompre avec la dame, à ce qu'elle disoit, et je n'en doutai point ; mais elle me paroissoit en revenir avec un fond de distraction et de rêverie qui ne lui étoit point ordinaire ; je lui en dis un mot ; elle me répondit que je me trompois, et je n'y songeai plus.

Je commençois à me lever alors, quoique encore assez foible ; ma mère envoyoit tous les jours au couvent pour savoir comment je me portois ; elle m'écrivit même une ou deux fois ; et de lettres de Valville, pas une.

« Mon fils est bien impatient de te revoir ; mon fils te querelle d'être si longtemps convalescente ; mon fils devoit mettre quelques lignes dans le billet que je t'écris, je l'attendois pour cela ; mais il se fait tard, il n'est pas revenu, et ce sera pour une autre fois. »

Voilà toutes les nouvelles que je recevois de lui ; j'en fus si choquée, si aigrie, que, dans mes réponses à ma mère, je ne fis plus aucune mention de lui. Dans ma dernière, je lui marquai que je me sentois assez de force pour me rendre au parloir, si elle vouloit avoir la bonté d'y venir le lendemain.

« Je ne suis malade que du seul ennui de ne pas voir ma chère mère, ajoutai-je ; qu'elle achève donc de me guérir, je l'en supplie. »

Je ne doutai point qu'elle ne vînt, et elle n'y manqua pas ; mais nous ne prévoyions ni l'une ni l'autre la douleur et le trouble où elle me trouva le lendemain.

La veille de ce jour, je me promenois dans ma chambre avec Mlle Varthon; nous étions seules.

« Vous crûtes vous apercevoir, il y a quelques jours, que j'étois un peu rêveuse, me dit-elle, et moi, je m'aperçois aujourd'hui que vous l'êtes beaucoup. Vous avez quelque chose dans l'esprit qui vous chagrine, et je suis bien trompée si hier matin vous ne veniez pas de pleurer lorsque j'entrai chez vous. Je ne vous demande point de quoi il s'agit, ma chère compagne; dans la situation où je suis, je ne puis vous être bonne à rien; mais votre tristesse m'inquiète, j'en crains les suites; songez que vous sortez de maladie, et que ce n'est pas le moyen de revenir en parfaite santé que de vous livrer à des pensées fâcheuses; notre amitié veut que je vous le dise, et je n'irai pas plus loin.

— Hélas! je vous assure que vous me prévenez, lui répondis-je; je n'avois point dessein de vous cacher ce qui me fait de la peine; mon cœur n'a rien de secret pour vous; mais il n'y a pas longtemps que je suis bien sûre d'avoir sujet d'être triste, et la journée ne se seroit pas passée sans que je vous eusse tout confié. Je n'aurois eu garde de me refuser cette consolation-là.

« Oui, Mademoiselle, repris-je après m'être interrompue par un soupir, oui, j'ai du chagrin. Je vous ai déjà raconté la plus grande partie de mon histoire; ma maladie m'a empêchée de vous dire le reste; et le voici en deux mots.

« Mme de Miran est cette dame que, s'il vous

en souvient, je vous ai dit que j'avois rencontrée ; vous avez été témoin de ses façons avec moi : on la prendroit pour ma mère, et, depuis le premier instant où je l'ai vue, elle en a toujours agi de même.

« Ce n'est pas là tout : ce M. de Valville qui vous vint voir l'autre jour... — Eh bien! ce M. de Valville, me dit-elle sans me donner le temps d'achever, est-ce qu'il vous est contraire? Sauroit-il mauvais gré à sa mère de l'amitié qu'elle a pour vous?

— Non, lui dis-je, ce n'est point cela ; écoutez-moi. M. de Valville est le jeune homme dont je vous ai parlé aussi, chez qui on me porta après ma chute, et qui prit dès lors pour moi la passion la plus tendre, une passion dont je n'ai pu douter ; bien plus, Mme de Miran sait qu'il m'aime, et que je l'aime aussi; elle sait qu'il veut m'épouser, et, malgré mes malheurs, consent elle-même à notre mariage, qui doit se faire au premier jour, qui a été retardé par hasard, et qui peut-être ne se fera plus ; j'ai du moins lieu d'en désespérer par la conduite que Valville tient actuellement avec moi. »

Mlle Varthon ne m'interrompoit plus, écoutoit d'un air morne, baissoit la tête, et même ne me regardoit pas; je ne la voyois que de côté ; et cette contenance qu'elle avoit, je l'attribuois à la simple surprise que lui causoit mon récit.

« Vous savez de quel danger je sors, continuai-je ; je viens d'échapper à la mort; avant ma maladie, jamais sa mère ne m'écrivoit le moindre billet qu'il n'en joignît un au sien, ou qu'il ne m'écrivît quelque chose dans sa lettre. Et ce même homme qui m'a accoutumée à le voir si tendre et si attentif, lui qui a pensé me perdre, qui a dû être si alarmé de l'état où j'étois, lui qu'à peine j'aurois cru assez fort pour supporter ses frayeurs sur mon compte, qui a dû être si transporté de joie de me voir hors de péril, croiriez-vous, Mademoiselle, que je suis encore à recevoir de ses nouvelles, qu'il ne m'a pas écrit le moindre petit mot, lui qui m'aimoit tant, pas un billet? Cela est-il naturel? Que veut-il que j'en pense, et que penseriez-vous à ma place? »

Je m'arrêtai là-dessus un moment, Mlle Varthon aussi; mais elle me laissoit toujours un peu derrière elle, restoit muette, et ne retournoit pas la tête.

« Pas une lettre! répétai-je, lui qui m'en a tant prodigué dans des occasions moins pressantes! encore une fois, le croiriez-vous? Est-ce que sa tendresse diminue? est-il inconstant? est-ce que je perds son cœur, au lieu de la vie que j'aimerois mieux avoir perdue? Mon Dieu, que je suis agitée! Mais, dites-moi, Mademoiselle, il me vient une chose dans l'esprit, ne seroit-il pas malade? Mme de Miran, qui sait que je l'aime, ne me le cacheroit-elle point? Elle m'aime beaucoup aussi, elle peut avoir peur de m'affliger. N'auriez-vous pas la même bonté qu'elle? Cette visite que vous dites avoir reçue de M. de Valville, ne vous auroit-on pas engagée à la feindre pour m'empêcher de soupçonner la vérité? Car il me paroît impossible qu'il soit si négligent, et je vous assure que je serai moins affligée de le savoir malade : il est jeune, il en reviendra, Mademoiselle; au lieu que, s'il étoit inconstant, il n'y auroit plus de remède : ainsi ce dernier motif d'inquiétude est pour moi bien plus cruel que l'autre. Avouez-moi donc sa maladie, je vous en conjure; vous me tranquilliserez; avouez-la, de grâce, je serai discrète. » Elle se taisoit.

Alors, impatientée de son silence, je l'arrêtai par le bras, et me mis vis-à-vis d'elle pour l'obliger à me parler.

Mais jugez de mon étonnement quand, pour toute réponse, je n'entendis que des soupirs, et que je ne vis qu'un visage baigné de pleurs.

« Ah! Seigneur! m'écriai-je en pâlissant moi-même; vous pleurez, Mademoiselle! qu'est-ce que cela signifie? » Et je lui demandois ce que mon cœur devinoit déjà; oui, j'en eus tout d'un coup un pressentiment, j'ouvris les yeux; tout ce qui s'étoit passé pendant son évanouissement me revint dans l'esprit et m'éclaira.

Nous étions alors près d'un fauteuil, dans lequel elle se jeta; je me mis auprès d'elle, et je pleurois aussi.

« Achevez, lui dis-je, ne me déguisez rien; ce ne seroit pas la peine, je crois vous entendre. Où avez-vous vu M. de Valville? L'indigne! Est-il possible qu'il ne m'aime plus?

— Hélas! ma chère Marianne, me répondit-elle, que n'ai-je su plus tôt tout ce que vous venez de me dire!

— Eh bien! insistai-je, après, parlez franchement; est-ce que vous m'avez ravi son cœur? — Dites donc qu'il m'en coûte le mien, répondit-elle. — Quoi! criai-je encore, il vous aime donc, et vous l'aimez? Que je suis malheureuse!

— Nous sommes toutes deux à plaindre, me dit-elle; il ne m'a point parlé de vous; je l'aime, et je ne le verrai de ma vie.

— Il ne m'en aimera pas davantage, lui répondis-je en versant à mon tour un torrent de larmes; il ne m'en aimera pas davantage. Ah! mon Dieu, où en suis-je, et que ferai-je? Hélas! ma mère, je ne serai donc point votre fille! C'est donc en vain que vous avez été si généreuse! Quoi! vous, Monsieur de Valville, vous, infidèle pour Marianne, après tant d'amour vous l'abandonnez! et c'est vous, Mademoiselle, qui me l'ôtez; vous, qui avez eu la cruauté de m'aider à guérir! Eh! que ne me laissiez-vous mourir? Comment voulez-vous que je vive? Je vous ai donné mon cœur à tous deux, et tous deux vous me donnez la mort. Ah! je ne survivrai pas à ce tourment-là, je l'espère; Dieu m'en fera la grâce, et je sens que je me meurs.

— Ne me reprochez rien, me dit-elle d'un ton plein de douleur; je ne suis pas capable d'une perfidie; je vous conterai tout, il m'a trompée.

— Il vous a trompée! repartis-je. Eh! pourquoi

l'écoutiez-vous, Mademoiselle ? Pourquoi l'aimer, pourquoi souffrir qu'il vous aimât ? Votre mère venoit de partir, vous étiez dans l'affliction, et vous avez le courage d'aimer ! D'ailleurs, il n'étoit point mon frère, vous le saviez, vous nous aviez trouvés ensemble : il est aimable, et je suis jeune ; étoit-il si difficile de soupçonner que nous nous aimions ? Et quelle excuse avez-vous ? Mais, encore une fois, où l'avez-vous vu ? Vous vous connoissiez donc ? Comment avez-vous fait pour m'arracher sa tendresse ? On n'en a jamais eu tant qu'il en avoit, et jamais il n'en trouvera tant que j'en avois moi-même. Il me regrettera, mais je n'y serai plus ; il se ressouviendra combien je l'aimois, il pleurera ma mort ; vous aurez la douleur de le voir ; vous vous reprocherez de m'avoir trahie, et jamais vous ne serez heureuse.

— Moi ! vous avoir trahie ! me répondit-elle. Eh ! ma chère Marianne, vous avouerois-je que je l'aime, si je n'avois pas moi-même été surprise ; et ne vais-je pas être la victime de tout ceci ? Tâchez de vous calmer un moment pour m'entendre ; vous avez le cœur trop bon pour être injuste, et vous l'êtes ; vous allez en juger par ma sincérité.

« Je n'avois jamais vu Valville avant la foiblesse dans laquelle je tombai au départ de ma mère ; vous savez qu'il me secourut avec empressement.

« Dès que je fus revenue à moi, le premier objet qui me frappa, ce fut lui qui étoit à mes genoux ;

il me tenoit la main. Je ne sais si vous remarquâtes les regards qu'il jetoit sur moi. Toute foible que j'étois, j'y pris garde; il est aimable, vous en convenez; je le trouvai de même; il ne cessa presque point d'avoir les yeux sur moi jusqu'au moment où je m'enfermai, et, par malheur, rien de tout cela ne m'échappa.

« J'ignorois qui il étoit. Ce que vous me contâtes de votre histoire ne me l'apprit point; il est vrai que je pensois quelquefois à lui, mais comme à quelqu'un que je ne croyois pas revoir. On vint plusieurs jours après m'avertir qu'une personne (qu'on ne nommoit pas) souhaitoit de me parler de la part de Mme de Miran. J'étois avec vous alors; je descendis; et c'étoit lui qui m'attendoit.

« Je rougis en le voyant; il me parut embarrassé, et son embarras me rendit honteuse; il me demanda en souriant si je le reconnoissois, si je n'avois pas oublié que je l'avois vu. Il me dit que mon évanouissement l'avoit fait trembler; que, de sa vie, il n'avoit été si attendri que de l'état où il m'avoit vue; qu'il l'avoit toujours présent; que son cœur en avoit été frappé; et tout de suite me conjura de lui pardonner la naiveté avec laquelle il s'expliquoit là-dessus. »

Pendant qu'elle me parloit ainsi, elle ne s'apercevoit point que son récit me tuoit; elle n'entendoit ni mes soupirs, ni mes sanglots; elle pleuroit trop elle-même pour y faire attention; et, tout cruel qu'étoit ce récit, mon cœur s'y attachoit pourtant, et ne pouvoit renoncer au déchirement qu'il me causoit.

« Et moi, continua-t-elle, je fus si émue de tous ses discours que je n'eus pas la force de les arrêter ; il ne me dit pourtant point qu'il m'aimoit, mais je sentois bien que ce n'étoit que cela qu'il me vouloit dire ; et il me le disoit d'une façon dont il n'auroit pas été raisonnable de me fâcher.

« J'ai tenu cette belle main que je vois dans les
« miennes, ajouta-t-il encore, je l'ai tenue. Vous
« me vîtes à vos genoux, quand vous commen-
« çâtes à ouvrir les yeux ; j'eus bien de la peine
« à m'en ôter, et je m'y jette encore toutes les
« fois que j'y pense. »

— Ah ! Seigneur, il s'y jette ! m'écriai-je ici ; il s'y jetoit pendant que je me mourois ! Hélas ! je suis donc bien effacée de son cœur ! il ne m'a jamais rien dit de si tendre.

— Je ne me rappelle plus ce que je lui répondis, poursuivit-elle ; tout ce que je sais, c'est que je finis par lui dire que je me retirois, qu'un pareil entretien n'avoit que trop duré ; et il s'excusa avec un air de soumission et de respect qui m'apaisa.

« Je m'étois déjà levée ; il me parla de ma mère, et puis de l'envie que la sienne avoit de me voir chez elle ; il me parla encore de madame la marquise de Kilnare, qu'il ne doutoit point que je ne connusse et dont il me dit qu'il étoit fort connu aussi ; et cette dame est celle chez qui j'ai été trois ou quatre fois depuis votre convalescence. Il ajouta qu'il voyoit assez souvent un de ses parens, et qu'ils devoient, je pense, souper ce même soir ensemble. Enfin, lorsque j'allois le quitter : « J'ou-« bliois, me dit-il, une lettre que ma mère m'a « chargé de vous remettre de sa part, Mademoi-« selle. » Il rougit en me la présentant; je la pris, croyant de bonne foi qu'elle étoit de Mme de Miran; et point du tout, dès qu'il fut sorti, je vis qu'elle étoit de lui. Je l'ouvris en revenant chez vous dans l'intention de vous la porter, je n'en fis pourtant rien; et vous y verrez la raison qui m'en empêcha. »

Elle tira alors cette lettre de sa poche, me la donna tout ouverte, et me dit : « Lisez. » Je la pris d'une main tremblante, et je n'osois en regarder le caractère. A la fin pourtant je jetai les yeux dessus, et, la mouillant de mes larmes : « Il écrit, mais ce n'est plus à moi, dis-je, mais ce n'est plus à moi ! »

Je fus si pénétrée de cette réflexion, j'en eus le cœur si serré, que je fus longtemps comme étouffée par mes soupirs, et sans pouvoir commencer la lecture de cette lettre, qui étoit courte et dont voici les termes :

Depuis le jour de votre accident, Mademoiselle, je ne suis plus à moi. En venant ici aujourd'hui, j'ai prévu que mon respect m'empêcheroit de vous le dire; mais j'ai prévu aussi que mon trouble et mes regards timides vous le diroient: vous m'avez vu, en effet, trem-

bler devant vous, et vous avez voulu vous retirer sur-le-champ. Je crains que cette lettre-ci ne vous irrite aussi ; cependant mon cœur n'y sera pas plus hardi qu'il ne l'a été tantôt ; il y tremble encore, et voici simplement de quoi il est question. Vous aurez sans doute accordé votre amitié à Mlle Marianne, et il y a quelque apparence qu'au sortir du parloir vous irez lui confier votre étonnement, hélas ! peut-être votre indignation sur mon compte ; et vous me nuirez auprès de ma mère, que j'instruirois moi-même dans un autre temps, mais qu'il ne seroit pas à propos qu'on instruisît aujourd'hui, et à qui pourtant Mlle Marianne conteroit tout. J'ai cru devoir vous en avertir. Mon secret m'est échappé : je vous adore ; je n'ai pas osé vous le dire, mais vous le savez. Il ne seroit pas temps qu'on le sût, et vous êtes généreuse.

Remettons la suite de cet événement à la huitième partie, Madame ; je vous en ôterois l'intérêt, si j'allois plus loin sans achever. « Mais l'histoire de cette religieuse que vous m'avez tant de fois promise, quand viendra-t-elle ? » me dites-vous. Oh ! pour cette fois-ci, voilà sa place ; je ne pourrai plus m'y tromper ; c'est ici que Marianne va lui confier son affliction, et c'est ici qu'à son tour elle essayera de lui donner quelques motifs de consolation en lui racontant ses aventures.

HUITIÈME PARTIE

'AI ri de tout mon cœur, Madame, de votre colère contre mon infidèle. Vous me demandez quand viendra la suite de mon histoire; vous me pressez de vous l'envoyer. « Hâtez-vous donc, me dites-vous, je l'attends; mais, de grâce, qu'il n'y soit plus question de Valville; passez tout ce qui le regarde; je ne veux plus entendre parler de cet homme-là. »

Il faut pourtant que je vous en parle, marquise; mais que cela ne vous inquiète pas; je vais d'un seul mot faire tomber votre colère, et vous rendre cet endroit de mes aventures le plus supportable du monde.

Valville n'est point un monstre comme vous vous le figurez. Non; c'est un homme fort ordinaire, Madame; tout est plein de gens qui lui ressemblent, et ce n'est que par méprise que vous êtes si indignée contre lui, par pure méprise.

C'est qu'au lieu d'une histoire véritable vous avez cru lire un roman. Vous avez oublié que c'étoit ma vie que je vous racontois : voilà ce qui a fait que Valville vous a tant déplu ; et, dans ce sens-là, vous avez eu raison de me dire : « Ne m'en parlez plus. » Un héros de roman infidèle ! on n'auroit jamais rien vu de pareil. Il est réglé qu'ils doivent tous être constans, on ne s'intéresse à eux que sur ce pied-là, et il est d'ailleurs si aisé de les rendre tels ! il n'en coûte rien à la nature, c'est la fiction qui en fait les frais.

Oui, d'accord. Mais, encore une fois, calmez-vous ; revenez à mon objet, vous avez pris le change. Je vous récite ici des faits qui vont comme il plaît à l'instabilité des choses humaines, et non pas des aventures d'imagination qui vont comme on veut. Je vous peins non pas un cœur fait à plaisir, mais le cœur d'un homme, d'un François qui a réellement existé de nos jours...

Homme, François, et contemporain des amans de notre temps, voilà ce qu'il étoit. Il n'avoit pour être constant que ces trois petites difficultés à vaincre ; entendez-vous, Madame ? Ne perdez point cela de vue. Faites-vous ici un spectacle de ce cœur naturel, que je vous rends tel qu'il a été, c'est-à-dire avec ce qu'il a eu de bon et de mauvais ; vous l'avez d'abord trouvé charmant, à présent vous le trouvez haissable, et bientôt vous ne saurez plus comment le trouver : car ce n'est pas encore fait, nous ne sommes pas au bout.

Valville, qui m'aime dès le premier instant avec une tendresse aussi vive que subite (tendresse ordinairement de peu de durée; il en est d'elle comme de ces fruits qui passent vite à cause qu'ils ont été mûrs de trop bonne heure); Valville, dis-je, à sa volage humeur près, fort honnête homme, mais né extrêmement susceptible d'impressions, qui rencontre une beauté mourante qui le touche et qui me l'enlève; ce Valville ne m'a pas laissée pour toujours; ce n'est pas là son dernier mot. Son cœur n'est pas usé pour moi, il n'est seulement qu'un peu rassasié du plaisir de m'aimer, pour en avoir trop pris d'abord.

Mais le goût lui en reviendra; c'est pour se reposer qu'il s'écarte : il reprend haleine, il court après une nouveauté, et j'en reviendrai pour lui plus piquante que jamais; il me reverra, pour ainsi dire, sous une figure qu'il ne connoît pas encore; ma douleur et les dispositions d'esprit où il me trouvera me changeront, me donneront d'autres grâces; ce ne sera plus la même Marianne.

Je badine de cela aujourd'hui; je ne sais pas comment j'y résistai alors. Continuons, et rentrons dans tout le pathétique de mon aventure.

Nous en sommes à la lettre de Valville que je lisois, et que j'achevai malgré les soupirs qui me suffoquoient. Mlle Varthon avoit les yeux fixés à terre et paroissoit rêver profondément en pleurant.

Pour moi, la tête renversée dans mon fauteuil, je restai presque sans sentiment. A la fin je me soulevai et me mis à regarder cette lettre. « Ah !

Valville, m'écriai-je, je n'avois donc qu'à mourir ! » Et puis, tournant les yeux sur Mlle Varthon : « Ne vous affligez pas, Mademoiselle, lui dis-je ; vous serez bientôt libres de vous aimer tous deux ; je ne vivrai pas longtemps ; voilà du moins le dernier de tous mes malheurs. »

A ce discours, cette jeune personne, sortant tout d'un coup de sa rêverie et m'apostrophant d'un air assuré :

« Eh ! pourquoi voulez-vous mourir ? me dit-elle. Pour qui êtes-vous si désolée ? Est-ce là un homme digne de votre douleur, digne de vos larmes ? Est-ce là celui que vous avez prétendu aimer ? Est-il tel que vous le pensiez ? Auriez-vous fait cas de lui, si vous l'aviez connu ? Vous y seriez-vous attachée ? Auriez-vous voulu de son cœur ? Il est vrai que vous l'avez cru aimable, j'ai cru aussi qu'il l'étoit ; et vous vous trompiez, je me trompois. Allez, Marianne, cet homme-là n'a point de caractère, il n'a pas même un cœur ; on n'appelle pas cela en avoir un. Votre Valville est méprisable. Ah ! l'indigne ! il vous aime, il va vous épouser ; vous tombez malade, on lui dit que votre vie est en danger : qu'en arrive-t-il ? Qu'il vous oublie. C'est ce temps-là qu'il prend pour venir me dire qu'il m'aime, moi qu'il n'avoit jamais vue qu'un instant, qui ne lui avois pas dit deux mots ! Eh ! qu'est-ce que c'est donc que cet amour qu'il avoit pour vous ? Quel nom donner, je vous prie, à celui qu'il a pour moi ? D'où lui est venue cette fantaisie de m'aimer dans de pareilles circonstances? Hélas! je vais vous le dire, c'est qu'il m'a vue mourante : cela a remué cette petite âme foible qui ne tient à rien, qui est le jouet de tout ce qu'elle voit d'un peu singulier. Si j'avois été en bonne santé, il n'auroit pas pris garde à moi; c'est mon évanouissement qui en a fait un infidèle; et vous qui êtes si aimable, si capable de faire des passions, peut-être avez-vous eu besoin d'être infortunée, et d'être dangereusement tombée à sa porte, pour le fixer quelques mois. Je conviens avec vous qu'il vous a regardée beaucoup à l'église; mais c'est à cause que vous êtes belle; et il ne vous auroit peut-être pas aimée sans votre situation et sans votre chute.

— Hélas! n'importe, il m'aimoit, m'écriois-je en l'interrompant, il m'aimoit, et vous me l'avez ôté; je n'avois peut-être que vous seule à craindre dans le monde.

— Laissez-moi achever, me répondit-elle, je n'ai pas tout dit. Je vous ai avoué qu'il m'a plu; mais ne vous imaginez pas qu'il le sache : il n'en a pas le moindre soupçon; il n'y a que vous qui pouvez l'en instruire, il ne mérite pas de le savoir; et, tout indisposée que vous êtes aujourd'hui contre moi, je vous prie, Mademoiselle, gardez-moi le secret là-dessus, si ce n'est par amitié, du moins par générosité. Une fille d'un aussi bon caractère que vous n'a que faire d'aimer les gens pour en user bien avec eux, surtout quand elle n'a pas un juste sujet d'en être mécontente. Adieu, Marianne, ajouta-t-elle en se levant ; je vous laisse la lettre de Valville, faites-en l'usage qu'il vous plaira ; montrez-la à Mme de Miran, montrez-la à son fils, j'y consens. Ce qu'il a osé m'y écrire ne me compromet en rien ; et, si par hasard mon témoignage vous est nécessaire, si vous souhaitez que je paroisse pour le confondre, je suis si indignée contre lui, je me soucie si peu de le ménager, je le dédaigne tant, lui et son ridicule amour, que je m'associe de bon cœur à votre vengeance. Au surplus, mon parti est pris : je ne le verrai plus, à moins que vous ne l'exigiez ; j'oublierai même que je l'ai vu, ou, s'il arrive que je le revoie, je ne le reconnoîtrai pas : car de lui faire l'honneur de le fuir, il n'en vaut pas la peine. Quant à vous, je ne vous crois ni ambitieuse ni intéressée ; et, si vous n'êtes que tendre et raisonnable, en vérité, vous ne perdez rien. Le cœur de Valville n'est pas ce qu'il vous faut, il n'est point fait pour payer le vôtre, et ce n'est pas sur lui que doit tomber votre tendresse ; c'est comme si vous n'aviez point eu d'amant.

« Ce n'est point en avoir un que d'avoir celui de tout le monde. Valville étoit hier le vôtre ; il est aujourd'hui le mien, à ce qu'il dit ; il sera demain celui d'une autre, et ne sera jamais celui de personne. Laissez-le donc à tout le monde, à qui il appartient ; et réservez, comme moi, votre cœur pour quelqu'un qui pourra vous donner le sien, et ne le donner jamais qu'à vous. »

Après ces mots elle vint m'embrasser, sans que je fisse aucun mouvement. Je la regardai, voilà tout ; je jetai des yeux égarés sur elle ; elle prit une de mes mains qu'elle pressa dans les siennes. Je la laissai faire, et n'eus la force ni de lui répondre ni de lui rendre ses caresses ; je ne savois si je devois l'aimer ou la hair, la traiter de rivale ou d'amie.

Il me semble cependant que dans le fond de mon âme je lui sus quelque gré de ces témoignages de franchise et d'amitié que je reçus d'elle, aussi bien que du parti qu'elle prenoit de ne plus voir Valville.

Je l'entendis soupirer en me quittant. « Je ne vous reverrai que demain, me dit-elle, et j'espère vous retrouver plus tranquille et plus sensible à notre amitié. »

A tout cela, nulle réponse de ma part ; je la suivis seulement des yeux jusqu'à ce qu'elle fût sortie.

Me voilà donc seule, immobile, et toujours renversée dans mon fauteuil, où je restai bien encore une demi-heure dans une si grande confusion de pensées et de mouvemens que j'en étois comme stupide.

La religieuse dont je vous ai quelquefois parlé, qui m'aimoit et que j'aimois, entra et me surprit dans cet accablement de cœur et d'esprit. J'eus beau la voir, je n'en remuai pas davantage, et je crois que toute la communauté seroit entrée que ç'auroit été de même.

Il y a des afflictions où l'on s'oublie, où l'âme

n'a plus la discrétion de faire aucun mystère de
l'état où elle est. Vienne qui voudra, on ne s'embarrasse
guère de servir de spectacle, on est dans
un entier abandon de soi-même ; et c'est ainsi que
j'étois.

Cette religieuse, étonnée de mon immobilité,
de mon silence et de mes regards stupides, s'avança
avec une espèce d'effroi.

« Eh! mon Dieu, ma fille, qu'est-ce que c'est?
Qu'avez-vous? me dit-elle; venez-vous de vous
trouver mal?

— Non », lui répondis-je. Et j'en restai là.

« Mais de quoi s'agit-il? Vous voilà pâle, abattue,
et vous pleurez, je pense? Avez-vous reçu quelque
mauvaise nouvelle?

— Oui », lui repartis-je encore. Et puis je
me tus.

Elle ne savoit que penser de mes monosyllabes
et de l'air imbécile dont je les prononçois.

Alors elle aperçut cette lettre qui étoit sur moi,
que je tenois encore d'une main foible, et que
j'avois trempée de mes larmes.

« Est-ce là le sujet de votre affliction, ma chère
enfant? ajouta-t-elle en la prenant, et me permettez-vous
de voir ce que c'est?

— Oui. (C'est encore moi qui réponds.) — Eh!
de qui est-elle? — Hélas! de qui elle est! » Je
n'en pus dire davantage, mes pleurs me coupèrent
la parole.

Elle en fut touchée, je vis qu'elle s'essuyoit les

yeux; ensuite elle lut la lettre : il ne lui fut pas difficile de juger de qui elle étoit, elle savoit mes affaires; elle voyoit dans cette lettre une déclaration d'amour; on prioit la personne à qui on l'adressoit de ne m'en rien dire; on y parloit de Mme de Miran, qui devoit l'ignorer aussi. Ajoutez à cela l'affliction où j'étois; tout concluoit que Valville avoit écrit la lettre, et que je venois en ce moment d'apprendre son infidélité.

« Allons, Mademoiselle, je suis au fait, me dit-elle : vous pleurez, vous êtes consternée; ce coup-ci vous accable, et j'entre dans votre douleur. Vous êtes jeune, et vous manquez d'expérience; vous êtes née avec un bon cœur, avec un cœur simple et sans artifice; le moyen que vous ne soyez pas pénétrée de l'accident qui vous arrive! Oui, Mademoiselle, plaignez-vous, soupirez, répandez des larmes dans ce premier instant-ci; moi qui vous parle, je connois votre situation, je l'ai éprouvée, je m'y suis vue, et je fus d'abord aussi affligée que vous; mais une amie que j'avois, qui étoit à peu près de l'âge que j'ai à présent, et qui me surprit dans l'état où je vous vois, entreprit de me consoler; elle me parla raison, me dit des choses sensibles : je l'écoutai, et elle me consola.

— Elle vous consola! m'écriai-je en levant les yeux au ciel; elle vous consola, Madame!

— Oui, me répondit-elle. Vous ne comprenez pas que cela se puisse, et je pensois comme vous.

« Voyons, me dit cette amie, de quoi vous

« désespérez-vous ? de l'accident du monde le plus
« fréquent, et qui tire le moins à conséquence
« pour vous. Vous aimiez un homme qui vous ai-
« moit et qui vous quitte, qui s'attache ailleurs ;
« et vous appelez cela un grand malheur ! Mais
« est-il bien vrai que c'en soit un, et ne se pour-
« roit-il pas que ce fût le contraire ? Que savez-
« vous s'il n'est pas avantageux pour vous que cet
« homme-là ait cessé de vous aimer ? si vous ne
« vous seriez pas repentie de l'avoir épousé ; si sa
« jalousie, son humeur, son libertinage ; si mille
« défauts essentiels, qu'il peut avoir et que vous ne
« connoissez point, ne vous auroient pas fait
« gémir le reste de votre vie ? Vous ne regardez
« que le moment présent, jetez votre vue un peu
« plus loin. Son infidélité est peut-être une grâce
« que le Ciel vous a faite ; la Providence qui nous
« gouverne est plus sage que nous, voit mieux
« ce qu'il nous faut, nous aime mieux que nous
« ne nous aimons nous-mêmes ; et vous pleurez
« aujourd'hui de ce qui sera peut-être dans peu de
« temps le sujet de votre joie. Mettez-vous bien
« dans l'esprit que vous ne deviez pas épouser
« celui dont il est question, et qu'assurément ce
« n'étoit pas votre destinée ; qu'il est très possible
« que vous y gagniez, comme j'y ai gagné moi-
« même, ajouta-t-elle, à ne pas épouser un jeune
« homme riche, à qui j'étois chère, qui me l'étoit,
« et qui me laissa aussi pour en aimer une autre,
« qui est devenue sa femme, qui est malheureuse

« à ma place, et qui, avant que d'être à lui, auroit
« eu l'aveugle folie de se consumer en regrets, s'il
« l'avoit quittée à son tour. Vous m'allez dire que
« vous l'aimez, que vous n'avez point de bien, et
« qu'il auroit fait votre foitune : soit ; mais n'aviez-
« vous que son infidélité à craindre? Etoit-il à
« l'abri d'une maladie ? Ne pouvoit-il pas mourir ?
« et, en ce cas, tout étoit-il perdu ? N'y avoit-il
« plus de ressources pour vous? et celles qui vous
« seroient restées, son inconstance vous les ôte-
« t-elle ? Ne les avez-vous pas aujourd'hui? Vous
« l'aimez : pensez-vous que vous ne pourrez jamais
« aimer que lui, et qu'à cet égard tout est terminé
« pour vous? Eh ! mon Dieu, Mademoiselle, est-ce
« qu'il n'y a plus d'hommes sur la teire, et de plus
« aimables que lui, d'aussi riches, de plus riches
« même, de plus grande distinction, qui vous ai-
« meront davantage, et parmi lesquels il y en aura
« quelqu'un que vous aimerez plus que vous n'avez
« aimé l'autre? Que signifie votre désolation?
« Quoi! Mademoiselle, à votre âge ! Eh ! vous
« êtes si jeune, vous ne faites que commencer à
« vivre. Tout vous rit; Dieu vous a donné de
« l'esprit, du caractère, de la figure ; vous avez
« mille heureux hasards à attendre, et vous vous
« désespérez à cause qu'un homme, qui reviendra
« peut-être et dont vous ne voudiez plus, vous
« manque de parole ! »

« Voilà ce que mon amie me dit dans les premiers momens de ma douleur, ajouta ma religieuse ;

et je vous le dirai aussi quand vous pourrez m'entendre. »

Ici je fis un soupir, mais de ces soupirs qui nous échappent quand on nous dit quelque chose qui adoucit le chagrin où nous sommes.

Elle s'en aperçut. « Ces motifs de consolation me touchèrent, me dit-elle tout de suite, et ils doivent vous toucher encore davantage; ils vous conviennent plus qu'ils ne me convenoient. Mon amie me parloit de mes ressources; vous en avez plus que je n'en avois; je ne vous le dis pas pour vous flatter : j'étois assez passable; mais ce n'étoit ni votre figure, ni vos grâces, ni votre physionomie; il n'y a pas de comparaison. A l'égard de l'esprit et des qualités de l'âme, vous avez des preuves de l'impression que vous faites à tout le monde de ce côté-là; vous voyez l'estime et la tendresse que Mme de Miran a pour vous; je ne sache dans notre maison personne de raisonnable qui ne soit prévenue en votre faveur. Mme Doisin, dont vous m'avez parlé, et qui passe pour si bon juge du mérite, seroit une autre Mme de Miran pour vous, si vous vouliez. Vous avez plu à tous ceux qui vous ont vue chez elle; partout où vous avez paru, c'est de même : nous en savons quelque chose. Je me compte pour rien, mais je ne m'attache pas aisément; j'y suis difficile, et je me suis tout d'un coup intéressée à vous. Eh! qui est-ce qui ne s'y intéressera pas? Qu'est-ce pour vous qu'un amant de moins, qui se déshonore en vous quittant, qui ne fait tort qu'à lui, et non pas à vous, et qui, de tous les partis qui se présenteront, n'est pas à mon gré le plus considérable.

« Ainsi, soyez tranquille, Marianne, mais je dis absolument tranquille ; il n'est pas question ici d'un grand effort de raison pour l'être ; et le moindre petit sentiment de fierté, joint à tout ce que je viens de vous dire, est plus qu'il n'en faut pour vous consoler. »

Je la regardai alors, moitié vaincue par les raisons, et moitié attendrie de reconnoissance pour toute la peine que je lui voyois prendre afin de me persuader, et je laissai même tomber amicalement mon bras sur elle d'un air qui signifioit : « Je vous remercie, il est bien doux d'être entre vos mains. »

Et c'étoit là en effet ce que je sentois, ce qui marquoit que ma douleur se relâchoit. Nous sommes bien près de nous consoler quand nous nous affectionnons aux gens qui nous consolent.

Cette obligeante fille resta encore une heure avec moi, toujours à me dire les choses du monde les plus insinuantes, et qu'elle avoit l'art de me faire trouver sensées. Il est vrai qu'elles l'étoient, je pense ; mais, pour m'y rendre attentive, il falloit encore y joindre l'attrait de ce ton affectueux, de cette bonté de cœur avec laquelle elle me les disoit.

La cloche l'appela pour souper ; quant à moi, on m'apportoit encore à manger dans ma chambre.

« Ah çà ! me dit-elle en riant, je vous laisse.

Mais ce n'est plus un enfant sans réflexion que je quitte, comme vous l'étiez lorsque je suis arrivée; c'est une fille raisonnable, qui se connoît et qui se rend justice. Eh! Seigneur! à quoi songiez-vous avec vos soupirs et votre accablement? ajouta-t-elle. Oh! je ne vous le pardonnerai pas sitôt, et je prétends vous appeler petite fille encore longtemps à cause de cela. »

Je ne pus, à travers ma tristesse, m'empêcher de sourire à ce discours badin, qui ne laissoit pas que d'avoir sa force et qui me disposoit tout doucement à penser qu'en effet je m'exagérois mon malheur. Est-ce que nos amis le prendroient sur ce ton-là avec nous, si le motif de notre affliction étoit si grave? Voilà à peu près ce qui s'insinue dans notre esprit, quand nous voyons nos amis n'y faire pas plus de façon en nous consolant.

Là-dessus elle partit. Une sœur converse m'apporta à souper; elle rangea quelque chose dans ma chambre. Cette bonne fille étoit naturellement gaie. « Allons, allons, me dit-elle, vous voilà déjà presque aussi vermeille qu'une rose; notre maladie est bien loin, il n'y paroît plus; ne ferez-vous pas un petit tour de jardin après souper?

— Non, lui dis-je; je me sens fatiguée, et je crois que je me coucherai dès que j'aurai mangé.

— Eh bien, à la bonne heure, pourvu que vous dormiez, me répondit-elle; ceux qui dorment valent bien ceux qui se promènent. » Aussitôt elle s'en alla.

Vous jugez bien que je fis un souper léger, et, quoique ma religieuse eût un peu ramené mon esprit et m'eût mise en état de me calmer moi-même, il me restoit toujours un grand fonds de tristesse.

Je repassois sur tous ces discours. « Vous ne faites que commencer à vivre », m'avoit-elle dit. Et elle a raison, me répondis-je; ceci ne décide encore de rien; je dois me préparer à bien d'autres événemens. D'autres que lui m'aimeront, il le verra, et ils lui apprendront à estimer mon cœur. Et c'est en effet ce qui arrive souvent, soit dit en passant.

Un volage est un homme qui croit vous laisser comme solitaire; se voit-il ensuite remplacé par d'autres, ce n'est plus là son compte; il ne l'entendoit pas ainsi, c'est un accident qu'il n'avoit pas prévu; il diroit volontiers : « Est-ce bien elle? » Il ne savoit pas que vous aviez tant de charmes.

De nouvelles idées succédoient à celles-là. « Faut-il que le plus aimable de tous les hommes, oui, le plus aimable, le plus tendre, on a beau dire, je n'en retrouverai point comme lui, faut-il que je le perde? Ah! Monsieur de Valville, les grâces de Mlle Varthon ne vous justifieront pas, et j'aurai peut-être autant de partisans qu'elle. » Là-dessus je pleurois, et je me couchai.

Parmi tant de pensées qui me rouloient dans la tête, il y en eut une qui me fixa.

Eh quoi! avec de la vertu, avec de la raison,

avec un caractère et des sentimens qu'on estime, avec ma jeunesse et les agrémens qu'on dit que j'ai, j'aurai la lâcheté de périr d'une douleur qu'on croira peut-être intéressée, et qui entretiendra encore la vanité d'un homme qui en use si indignement !

Cette dernière réflexion releva mon courage; elle avoit quelque chose de noble qui m'y attacha, et qui m'inspira des résolutions qui me tranquillisèrent. Je m'arrangeai sur la manière dont j'en agirois avec Valville, dont je parlerois à Mme de Miran dans cette occurrence.

En un mot, je me proposai une conduite qui étoit fière, modeste, décente, digne de cette Marianne dont on faisoit tant de cas; enfin une conduite qui, à mon gré, serviroit bien mieux à me faire regretter de Valville, s'il lui restoit du cœur, que toutes les larmes que j'aurois pu répandre, qui souvent nous dégradent aux yeux même de l'amant que nous pleurons, et qui peuvent jeter du moins un air de disgrâce sur nos charmes.

De sorte qu'enthousiasmée moi-même de mon petit plan généreux, je m'assoupis insensiblement et ne me réveillai qu'assez tard; mais aussi ne me réveillai-je que pour soupirer.

Dans une situation comme la mienne, avec quelque industrie qu'on se secoure, on est sujette à de fréquentes rechutes, et tous ces petits repos qu'on se procure sont bien fragiles. L'âme n'en jouit qu'en passant, et sait bien qu'elle n'est tranquille que par un tour d'imagination qu'il faudroit qu'elle conservât, mais qui la gêne trop; de façon qu'elle en revient toujours à l'état qui lui est le plus commode, qui est d'être agitée.

Et c'est aussi ce qui m'arriva. Je songeai que non seulement Valville étoit un infidèle, mais que Mme de Miran ne seroit plus ma mère. Ah! Seigneur! n'être point sa fille, ne point occuper cet appartement qu'elle m'avoit montré chez elle!

Souvenez-vous-en, Madame : de cet appartement j'aurois passé dans le sien; quelle douceur! Elle me l'avoit dit avec tant de tendresse! je me l'étois promis, j'y comptois, et il falloit y renoncer! Valville ne vouloit plus que cela s'accomplît; et, dans mon petit arrangement de la veille, je n'avois point songé à cet article-là.

Et ce portrait de ma mère, Madame, que deviendra-t-il? ce portrait que j'avois demandé, qu'elle m'avoit assuré qu'on mettroit dans ma chambre, qui y étoit peut-être déjà, et qui y étoit inutilement pour moi? Que de douleurs! Il m'en venoit toujours de nouvelles.

J'attendois Mme de Miran ce jour-là; mais je ne l'attendois que l'après-midi, et cependant elle arriva le matin.

– Ma religieuse, qui étoit venue chez moi quelques instans après que j'avois été habillée, et dont l'entretien m'avoit encore soulagée, cette religieuse, dis-je, étoit à peine sortie que je vis entrer Mlle Varthon.

Il n'étoit que onze heures du matin; elle me parut abattue, mais moins triste que la veille. Je lui fis un accueil qu'on ne pouvoit appeler ni froid ni prévenant, qui étoit mêlé de beaucoup de langueur; et franchement, malgré tout ce qu'elle m'avoit dit, j'avois quelque peine à la voir. Je ne sais si elle y prit garde, mais du moins ce fut sans témoigner y faire attention.

« J'ai cru devoir vous apprendre une chose, me dit-elle d'un air ouvert, mais à travers lequel j'aperçus de l'embarras : c'est que je sors d'avec M. de Valville. »

Elle s'arrêta là, comme honteuse elle-même de la nouvelle qu'elle m'apprenoit.

A ce début, si étonnant pour moi après tout ce qu'elle m'avoit dit à cet égard, je soupirai d'abord. Ensuite : « Je n'ai pas de peine à le croire, lui répondis-je toute consternée.

— N'allez pas me condamner sans m'entendre, reprit-elle aussitôt; je vous avois assuré que je ne le verrois plus, et c'étoit mon intention; mais je n'ai pas deviné que c'étoit lui qui étoit là-bas »; et là-dessus elle disoit vrai, je l'ai su depuis.

« On est venu m'avertir qu'on me demandoit de la part de Mme de Miran, continua-t-elle, et vous sentez bien que je ne pouvois pas me dispenser de paroître; il y auroit eu de l'impolitesse, et même de la malhonnêteté à refuser de descendre sans avoir d'excuse valable à alléguer. Ainsi il a fallu me montrer, quoique avec répugnance, car j'ai hésité d'abord; il sembloit que j'avois un pressentiment de ce qui alloit m'arriver. Jugez de mon étonnement quand j'ai trouvé M. de Valville au parloir.

— Vous vous êtes donc retirée? lui dis-je d'une voix foible et tremblante. — Vraiment, je n'y aurois pas manqué, me répondit-elle en rougissant; mais, dès que je l'ai vu, je n'ai pu résister à un mouvement de colère qui m'a prise, et qui étoit bien naturel; n'auriez-vous pas été comme moi? — Non, lui dis-je; il y auroit eu beaucoup plus de colère à vous en aller.

— Peut-être bien, reprit-elle; mais mettez-vous à ma place avec l'opinion que j'avois de lui. »

Ce terme, *que j'avois*, me fit peur; il n'étoit pas de bon augure.

« Vous êtes bien hardi, Monsieur, lui ai-je dit
« (c'est elle qui parle), de venir encore me sur-
« prendre après la lettre que vous m'avez écrite
« et que vous ne m'avez fait recevoir qu'en me
« trompant. En venez-vous chercher la réponse?
« La voici, Monsieur : c'est que votre lettre et vos
« visites m'offensent, et que le petit service que
« vous m'avez rendu, dont je vous savois gré, ne
« vous dispensoit pas d'observer les égards que
« vous me devez, surtout dans les circonstances de
« l'engagement où vous êtes avec une jeune per-
« sonne que vous ne pouvez quitter sans perfidie.
« C'est elle que vous avez à voir ici, Monsieur, et
« non pas moi, qui ne suis point faite pour être
« l'objet d'une galanterie aussi injurieuse. »

« Voilà ce que j'étois bien aise de lui dire avant que de le quitter, ajouta-t-elle; après quoi j'ai fait quelques pas pour le laisser là, sans daigner l'écouter; et j'allois sortir, quand je lui ai entendu dire : « Ah! Mademoiselle, vous me désespérez! » et cela avec un cri si douloureux et si emporté que j'ai cru devoir m'arrêter, dans la crainte qu'il ne criât encore et que cela ne fît une scène; ce qui auroit été fort désagréable.

— Oh! non, lui dis-je, il n'extravague pas. Il étoit inutile d'être si prudente.

— Vous m'excuserez, me répondit-elle un peu confuse, vous m'excuserez. La tourière, ou quelqu'un de la cour, n'avoit qu'à venir au bruit, et je n'aurois su que dire. Ainsi il étoit plus sage de rester pour un moment, car je ne croyois pas que ce fût pour davantage.

« Eh bien! Monsieur, que voulez-vous? lui ai-
« je dit toujours du même ton. Je n'ai rien à sa-
« voir de vous.

« — Hélas! Mademoiselle, je n'ai, je vous jure,
« qu'un seul mot à vous dire; qu'un seul mot. Re-
« venez, je vous prie », m'a-t-il répondu avec un air si effaré, si ému, qu'il n'y a pas eu moyen de poursuivre mon chemin; c'étoit trop risquer.

« Je me suis donc avancée. « Voyons donc,
« Monsieur, de quoi il s'agit.

« — Je venois vous informer, a-t-il repris,
« que ma mère passera ici entre onze heures et
« midi, dans le dessein de vous emmener dîner

« avec Marianne; elle ne m'a point chargé de vous
« l'apprendre, mais je me suis imaginé que vous
« me permettriez de vous prévenir.

« — Ce n'étoit pas la peine, Monsieur, lui ai-
« je dit; Mme de Miran me fait beaucoup d'hon-
« neur, et je verrai le parti que j'ai à prendre. Est-
« ce là tout? »

— Quoi? lui demander encore si c'est là tout?
Vous ne finirez donc jamais? dis-je à Mlle Varthon.

— Eh! mais, au contraire, reprit-elle; *est-ce là
tout?* signifioit seulement qu'il m'impatientoit. Je
ne le disois qu'afin d'avoir un prétexte de me sauver : car j'appréhendois toujours son air ému ; on
ne sait comment faire avec des esprits si peu maîtres
d'eux. Et alors, en m'assurant qu'il alloit finir, il a
entamé un discours que j'ai été obligée d'écouter
tout entier. C'étoit sa justification sur votre compte,
à l'occasion de ce que je lui avois parlé de perfidie;
et vous jugez bien que ses raisons ne m'ont pas
persuadée qu'il fût aussi excusable qu'il croit l'être;
mais je vous avoue que je ne l'ai pas trouvé non
plus tout à fait si coupable que je le pensois.

— Ah! Seigneur! m'écriai-je ici sans lever la tête,
que j'avois toujours tenue baissée par ménagement
pour elle, c'est-à-dire, pour lui épargner des regards qui lui auroient dit : « Vous n'êtes qu'une
« hypocrite »; ah! Seigneur! pas tout à fait si coupable! Eh! vous le méprisiez tant hier! ajoutai-je.

— Eh! mais vraiment oui, reprit-elle, je le méprisois; il me paroissoit le plus indigne homme du monde, et je ne prétends pas qu'il n'ait point de tort; je dis seulement qu'il en a moins que nous ne nous l'imaginons; et je ne le dis même que pour diminuer de l'affliction où vous êtes, que pour vous rendre son procédé moins fâcheux; ce n'est que par amitié que je vous parle; écoutez jusqu'au bout. Vous l'avez regardé comme un volage, comme un perfide qui a subitement changé; et point du tout, cela vient de plus loin, il y avoit déjà quelque temps qu'il tâchoit d'avoir d'autres sentimens. Voilà ce qu'il m'a dit presque la larme à l'œil; c'étoit même un peu avant votre maladie qu'il combattoit son amour qu'on lui reprochoit; il cherchoit à se dissiper, à aimer ailleurs; il ne vouloit qu'un objet : il m'a vue, je ne lui ai point déplu, il a senti cette légère préférence qu'il me donnoit sur d'autres, et il en a profité pour s'en tenir à moi; voilà tout.

— Eh! mon Dieu, Mademoiselle, lui dis-je en l'interrompant, est-ce donc là ce que vous voulez que j'écoute? Est-ce là la consolation que vous m'apportez?

— Eh! mais oui, reprit-elle, je me suis figuré que c'en étoit une. N'est-il pas plus doux pour vous de penser que ce n'est point par inconstance ou faute d'amour qu'il vous a laissée; que même il s'est fait violence en vous quittant, et qu'il ne vous quitte que par des motifs qu'il croit raisonnables, et qui, si je ne me trompe, vous le paroîtront assez, si vous voulez que je vous les dise, pour vous ôter la désagréable opinion que vous avez de lui? Et je ne tâche pas à autre chose.

« Ah çà! voyons : vous m'avez conté votre histoire, ma chère Marianne; mais il y a bien de petits articles que vous ne m'avez dits qu'en passant, et qui sont extrêmement importans, qui ont pu vous nuire. Valville, qui vous aimoit, ne s'y est point arrêté, il ne s'en est point soucié ; et il a bien fait. Mais votre histoire a éclaté ; ces petits articles ont été sus de tout le monde, et tout le monde n'est pas Valville, n'est pas Mme de Miran; les gens qui pensent bien sont rares. Cette marchande de linge chez qui vous avez été en boutique; ce bon religieux qui a été vous chercher du secours chez un parent de Valville; ce couvent où vous avez été vous présenter pour être reçue par charité ; cette aventure de la marchande qui vous reconnut chez une dame appelée Mme de Fare; votre enlèvement d'ici, votre apparition chez le ministre en si grande compagnie; ce petit commis qu'on vous destinoit à la place de Valville, et cent autres choses qui font, à la vérité, qu'on loue votre caractère, qui prouvent qu'il n'y a point de fille plus estimable que vous, mais qui sont humiliantes, qui vous rabaissent, quoique injustement, et qu'il est cruel qu'on sache à cause de la vanité qu'on a dans le monde : tout cela, dis-je, dont Valville n'a tenu compte, lui a été représenté. Vous ne sauriez croire tout ce qu'on lui a dit là-dessus, ni combien on condamne sa mère, combien on persécute ce jeune homme sur le dessein qu'il a de vous épouser : ce sont des amis qui rompent avec lui, ce sont des parens qui ne veulent plus le voir, s'il ne renonce pas à son projet; il n'y a pas jusqu'aux indifférens qui le raillent; en un mot, c'est tout ce qu'il y a de plus mortifiant qu'il faut qu'il essuie; ce sont des avanies sans fin; je ne vous en répète pas la moitié. « Quoi! une fille qui n'a rien! dit-on; quoi! une « fille qui ne sait qui elle est! eh! comment ose- « rez-vous la montrer, Monsieur? Elle a de la « vertu? eh! n'y a-t-il que les filles de ce genre-là « qui en ont? n'y a-t-il que votre orpheline d'ai- « mable? Elle vous aime? Eh! que peut-elle faire « de mieux? Est-ce là un amour si flatteur? Pou- « vez-vous être sûr qu'elle vous auroit aimé si elle « avoit été votre égale? A-t-elle eu la liberté du « choix? Que savez-vous si la nécessité où elle « étoit ne lui a pas tenu lieu de penchant pour « vous? Et toutes ces idées-là vous viendront « quelque jour dans l'esprit, ajoute-t-on maligne- « ment et sottement; vous sentirez l'affront que « vous vous faites à présent, vous le sentirez. « Et du moins allez vivre ailleurs, sortez de votre « pays, allez vous cacher avec votre femme, pour « éviter le mépris où vous tomberez ici; mais n'es- « pérez pas, en quelque endroit que vous alliez, « d'éviter le malheur de la haïr, et de maudire le « jour où vous l'avez connue. »

Oh! je n'en pus écouter davantage; je m'étois

tue pendant toutes les humiliations qu'elle m'avoit données; j'avois enduré le récit de mes misères. A quoi m'eût servi de me défendre ou de me plaindre? Il n'étoit plus douteux que j'avois affaire à une fille toute déterminée à suivre son penchant; je voyois bien que Valville s'étoit justifié auprès d'elle, qu'il l'avoit gagnée, et qu'elle ne cherchoit à le disculper auprès de moi que pour se dispenser elle-même de le mépriser autant qu'elle s'y étoit engagée. Je le voyois bien, et mes repoches n'eussent abouti à rien.

Mais cette haine dont elle avoit la cruauté de me parler, et qu'on prédisoit à Valville qu'il auroit pour moi, ces malédictions qu'il donneroit au jour de notre connoissance, me percèrent le cœur et poussèrent ma patience à bout.

« Ah! c'en est trop, Mademoiselle, m'écriai-je, c'en est trop. Lui, me détester! Lui, maudire le temps où il m'a vue! Et vous avez le courage de me l'annoncer, de venir m'entretenir d'une idée aussi affreuse, et de m'en entretenir sous prétexte d'amitié, pour me consoler, dites-vous, pour diminuer mon affliction! Et vous croyez que je ne vous entends pas, que je ne vois pas le fond de votre cœur? Ah! Seigneur! à quoi bon me déchirer comme vous faites? Eh! ne sauriez-vous l'aimer sans achever de m'ôter la vie? Vous voulez qu'il soit innocent, vous voulez que j'en convienne. Eh bien, Mademoiselle, il l'est; rendez-lui votre estime; il a bien fait, il devoit rougir de m'aimer;

je vous l'accorde, je vous passe l'énumération de tous les opprobres dont notre mariage le couvriroit. Oui, je ne suis plus rien ; la moindre des créatures est plus que moi ; je n'ai subsisté jusqu'ici que par charité ; on le sait, on me le reproche ; vous me le répétez, vous m'écrasez, et en voilà assez ; je suis assez avilie, assez convaincue que Valville a dû m'abandonner, et qu'il a pu le faire sans en être moins honnête homme ; mais vous me menacez de sa haine et de ses malédictions, moi qui ne vous réponds rien, moi qui me meurs ! Ah ! c'en est trop, vous dis-je, et Dieu me vengera, Mademoiselle, vous le verrez : vous pouviez justifier Valville, et m'insinuer que sa passion pour vous n'est point blâmable, sans venir m'accabler de ce présage barbare qu'on lui fait sur mon compte ; et c'est peut-être vous qu'il haïra, Mademoiselle ; c'est peut-être vous, et non pas moi, prenez-y garde ! »

Cette violente sortie l'étourdit : elle ne s'attendoit pas à être si bien devinée ; et je la vis pâlir et rougir successivement.

« Vous interprétez bien mal mes intentions, me répondit-elle d'un air troublé. Ah ! Seigneur ! quel emportement ! Je vous écrase, je vous déchire, et Dieu me punira ; voilà qui est étrange ! Eh ! de quoi me puniroit-il, Mademoiselle ? Ai-je quelque part à vos chagrins ? Suis-je responsable des idées qu'on inspire à ce jeune homme ? Est-ce ma faute, à moi, s'il en est frappé ? Et, dans le fond, est-il si étonnant qu'elles lui fassent impression? Oui, je vous le dis encore, ceci change tout ; il y a ici bien moins d'infidélité que de foiblesse, il est impossible d'en juger autrement. Ceux qui lui parlent ont plus de tort que lui ; et il est certain que ce n'est pas là un perfide, mais seulement un homme mal conseillé. J'ai cru vous faire plaisir en vous l'apprenant, et voilà toute la finesse que j'y entends. Voilà tout, Mademoiselle. Je souhaiterois qu'il eût résisté à tout ce qu'on lui a dit, il en seroit plus louable ; mais de dire que ni vous, ni moi, ni personne, ayons droit de le mépriser, non ; toute la terre excusera la faute qu'il a faite ; elle ne le perdra dans l'esprit de qui que ce soit : c'est mon sentiment ; et, si vous êtes équitable, ce doit être aussi le vôtre pour la tranquillité de votre esprit.

— Je serois encore plus tranquille si cet entretien-ci finissoit, lui dis-je en pleurant.

— Ah ! comme il vous plaira ; il n'ira pas plus loin, me répondit-elle, et je vous assure qu'il est fini pour la vie. Adieu, Mademoiselle », ajouta-t-elle en se retirant. Je ne fis que baisser beaucoup la tête, et la laissai partir.

Vous allez croire que je vais m'abandonner à plus de douleur que jamais ; du moins, comme vous voyez, m'arrive-t-il un nouveau sujet de chagrin assez considérable.

Avant cet entretien, tout infidèle qu'étoit Valville, je ne pouvois pas absolument dire que j'eusse une rivale. Il est vrai qu'il aimoit Mlle Varthon ; mais elle n'en étoit pas moins mon amie ; elle ne vouloit point de lui, elle le méprisoit, elle m'exhortoit à le mépriser aussi ; et, encore une fois, ce n'étoit pas là une vraie rivale, au lieu qu'à présent c'en est une bien complète. Mlle Varthon aime Valville, et l'aimera ; elle y est résolue, ses discours me l'annoncent ; et, suivant toute apparence, ce doit être là un renouvellement de désespoir pour moi. Je vais recommencer à pleurer sans fin, n'est-ce pas? Point du tout.

Un moment après qu'elle fut sortie de ma chambre, insensiblement mes larmes cessèrent ; cette augmentation de douleur les arrêta, et m'ôta la force d'en verser.

Quand un malheur qu'on a cru extrême et qui nous désespère devient encore plus grand, il semble que notre âme renonce à s'en affliger ; l'excès qu'elle y voit la met à la raison, ce n'est plus la peine qu'elle s'en désole ; elle lui cède et se tait. Il n'y a plus que ce parti-là pour elle ; et ce fut celui que je pris sans m'en apercevoir.

Ce fut dans cette espèce d'état de sang-froid que je contemplai clairement ce qui m'arrivoit, que je me convainquis qu'il n'y avoit plus de remède, et que je consentis à endurer patiemment mon aventure.

De façon que je sortis de là avec une tristesse profonde, mais paisible et docile ; ce qui est un état moins cruel que le désespoir.

Voilà donc à quoi j'en étois avec moi-même, quand cette sœur converse, qui m'avoit apporté à manger la veille, arriva. « Mme de Miran est ici », me dit-elle; à quoi elle ajouta : « Et on vous attend au parloir »; ce qui ne vouloit pas dire que ce fût Mme de Miran qui m'y attendît.

Mais je crus que c'étoit elle, d'autant plus que Mlle Varthon m'avoit appris qu'elle devoit venir pour nous emmener toutes deux chez elle.

Je descendis donc, et, malgré ce triste calme où je vous ai dit que j'étois, je descendis un peu émue; mes yeux se mouillèrent en chemin.

« Cette mère si tendre croit venir voir sa fille, me dis-je, et elle ne sait pas qu'elle ne vient voir que Marianne, et que ce sera toujours Marianne pour elle. »

Je résolus cependant de ne l'informer encore de rien; j'avois mes desseins, et ce n'étoit pas là le moment que je voulois prendre.

Me voici donc à l'entrée du parloir. Là, j'essuyai mes pleurs, je tâchai de prendre un visage serein; et, après deux ou trois soupirs que je fis de suite pour me mettre le cœur plus à l'aise, j'entrai.

Un rideau tiré de mon côté sur la grille du parloir me cachoit encore la personne à qui j'allois parler; mais, prévenue que c'étoit Mme de Miran :

« Ah! ma chère mère, est-ce donc vous? » m'écriai-je en avançant vers cette grille, dont je pensai arracher le rideau, et qui, au lieu de Mme de Miran, me présenta Valville.

« Ah! mon Dieu! » m'écriai-je encore tout à coup, saisie en le voyant, et si saisie que je restai longtemps la tête baissée, interdite et sans pouvoir prononcer un mot.

« Qu'avez-vous donc, belle Marianne? me répondit-il. Oui, c'est moi; est-ce qu'on ne vous l'a pas dit? Que je suis charmé de vous voir! Helas! vous me paroissez encore bien foible : ma mère est dans un parloir ici près, qui parle avec Mme Dorsin à une religieuse à qui elle avoit quelque chose à dire de la part d'une de ses parentes, et elle m'a chargé de venir toujours vous avertir qu'elle alloit être ici dans un moment, et qu'elle avoit dessein de vous emmener avec votre amie, Mlle Varthon ; mais j'ai bien peur que vous ne soyez pas encore en état de sortir ; voyez cependant, voulez-vous aller vous habiller ?

— Non, Monsieur, lui dis-je en reprenant mes esprits et avec une respiration un peu embarrassée, non, je ne m'habillerai point; je suis une convalescente, et Mme de Miran me permettra bien de rester comme me voilà.

— Ah ! sans difficulté, reprit-il. Eh bien ! vous nous avez jetés dans de terribles alarmes, ajouta-t-il ensuite du ton d'un homme qui s'excite à paroître empressé, qui veut parler et qui ne sait que dire. Comment vous trouvez-vous ? Je ne sais si je me trompe, mais on diroit que vous êtes triste; c'est peut-être un reste de foiblesse qui vous donne cet air-là : car apparemment rien ne vous chagrine ? »

Ce que je sentois bien qu'il me disoit à cause que mon accueil et que ma mélancolie l'inquiétoient sans doute.

Ce n'est pas qu'il crût que Mlle Varthon m'avoit révélé son secret; elle lui avoit caché ce qui s'étoit passé entre elle et moi là-dessus, et lui avoit fait entendre qu'elle ne savoit nos engagemens que par une confidence d'amitié que je lui avois faite; mais n'importe, tout est suspect à un coupable; et Mlle Varthon, par quelque mot dit imprudemment, pouvoit m'avoir donné quelques lumières; et c'est ce qu'il craignoit.

Jusque-là je n'avois osé l'envisager; je ne voulois pas qu'il vît dans mes yeux que j'étois instruite, et j'appréhendois de n'avoir pas la force de le lui dissimuler.

A la fin, il me sembla que je pouvois compter sur moi, et je levai les yeux pour répondre à ce qu'il venoit de me dire.

« Au sortir d'une aussi grande maladie que la mienne, on est si languissante qu'on en paroît triste », repartis-je en examinant l'air qu'il avoit lui-même.

Ah! Madame, qu'on a de peine à commettre effrontément une perfidie! Il faut que l'âme se sente bien déshonorée par ce crime-là; il faut qu'elle ait une furieuse vocation pour être vraie, puisqu'elle surmonte si difficilement la confusion qu'elle a d'être fausse.

Figurez-vous que Valville ne put jamais soutenir mes regards, que jamais il n'osa fixer les siens sur moi malgré toute l'assurance qu'il tâchoit d'avoir.

En un mot, je ne le reconnus plus : ce n'étoit plus le même homme ; il n'y avoit plus de franchise, plus de naiveté, plus de joie de me voir, dans cette physionomie autrefois si pénétrée et si attendrie quand j'étois présente. Tout l'amour en étoit effacé ; je n'y vis plus qu'embarras et qu'imposture ; je ne trouvai plus qu'un visage froid et contraint, qu'il tâchoit d'animer pour m'en cacher l'ennui, l'indifférence et la sécheresse. Hélas! je n'y pus tenir, Madame, et j'eus bientôt baissé les yeux pour ne le plus voir.

En les baissant je soupirai, il n'y eut pas moyen de m'en empêcher. Il le remarqua et s'en inquiéta encore.

« Est-ce que vous avez de la peine à respirer, Marianne? me dit-il. — Non, lui répondis-je; tout cela vient de langueur. » Et puis nous fûmes l'un et l'autre un petit intervalle de temps sans rien dire ; ce qui arriva plus d'une fois.

Ces petites pauses avoient quelque chose de singulier, nous ne les avions jamais connues dans nos entretiens passés ; et plus elles déconcertoient mon infidèle, plus elles devenoient fréquentes.

A mon égard, tout ce que j'étois en état de prendre sur moi, c'étoit de me taire sur le sujet de ma douleur ; et le reste alloit comme il pouvoit.

« Cette langueur que vous avez m'attriste moi-même, me dit-il : on nous avoit assuré que vous étiez plus rétablie. (Voyez, je vous prie, quels discours glacés!) Vous dissipez-vous un peu dans votre couvent? Vous y avez des amies?

— Oui, repris-je, j'y ai une religieuse qui m'aime beaucoup, et puis j'y vois Mlle Varthon, qui est très aimable.

— Elle le paroît, me dit-il, et vous devez en juger mieux que moi.

— L'avez-vous fait avertir? lui dis-je. Sait-elle que Mme de Miran va la venir prendre? — Oui. Je pense que ma mère a dit qu'on lui parle, répondit-il.

— Vous serez bien aise de la mieux connoître, lui dis-je.

— Eh! mais, je l'ai vue ici une ou deux fois de la part de ma mère, et pour lui demander de vos nouvelles pendant que vous étiez malade, reprit-il; ne le savez-vous pas? Elle doit vous l'avoir dit.

— Oui, répondis-je, elle m'en a parlé. » Et puis nous nous tûmes, lui toujours par embarras, et moi moitié par tristesse et par discrétion.

« Ah çà! tâchez donc de vous remettre tout à fait, Mademoiselle », me dit-il; et ensuite : « Il me semble que j'entends ma mère dans la cour; voyons si je me trompe », ajouta-t-il pour aller regarder aux fenêtres.

Et ce petit mouvement lui épargnoit quelques discours qu'il auroit fallu qu'il me tînt pour entretenir la conversation, ou du moins ne l'obligeoit plus qu'à me parler de loin sur ce sujet qu'il verroit dans cette cour, et sur ce qu'il n'y verroit pas.

« Oui, me dit-il, c'est elle-même avec Mme Dorsin. Les voilà qui montent, et je vais leur ouvrir la porte. »

Ce qu'en effet il alla faire, sans que je lui disse un mot. J'étouffois mes soupirs pendant qu'il se sauvoit ainsi de moi; il descendit même quelques degrés de l'escalier pour donner la main à Mme Dorsin qui montoit la première.

« La voilà donc, cette chère enfant! me dit-elle en entrant et en me tendant la main; grâce au Ciel, nous la conserverons. Nous ne devions venir que cette après-midi, Mademoiselle; mais j'ai dit à votre mère que je voulois absolument dîner avec vous pour vous voir plus longtemps. Madame (c'étoit à Mme de Miran à qui elle s'adressoit), elle est mieux que je ne croyois; elle se remet à merveille, et n'est presque pas changée. »

Je ne sais plus ce que je répondis. Valville étoit à côté de Mme Dorsin, et souriot en me regardant, comme s'il avoit eu beaucoup de plaisir à me voir aussi. « Ma fille, me dit Mme de Miran, tu ne t'es donc point habillée? J'avois envoyé Valville pour te dire que je venois te chercher. »

A ce discours, qu'elle me tenoit de l'air du monde le plus affectueux, à ce nom de *ma fille,* qu'elle me donnoit de si bonne foi, je laissai tomber quelques larmes, et en même temps je m'aperçus que Valville rougissoit; je ne sais pourquoi; peut-être eut-il honte de me voir si inutilement attendrie, et de penser que ce doux nom de *ma fille* n'aboutiroit à rien.

« En vérité, votre fille vous aime trop pour l'état de convalescente où elle est, dit alors Mme Dorsin; elle n'a besoin ni de ces petits mouvemens, ni de ces émotions de cœur qui lui prennent, et j'ai peur que cela ne lui nuise. Laissez-la se rétablir parfaitement; et puis qu'elle pleure tant qu'elle voudra de joie de vous voir; mais jusque-là point d'attendrissement, s'il vous plaît. Allons, Mademoiselle, tâchez de vous réjouir; et partons, car il se fait tard.

— J'attends Mlle Varthon, reprit Mme de Miran. Pour toi, ajouta-t-elle, nous t'emmènerons comme tu es; il n'est pas nécessaire que tu remontes chez toi, n'est-ce pas?

— Hélas! malgré toute l'envie que nous avons de l'avoir, je tremble qu'elle ne puisse venir », dit promptement Valville, qui, sous prétexte de s'intéresser à ma santé, ne vouloit apparemment que me fournir une excuse dont il espéroit que je profiterois; mais il se trompa.

« Vous m'excuserez, Monsieur, répondis-je; je ne me porte point mal; et, puisque madame veut bien me dispenser de m'habiller (notez que ce *madame* étoit pour ma mère), je serai charmée d'aller avec elle.

— Qu'est-ce que c'est que *madame?* reprit en riant Mme de Miran; à qui parles-tu? Ta maladie t'a rendue bien grave! — Dites respectueuse, ma mère; et je ne saurois trop l'être », repartis-je avec un soupir que je ne pus retenir, qui n'échappa point à Mme Dorsin, et qui confondit l'inquiet et coupable Valville : il en perdit toute contenance; et, en effet, il y avoit de quoi. Ce soupir, avec ce respect dans lequel je me retranchois, n'avoit point l'air d'être là pour rien. Mme Dorsin remarqua aussi qu'il en avoit été troublé; je le vis à la façon dont elle nous observoit tous deux.

Mme de Miran alloit peut-être me répondre encore quelque chose, quand Mlle Varthon entra dans un négligé fort décent et fort bien entendu.

Comme elle avoit prévu que, malgré mes chagrins, je pourrois être de la partie du dîner, elle s'étoit sans doute abstenue, à cause de moi, de se parer davantage, et s'étoit contentée d'un ajustement fort simple, qui sembloit exclure tout dessein de plaire ou qui, raisonnablement parlant, ne me laissoit aucun sujet de l'accuser de ce dessein.

Je devinai tout d'un coup ce ménagement apparent qu'elle avoit eu pour moi; mais je n'en fus pas la dupe.

En pareil cas, une amante jalouse et trahie en sait encore plus qu'une amante aimée. Ainsi son négligé ne m'en imposa pas. Je vis au premier coup d'œil qu'il n'étoit pas de bonne foi et qu'elle avoit tâché de n'y rien perdre.

La petite personne avoit bien voulu se priver de magnificence, mais non pas s'épargner les grâces.

Et moi, qui m'étois laissée comme je m'étois mise en me levant, qui n'avois précisément songé qu'à jeter sur moi une mauvaise robe; moi, si changée, si maigrie, avec des yeux éteints, avec un visage tel qu'on l'a quand on sort de maladie, tel qu'on l'a aussi quand on est affligé (voyez que d'accidens à la fois contre le mien!), je me sentis mortifiée, je vous l'avoue, de paroître avec tant de désavantage auprès d'elle, et par là d'aider moi-même à justifier Valville.

Qu'un amant nous quitte et nous en préfère une autre, eh bien! soit; mais du moins qu'il ait tort de nous la préférer; que ce soit la faute de son inconstance, et non pas de nos charmes; enfin, que ce soit une injustice qu'il nous fasse : c'est bien la moindre chose; et il me sembloit que je ne pourrois pas dire que Valville fût injuste.

De sorte que je me repentis de m'être engagée à dîner chez Mme de Miran; mais il n'y avoit plus moyen de s'en dédire.

Et puis, dans le fond, il y avoit bien des choses à alléguer en ma faveur; ma rivale, après tout, n'avoit pas tant de quoi triompher. Si elle étoit plus brillante que moi, ce n'étoit pas qu'elle fût plus aimable; c'est seulement qu'elle se portoit bien, et que j'avois été malade. J'étois dispensée d'avoir mes grâces, et elle étoit obligée d'avoir les siennes : aussi les avoit-elle, et voilà jusqu'où elles alloient, pas davantage; au lieu qu'on ne savoit pas jusqu'où iroient les miennes, quand elles seroient revenues.

Je ne vous répéterai point tous les complimens que ces dames lui firent. Il étoit heure de partir, et nous sortîmes toutes deux du couvent pour monter en carrosse.

Nous voici arrivées; on servit quelques momens après.

« J'appréhende que cette petite fille-là ne soit pas bien rétablie, dit Mme de Milan en me regardant après le repas; elle a je ne sais quelle mélancolie que je n'aime point; étoit-elle de même dans votre couvent, Mademoiselle? (Elle parloit à Mlle Varthon, qui rougit de la question.)

— Mais oui, Madame, à peu près, répondit-elle; elle a de la peine à revenir; il y a pourtant des momens où cela se passe. Sa maladie a été longue et violente. »

Mme Dorsin ne disoit mot, et nous avoit toujours examinés Valville et moi. Le repas fini, il faisoit beau, et on fut se promener sur la terrasse du jardin. La conversation fut d'abord générale; ensuite on demanda à Mlle Varthon des nouvelles de sa mère; on parla de son voyage, de son retour et de ses affaires.

Pendant qu'on étoit là-dessus, je feignis quelque curiosité de voir un cabinet de verdure qui étoit au bout de la terrasse. « Il me paroît fort joli, dis-je à Valville pour l'engager à m'y mener.

— Oh! non, me répondit-il; c'est fort peu de chose. » Mais, comme je me levai, il ne put se dispenser de me suivre, et je le séparai ainsi du reste de la compagnie.

« Je vous demande pardon, lui dis-je en marchant; on s'entretient de choses qui vous intéressent peut-être, mais nous ne serons qu'un instant.

— Vous vous moquez, me dit-il d'un air forcé; ne savez-vous pas le plaisir que j'ai d'être avec vous? »

Je ne lui répondis rien; nous entrions alors dans le cabinet, et le cœur me battoit; je ne savois par où commencer ce que j'avois à lui dire.

« A propos, commença-t-il lui-même (et vous allez voir si c'étoit par un *à propos* qu'il devoit m'entretenir de ce dont il s'agissoit), vous souvenez-vous de cette charge que je veux avoir?

— Si je m'en ressouviens, Monsieur? Sans doute, repartis-je; c'est cette affaire-là qui a différé notre mariage; est-elle terminée, Monsieur, ou va-t-elle bientôt l'être?

— Hélas! non : il n'y a encore rien de fini, reprit-il; nous sommes un peu moins avancés que le premier jour; ma mère vous en parlera sans doute; il est survenu des oppositions, des difficultés qui retardent la conclusion, et qui malheureusement pourront la retarder encore longtemps. »

Notez que c'étoient des difficultés faites à plaisir qui venoient de son intrigue et de celle de ses amis, sans que Mme de Miran en sût rien, comme la suite va le prouver.

« Ce sont des créanciers, continua-t-il, des héritiers qui nous arrêtent, qu'il faut mettre d'accord, et qui, suivant toute apparence, ne le seront pas sitôt. J'en suis au désespoir, cela me chagrine extrêmement, ajouta-t-il en faisant deux ou trois pas pour sortir du cabinet.

— Un moment, Monsieur, lui dis-je; je suis un peu lasse, asseyons-nous. Dites-moi, je vous prie, pourquoi ces difficultés vous chagrinent-elles?

— Eh! mais, reprit-il, ne le devinez-vous pas? Eh! ce mariage qu'elles retardent, vous jugez bien que je serois charmé qu'on pût le conclure; j'ai eu même quelque envie de proposer à ma mère de le terminer toujours en attendant la charge; mais j'ai cru qu'il valoit mieux s'en tenir à ce qu'elle a décidé là-dessus, et ne la pas trop presser; n'est-il pas vrai?

— Ah! il n'y a rien à craindre de sa part, lui répondis-je; ce ne sera jamais par elle que ce mariage manquera.

— Non certes, dit-il, ni par moi non plus; je crois que vous en êtes bien persuadée; mais cela n'empêche pas que ce retardement ne m'impatiente, et je souhaiterois bien que ma mère eût été d'avis de ne pas remettre; elle n'a pas consulté mon amour. »

Je crus devoir alors saisir cet instant pour m'expliquer. « Eh! de quel amour parlez-vous donc, Monsieur? repris-je seulement pour entamer la matière.

—Duquel? me dit-il; eh! mais du mien, Mademoiselle, de mes sentimens pour vous. Vous est-il nouveau que je vous aime? et vous en prenez-vous à moi des obstacles qui arrêtent une union que je désire encore plus que vous? »

Pour toute réponse, je tirai sur-le-champ un papier de ma poche, et le lui donnai : c'étoit la lettre qu'il avoit écrite à Mlle Varthon, et qui m'étoit restée, vous le savez.

Comme je la lui présentai ouverte, il la reconnut d'abord. Jugez dans quelle confusion il tomba; cela n'est point exprimable; il eût fait pitié à toute autre qu'à moi; il essaya cependant de se remettre.

« Eh bien! Mademoiselle, qu'est-ce que c'est que ce papier? Que voulez-vous que j'en fasse? me dit-il en le tenant d'une main tremblante. Ah! oui, ajouta-t-il ensuite en feignant de rire et sans trop savoir ce qu'il disoit; je vois bien, oui, c'est de moi, c'est ma lettre, j'oubliois de vous en parler; c'est une bagatelle. Vous étiez malade, la conversation rouloit sur l'amour, et, à l'occasion de cela, j'ai plaisanté; voilà tout. Je n'y songeois plus; c'est que nous nous sommes rencontrés ailleurs, Mlle Varthon et moi; je l'ai vue chez Mme de Kilnare; hélas! mon Dieu! tout le monde le sait; il n'y a pas de mystère; je ne vous voyois pas, et on s'amuse. A propos de Mme de Kilnare, j'ai grande envie que vous la connoissiez, je crois même lui avoir parlé de vous; c'est une femme de mérite. »

Je le laissai achever tout ce discours, qui n'avoit

ni suite ni raison, et qui marquoit si bien le désordre de son esprit ; je me taisois les yeux baissés.

Quand il eut fini : « Monsieur, lui dis-je sans lui faire aucun reproche, et sans relever un seul mot de ce qu'il avoit dit, je dois rendre justice à Mlle Varthon ; ne l'accusez pas d'avoir sacrifié votre lettre, elle ne me l'a donnée ni par mépris ni par dédain pour vous ; je ne l'ai eue qu'à la suite d'un entretien que nous eûmes hier ensemble, et elle ne savoit ni l'intérêt que je prenois à vous, ni celui que j'avois la vanité de croire que vous preniez à moi, je vous assure.

— Mais la vanité, reprit-il avec une physionomie toute renversée, la vanité ! mais il n'y en a point là dedans ; c'est un fait, Mademoiselle.

— Monsieur, lui répondis-je d'un ton modeste, ayez, je vous prie, la bonté de m'écouter jusqu'à la fin.

« Mlle Varthon, à qui vous rendîtes une visite il y a quelques jours, me dit, quand elle vous eut quitté, qu'elle sortoit d'avec le fils de Mme de Miran, qui étoit venu de sa part lui demander de ses nouvelles et des miennes ; et de la lettre que vous veniez de lui donner en même temps, elle ne m'en dit pas un mot. Mais, hier, en apprenant que notre mariage étoit conclu, elle demeura interdite.

— Ah ! ah ! interdite ! s'écria-t-il ; eh ! d'où vient ? Vous me surprenez ; que lui importe ?

— Je n'en sais rien, répondis-je. Mais, quoi qu'il en soit, je m'en aperçus ; je lui en demandai la raison, je la pressai; l'aveu de la lettre lui échappa, et elle me la montra alors.

— A la bonne heure, reprit-il encore; elle étoit fort la maîtresse, et ce n'étoit pas là vous montrer quelque chose de bien important; qu'est-ce que c'est que cette lettre? Elle en sait bien la valeur, et je ne lui avois pas dit de ne la pas montrer.

— Vous m'excuserez, Monsieur, vous ne vous en ressouvenez pas; et vous l'en priez dans la lettre même, repartis-je doucement. Mais achevons; je ne vous ai fait cette petite explication qu'afin que Mlle Varthon, supposé qu'elle vous aime, comme assurément vous avez lieu de l'espérer, ne dise point que j'ai parlé en jalouse; ce qui ne me conviendroit pas avec une fille comme elle.

— Mais qu'est-ce que cela signifie? Qu'est-ce c'est que des explications, des jalousies? s'écria-t-il. Que voulez-vous dire? En vérité, Mademoiselle Marianne, y songez-vous? Que je meure si je vous comprends; non, je n'y entends rien.

— Eh! Monsieur, lui dis-je, laissez-moi finir. Avec qui vous abaissez-vous à feindre? Avez-vous oublié à qui vous parlez? Ne suis-je pas cette Marianne, cette petite fille qui doit tout à votre famille, qui n'auroit su que devenir sans ses bontés, et mérité-je que vous vous embarrassiez dans des explications? Non, Monsieur, ne m'interrompez plus, le temps nous presse; il faut convenir de quelque chose; vous savez les dispositions de votre cœur, mais songez donc que Mme de Miran les ignore ; qu'elle vous croit toujours dans vos premiers sentimens ; que d'ailleurs elle m'honore d'une tendresse infinie ; qu'elle se figure que je serai sa fille ; qu'il lui tarde que je la sois, et qu'elle pourra fort bien se résoudre à ne pas attendre que vous ayez votre charge pour nous marier, d'autant plus que vous l'avez vous-même, il n'y a pas longtemps, fort pressée pour ce mariage ; qu'elle croira vous combler de joie en l'avançant. Oh ! je vous demande, irez-vous tout d'un coup lui dire que vous ne voulez plus qu'il en soit question ? Je la connois, Monsieur : madame votre mère a un cœur plein de droiture et de vertu ; et, sans compter le chagrin que vous lui feriez, cela lui causeroit encore une surprise qui vous nuiroit peut-être dans son esprit ; et il faut tâcher de lui adoucir un peu cette aventure-ci. Une mère comme elle est bien digne d'être bien ménagée ; et moi-même, pour tous les biens du monde, je ne voudrois pas être cause que vous fussiez mal auprès d'elle, j'en serois inconsolable. Eh ! qui suis-je, pour être le sujet d'une querelle entre vous et Mme de Miran, moi qui vous ai l'obligation de la bienveillance qu'elle a pour moi et de tous les bienfaits que j'en ai reçus ? Ah ! mon Dieu ! ce seroit bien alors que vous auriez raison de détester le jour où vous avez connu cette malheureuse orpheline ; mais c'est à quoi je ne donnerai pas lieu, si je puis. Ainsi, Monsieur, voyez comment vous souhaitez que je me conduise, et quel arrangement nous prendrons

afin de vous épargner les inconvéniens dont je parle.
Je ferai tout pour vous, hors de dire que je ne vous
aime plus; ce qui n'est pas encore vrai, et ce
qu'après tout ce qui s'est passé je n'aurois pas même
la hardiesse de dire, quand ce seroit une vérité.
Mais, à l'exception de ce discours, vous n'avez qu'à
me dicter ceux que vous trouverez à propos que je
tienne; vous êtes le maître, et ce n'est que dans
le dessein de vous servir que j'ai pris la liberté de
vous tirer à quartier; ainsi expliquez-vous, Monsieur. »

Jusque-là, Valville s'étoit défendu du mieux
qu'il avoit pu, et avoit eu, je ne sais comment, le
courage de ne convenir de rien; mais ce que je venois
de dire le mit hors d'état de résister davantage;
ma générosité le terrassa, l'anéantit devant moi;
je ne vis plus qu'un homme rendu, qui ne faisoit
plus mystère de sa honte, qui s'y laissoit aller sans
réserve, et qui se mettoit à la merci du mépris que
j'étois bien en droit d'avoir pour lui. Je ne fis pas
semblant de voir sa confusion; mais, comme il
restoit muet : « Ayez donc la bonté de me répondre, Monsieur, lui dis-je; que me prescrivez-vous?

— Mademoiselle, comme il vous plaira. J'ai
tort; je ne saurois parler. » Ce fut là toute sa
réponse.

« Il auroit cependant été nécessaire de voir ce
que je dirai », ajoutai-je encore d'un air franc et
pressant. Mais il se tut, il n'y eut plus moyen
d'en tirer un mot.

Mlle Varthon, qui s'étoit détachée de nos deux dames, approchoit pendant qu'elles se promenoient.

« Monsieur, lui dis-je, dans l'incertitude où vous me laissez du parti que je dois prendre, j'en agirai avec le plus de discrétion qu'il me sera possible, et il ne tiendra pas à moi que tout ceci ne réussisse au gré de vos désirs. »

Comme il restoit toujours muet et que j'allois le quitter après ce peu de mots, Mlle Varthon, qui étoit déjà à l'entrée du cabinet, feignit d'être surprise de nous trouver là, et en même temps de n'oser nous interrompre.

« Je vous demande pardon, nous dit-elle en se retirant ; je ne savois pas que vous étiez encore ici, et vous croyois descendus dans le jardin.

— Vous êtes bien la maîtresse d'entrer, Mademoiselle, lui dis-je ; voilà notre entretien fini, et vous auriez pu en être ; monsieur est témoin qu'il ne s'y est rien passé contre vous.

— Qu'appelez-vous contre moi ? répondit-elle ; eh ! mais vraiment, Mademoiselle, je n'en doute pas ; quel rapport y a-t-il de vos secrets à ce qui me regarde ? »

Je ne répliquai rien, et je sortis du cabinet pour retourner auprès de ces dames, qui, de leur côté, venoient à nous ; de façon que nos deux amans que je laissois ne purent tout au plus demeurer qu'un moment ensemble.

Je ne sais ce qu'ils se dirent ; mais je les entendis qui me suivoient, et, en prêtant l'oreille, il me sembla que Mlle Varthon parloit assez bas à Valville.

Pour moi, je revenois tout émue de ma petite expédition, mais je dis agréablement émue : cette dignité de sentimens que je venois de montrer à mon infidèle, cette honte et cette humiliation que je laissois dans son cœur, cet étonnement où il devoit être de la noblesse de mon procédé, enfin cette supériorité que mon âme venoit de prendre sur la sienne, supériorité plus attendrissante que fâcheuse, plus aimable que superbe, tout cela me remuoit intérieurement d'un sentiment doux et flatteur ; je me trouvois trop respectable pour n'être pas regrettée.

Voilà qui étoit fini ; il ne lui étoit plus possible, à mon avis, d'aimer Mlle Varthon d'aussi bon cœur qu'il auroit fait ; je le défiois de m'oublier, d'avoir la paix avec lui-même ; sans compter que j'avois dessein de ne le plus voir, ce qui seroit encore une punition pour lui ; de sorte que, tout bien examiné, je crois qu'en vérité je me le figurois encore plus à plaindre que moi ; mais qu'au surplus c'étoit sa faute : pourquoi étoit-il infidèle ?

Et c'étoient là les petites pensées qui m'occupoient en allant au-devant de Mme de Miran, et je ne saurois vous dire le charme qu'elles avoient pour moi, ni combien elles tempéroient ma douleur.

C'est que la vengeance est douce à tous les cœurs offensés ; il leur en faut une, il n'y a que cela qui les soulage ; les uns l'aiment cruelle, les

autres généreuse, et, comme vous voyez, mon
cœur étoit de ces derniers : car ce n'étoit pas vouloir beaucoup de mal à Valville que de ne lui souhaiter que des regrets.

Je vous ai déjà dit que Mlle Varthon et lui me suivoient, et ils nous eurent bientôt joints.

Il s'étoit élevé un petit vent assez incommode. « Rentrons », dit Mme de Miran ; et nous marchâmes du côté de la salle.

Je m'aperçus que Mme Dorsin, qui avoit la bonté de s'intéresser réellement à moi, et qui, dans de certains soupçons qui lui étoient venus, avoit pris garde à toutes nos démarches, je m'aperçus, dis-je, qu'elle fixoit les yeux sur Valville, qui, de son côté, détournoit la tête ; sa physionomie n'étoit pas encore bien remise de tous les mouvemens qu'il avoit essuyés.

Mme de Miran même, qui ne se doutoit de rien, lui trouva apparemment quelque chose de si dérangé dans l'air de son visage, que, s'approchant de moi :

« Ma fille, me dit-elle en baissant le ton, Valville me paroît triste et rêveur ; que s'est-il passé entre vous deux ? Que lui as-tu dit ?

— Rien dont il n'ait dû être fort content, ma mère », lui répondis-je. Et j'avois raison, il n'avoit en effet qu'à se louer de moi. « Je vais lui rendre sa gaieté ; j'y suis déterminée », me repartit-elle sans s'expliquer davantage. Et en ce moment nous rentrâmes tous.

Quand nous fûmes assis : « Mademoiselle, me dit Mme de Miran, Mlle Varthon est une amie devant qui on peut parler, je pense, du mariage qui est arrêté entre vous et mon fils; j'espère même qu'elle nous fera l'honneur d'y être présente : ainsi je ne ferai nulle difficulté de m'expliquer devant elle. »

A ce début, la jeune personne changea de couleur; elle en prévit une scène où elle craignoit d'être impliquée elle-même; elle fit cependant une petite inclination de tête en remercîment de la confiance que lui marquoit Mme de Miran.

« Mon fils, continua la dernière, vous rêvez à votre charge, et j'avois résolu de ne vous marier qu'après que vous l'auriez; mais je ne m'attendois pas à toutes les difficultés qui vous empêchent de l'avoir; et, puisqu'elles ne finissent point, qu'on ne sait pas quand elles finiront, et qu'elles vous chagrinent, il n'y a qu'à passer par-dessus et terminer le mariage, avec la seule précaution de le tenir secret pendant quelque temps. J'ai déjà pris des mesures sans vous les avoir dites; il ne nous faut que trois ou quatre jours. Nous partirons d'ici le soir pour aller coucher à la campagne. Madame, ajouta-t-elle en montrant Mme Dorsin, a promis d'être des nôtres. Mademoiselle (elle parloit de ma rivale) voudra bien venir aussi, et le lendemain c'en sera fait. »

Ici Valville retomba dans toutes les détresses où je l'avois jeté il n'y avoit qu'un instant. Mlle Varthon rougissoit et ne savoit quelle figure faire. De mon côté, je me taisois d'un air plus triste que satisfait, et il n'y avoit point de malice à mon silence; mais c'est que ma tendresse et mon respect pour Mme de Miran, et peut-être aussi mon amour pour Valville, m'ôtoient la force de parler, me lioient la langue.

Ainsi il se passa un petit intervalle de temps sans que nous ouvrissions la bouche, Valville et moi.

A la fin, ce fut lui qui prit le premier son parti, bien moins pour répondre que pour prononcer quelques mots qui figurassent, qui tinssent lieu d'une réponse : car il n'en avoit point de déterminée et ne savoit ce qu'il alloit dire, mais il falloit bien un peu remplir ce vide étonnant que faisoit notre silence.

« Oui-da, ma mère, il est vrai, vous avez raison, il n'y a rien de plus aisé; oui, à la campagne, quand on voudra, il n'y aura qu'à voir.

— Comment! que dites-vous? Il n'y aura qu'à voir? reprit Mme de Miran d'un ton qui signifioit: « Où sommes-nous, Valville? Êtes-vous distrait? « Avez-vous entendu ce que j'ai dit ? » Que faut-il donc voir? Est-ce que tout n'est pas vu ?

— Non, Madame, répondis-je alors à mon tour en soupirant, non. La bonté que vous avez de m'aimer vous ferme les yeux sur les raisons qui doivent absolument rompre ce mariage; et je vous conjure par tous les bienfaits dont vous m'avez comblée, par la reconnoissance éternelle que j'en aurai, par tout l'intérêt que vous prenez aux avantages de monsieur votre fils, de ne le plus presser là-dessus et d'abandonner ce projet.

— Eh! d'où vient donc, petite fille? s'écria-t-elle avec colère : car il s'en fallut peu alors qu'elle ne me dît des injures, et le tout par tendresse irritée; d'où vient donc? Qu'est-ce que cela signifie?

— Non, ma mère, vous ne devez plus y penser, ajoutai-je en me jetant subitement à ses genoux. J'y perds des biens et des honneurs; mais je n'en ai que faire, ils ne me conviennent point, ils sont au-dessus de moi. M. de Valville ne pourroit m'en faire part sans me rendre l'objet de la risée de tout le monde, sans passer lui-même pour un homme sans cœur. Eh! quel malheur ne seroit-ce pas qu'un jeune homme comme lui, qui peut aspirer à tout, qui est l'espérance d'une famille illustre, fût peut-être obligé de déserter de sa patrie pour avoir épousé une fille que personne ne connoît, une fille que vous avez tirée du néant, et qui n'a pour tout bien que vos charités! S'accoutumeroit-on à un pareil mariage?

— Mais que veut-elle dire avec ces réflexions? De quoi s'avise-t-elle? Où va-t-elle chercher ce qu'elle dit là? s'écria encore Mme de Miran en m'interrompant.

— De grâce, écoutez-moi, Madame, insistai-je; dans le fond, ce qu'il y a de plus digne en moi de vos attentions et des siennes, assurément c'est ma misère. Eh bien! ma mère, vous y avez eu tant d'égard, vous y en avez tant encore! Vous voulez que Marianne vous appelle sa mère, vous lui faites l'honneur de l'appeler votre fille, vous la traitez comme si elle l'étoit ; cela n'est-il pas admirable? Y a-t-il jamais eu rien d'égal à ce que vous faites, et n'est-ce pas là une misère assez honorée? Faut-il encore porter la charité jusqu'à me marier à votre fils, et cette misère est-elle une dot? Non, ma chère mère, non. Votre cœur peut, tant qu'il voudra, me donner la qualité de votre fille, c'est un présent que je puis recevoir de lui sans que personne y trouve à redire ; mais je ne dois pas le recevoir par les lois, je ne suis point faite pour cela. Il est vrai que je m'étois rendue à vos bontés; je croyois tout surmonté, tout paisible. L'excès de mon bonheur m'empêchoit de penser, m'avoit ôté tous mes scrupules ; mais il n'y a plus moyen ; c'est tout le monde qui crie, qui se soulève, et je vous parle d'après tous les discours qu'on tient à M. de Valville, d'après les persécutions et les railleries qu'il essuie et qu'il trouve partout, de quelque côté qu'il aille. Quoiqu'il me le cache et qu'il n'ose vous le dire, elles l'étonnent, il en est effrayé lui-même, il a raison de l'être; et, quand il ne s'en soucieroit pas, ce seroit à moi à m'en soucier pour lui, et même pour moi : car enfin vous m'aimez, votre intention est que je sois heureuse, et ce seroit moi cependant qui trahirois les desseins de votre tendresse, des desseins que je dois tant respecter, qui méritent si bien de réussir, je les trahirois en consentant d'épouser monsieur. Comment serois-je heureuse s'il ne l'étoit pas lui-même, si je m'en voyois méprisée, si je m'en voyois haïe, comme on le menace que cela arriveroit? Ah! Seigneur! moi haïe! »

A cet endroit de mon discours un torrent de larmes m'arrêta.

Valville, qui, pendant que j'avois parlé, avoit fait de temps en temps comme quelqu'un qui veut répondre, mais qu'on ne laisse pas dire, se leva tout d'un coup d'un air extrêmement agité, et sortit de la salle sans que personne le retînt ou lui demandât compte de sa sortie.

De son côté, Mme de Miran étoit restée comme immobile. Mme Dorsin, morne et pensive, regardoit à terre. Mlle Varthon, plus inquiète que jamais de ce que je pourrois dire, ne songeoit qu'à prendre une contenance qui ne l'accusât de rien; de sorte que nous étions toutes, chacune à notre façon, hors d'état de parler.

Quant à moi, affoiblie par l'effort que je venois de faire, je m'étois laissée aller sur les genoux de Mme de Miran, et je pleurois.

Ces deux dames, après la sortie de Valville, furent quelques instants sans rompre le silence. « Ma fille, me dit à la fin Mme de Miran d'un air consterné, est-ce qu'il ne t'aime plus? »

Je ne lui répondis que par des pleurs, et puis elle en versa elle-même. Mme Dorsin n'en fut pas exempte, elle me parut extrêmement touchée. J'entendis Mlle Varthon qui soupira un peu; on étoit sur ce ton-là, et elle s'y conforma; ensuite on continua de se taire.

Mais Mme de Miran, fondant en larmes et me serrant entre ses bras, m'attendrit et me remua tant que mes sanglots pensèrent me suffoquer, et qu'il fallut me jeter dans un fauteuil. « Allons, ma fille, allons, console-toi, me dit-elle; va, ma chère enfant, il te reste une mère; est-ce que tu la comptes pour rien?

— Hélas! c'est elle que je regrette, répondis-je je ne sais comment et d'une parole entrecoupée. — Eh! pourquoi la regretter? me dit-elle : elle est plus ta mère que jamais. — Et moi, mille fois plus encore son amie que je ne l'étois, reprit Mme Dorsin la larme à l'œil, mais d'un ton ferme; et, en vérité, ce n'est pas elle que je plains, Madame, c'est M. de Valville; il fait une perte infiniment plus grande.

— Ah! voilà qui est fini, je ne l'estimerai de ma vie, reprit Mme de Miran. Mais, Marianne, comment sais-tu qu'il aime ailleurs? ajouta-t-elle; par qui en es-tu informée, puisque ce n'est pas lui qui te l'a avoué? La connoît-on, cette personne pour qui il rompt ses engagemens? Qui est-ce qui est digne de t'être préférée? Peut-elle te valoir? Espère-t-elle de le retenir? Dis-moi, t'a-t-on dit qui elle est?

— Vous le saurez sans doute, ma mère; il faudra bien qu'il vous le dise lui-même, répondis-je;

dispensez-moi, je vous prie, de vous en apprendre davantage. — Mademoiselle, reprit encore Mme de Miran en s'adressant à ma rivale, ma fille est votre amie; je suis persuadée que vous êtes instruite, elle vous a apparemment tout confié; ne se tromperoit-elle point? Cette nouvelle inclination est-elle bien prouvée? J'ai quelquefois envoyé Valville à votre couvent; seroit-ce là qu'il auroit vu celle dont il s'agit? »

Dans le cas où se trouvoit Mlle Varthon, il auroit fallu plus d'âge et plus d'usage du monde qu'elle n'en avoit pour être à l'épreuve d'une pareille question. Aussi ne put-elle la soutenir, et rougit-elle d'une manière si sensible que ces dames furent tout d'un coup au fait.

« Je vous entends, Mademoiselle, lui dit Mme de Miran : vous êtes assurément fort aimable; mais, après ce qui arrive à ma fille, je ne vous conseille pas de compter sur le cœur de mon fils.

— Je ne me serois attendue ni à votre comparaison ni à votre conseil, Madame, répondit Mlle Varthon avec une fierté qui fit cesser son embarras. A l'égard de monsieur votre fils, tout ce que je pense de son amour en cette occasion-ci, c'est qu'il m'offense; et j'aurois cru que c'étoit là tout ce que vous en auriez pensé aussi. Mais, Madame, il se fait tard, voici l'heure de rentrer dans le couvent; voulez-vous bien avoir la bonté de m'y renvoyer?

— Vous jugez bien, Mademoiselle, que je vous y reconduirai moi-même », repartit Mme de Miran.

Et puis, s'adressant à Mme Dorsin : « Vous ne nous quitterez pas sitôt, lui dit-elle ; je vais faire mettre les chevaux au carrosse ; je serai de retour dans un quart d'heure, et je compte vous retrouver ici avec Marianne.

— Volontiers », dit Mme Dorsin. Mais je ne fus pas de leur avis.

« Ma mère, lui dis-je d'une voix encore fort foible, je ne connoîtrai jamais de plus grand plaisir que celui d'être avec vous, j'en ferai toujours mon bonheur, je n'en veux point d'autre, je n'ai besoin que de celui-là. Mais M. de Valville reviendra ce soir, et, si vous ne voulez pas que je meure, ne m'exposez pas à le revoir, du moins sitôt ; vous seriez vous-même fâchée de m'avoir gardée, vous n'en auriez que du chagrin. Je sais combien vous m'aimez, ma mère ; et c'est votre tendresse que je ménage, c'est votre cœur que j'épargne ; et il faut que ce que je dis là soit bien vrai, puisque je vous en avertis aux dépens de la consolation que j'y perdrai ; mais aussi, quand M. de Valville aura pris un parti, quand il sera marié, je ne prends plus d'intérêt à la vie que pour être avec ma mère.

— Elle a raison, cette aventure-ci est encore trop fraîche, et je pense comme elle : remettons-la dans son couvent », dit Mme Dorsin pendant que Mme de Miran s'essuyoit les yeux.

Et, en effet, cette dernière alla donner ses ordres, et un instant après nous partîmes.

Jamais peut-être quatre personnes ensemble n'ont été plus sérieuses et plus taciturnes que nous le fûmes ; et, quoique le trajet de chez ma mère au couvent fût assez long, à peine fut-il prononcé quatre mots pendant qu'il dura ; et il est vrai que les circonstances où nous étions, Mlle Varthon et moi, ne donnoient pas matière à une conversation bien animée ; il n'y eut de vif que les regards de Mme de Miran sur moi et que les miens sur elle.

Enfin nous arrivâmes ; ma rivale descendit la première ; nous la suivîmes, Mme de Miran et moi ; et Mme Dorsin, qui m'embrassa la larme à l'œil, qui m'accabla de caresses et d'assurances d'amitié, resta dans le carrosse.

Mlle Varthon, à qui il tardoit d'être débarrassée de nous, sonna, fit un remercîment aussi froid que poli à ma mère ; la porte s'ouvrit, et elle nous quitta.

Je me jetai alors entre les bras de Mme de Miran, où je restai quelques instans sans force et sans parole.

« Cache tes pleurs, me dit-elle tout bas ; j'ai de la peine à retenir les miens. Adieu ; songe que tu es pour jamais ma fille, et que je te porte dans mon cœur. Je te viendrai voir demain » ; discours qu'elle me tint de l'air du monde le plus abattu. Après quoi, je rentrai moi-même ; et, pour vous rendre un compte bien exact de la disposition d'esprit où j'étois, je vous dirai que je rentrai plus attendrie qu'affligée.

Et, dans le fond, c'étoit assez là comme je devois être. Je laissai Mme de Miran dans la douleur; Mme Dorsin venoit de m'embrasser les larmes aux yeux; mon infidèle lui-même étoit troublé; il en avoit donné des marques sensibles en nous quittant. Mon aventure remuoit donc les trois cœurs qui m'étoient les plus chers, auxquels le mien tenoit le plus, et qu'il m'étoit le plus consolant d'inquiéter. Vous voyez que mon affaire devenoit la leur, et ce n'étoit point là être si à plaindre : je n'étois donc pas sans secours sur la terre; on ne m'y faisoit point verser de larmes sans conséquence; j'y voyois du moins des âmes qui honoroient assez la mienne pour s'occuper d'elle, pour se reprocher de l'avoir attristée, ou pour s'affliger de ce qui l'affligeoit. Et toutes ces idées-là ont bien de la douceur; elles en avoient tant pour moi que je pleurois moins par chagrin, je pense, que par mignardise.

Avançons. J'achevai la soirée avec mon amie la religieuse, dont enfin je vais dans un moment vous conter l'histoire.

Vous concevez bien que nous ne nous vîmes pas, Mlle Varthon et moi, et qu'il ne fut plus question de ce commerce étroit que nous avions eu ensemble. Elle sentit cependant la discrétion avec laquelle j'en avois usé à son égard chez Mme de Miran, et m'en marqua sa reconnoissance.

A neuf heures du matin, le lendemain, une sœur converse m'apporta un petit billet d'elle. Je l'ouvris avec un peu d'inquiétude de ce qu'il contenoit; mais ce n'étoit qu'un simple compliment sur mon procédé de la veille, et le voici à peu près :

Ce que vous fîtes hier pour moi est si obligeant que je me reprocherois de ne vous en pas remercier. Il ne tint pas à vous qu'on ignorât la part que j'ai à vos chagrins, et, malgré les mouvemens où vous étiez, il ne vous échappa rien qui pût me compromettre. Cela est bien généreux, et les suites de cette aventure vous prouveront combien cette attention m'a touchée. Adieu, Mademoiselle.

Vous allez voir dans un instant ce que c'étoit que cette preuve qu'elle s'engageoit à me donner.

Je répondis sur-le-champ à son billet, et ce fut la même converse qui lui remit ma réponse ; elle étoit fort courte ; je m'en ressouviens aussi :

Je vous suis obligée de votre compliment, Mademoiselle ; mais vous ne m'en deviez point. Je ne m'en crois pas plus louable pour n'avoir pas été méchante. J'ai suivi mon caractère dans ce que j'ai fait ; voilà tout, et je n'en demande point de récompense.

Mme de Miran m'avoit promis la veille de me venir voir, et elle me tint parole. Je ne vous ferai point le détail de la conversation que nous eûmes ensemble : nous nous entretînmes de Mlle Varthon ; et, comme tous mes ménagemens pour Valville n'avoient servi à rien, je ne fis plus de difficulté de lui dire par quel hasard j'avois su son infidélité, et le tout à l'avantage de ma rivale dont je ne lui confiai point mes dispositions. Je pleurai dans mon récit, elle pleura à son tour; ce qu'elle me témoigna de tendresse est au-dessus de toute expression, et ce que j'en sentis pour elle fut de même.

De nouvelles de Valville, elle n'avoit point à m'en dire; il ne s'étoit point montré depuis l'instant qu'il nous avoit quittées. Il étoit cependant revenu au logis, mais très tard; et ce matin même il en étoit parti ou pour la campagne ou pour Versailles.

« C'est moi qu'il fuit sans doute, ajouta-t-elle; je suis persuadée qu'il a honte de paroître devant moi. »

Et là-dessus elle se levoit pour s'en aller, lorsque Mlle Varthon, que nous n'attendions ni l'une ni l'autre, entra subitement.

« J'avois dessein de vous écrire, Madame, dit-elle à ma mère après l'avoir saluée; mais, puisque vous êtes ici et que je puis avoir l'honneur de vous parler, il vaut mieux vous épargner ma lettre et vous dire moi-même ce dont il s'agit. Il n'est question que de deux mots. M. de Valville a changé; vous croyez que j'en suis cause, j'ai lieu de le croire aussi; mais comment le suis-je? C'est ce qu'il est essentiel que vous sachiez, et que tout le monde sache. Madame, il ne me conviendroit pas qu'on s'y trompât, et je vais vous rapporter tout dans la plus exacte vérité. M. de Valville, pour la première fois de sa vie, me vit ici le jour où je m'évanouis en faisant mes adieux à ma mère ; vous eûtes la bonté de me secourir, il vous y aida lui-même, et j'entrai dans le couvent avec mademoiselle, que je venois de connoître, qui devint mon amie, mais qui ne me parla ni de vous ni de M. de Valville, ni ne m'apprit en quels termes elle en étoit avec lui.

— Je le sais, Mademoiselle, dit alors Mme de Miran en l'interrompant ; Marianne vient de m'instruire, et vous a rendu toute la justice que vous pouvez exiger là-dessus. Mon fils vint vous voir, vous fit des complimens de ma part, vous laissa une lettre en vous quittant, et vous fit accroire que je l'avois chargé de vous la remettre ; vous ne pouviez pas deviner ; toute autre que vous l'auroit prise ; et puis, vous n'en avez pas fait un mystère, vous l'avez montrée à mademoiselle dès que vous avez su qu'elle y étoit intéressée : ainsi je ne vois rien qui doive vous inquiéter. Si mon fils vous a trouvée aimable et s'il a osé vous le dire, ce n'est pas votre faute ; vous n'y avez contribué que par les grâces d'une figure que vous ne pouviez pas vous empêcher d'avoir, et vous n'êtes pour rien dans tout cela, suivant le rapport même de Marianne.

— Ce rapport-là lui fait bien de l'honneur ; toute autre à sa place ne m'auroit peut-être pas traitée si doucement, repartit alors Mlle Varthon avec des yeux prêts à pleurer, malgré qu'elle en eût; et ce qui me reste à vous dire, c'est que vous ayez la bonté d'engager M. de Valville à ne plus essayer de me revoir; il le tenteroit inutilement, et ce seroit me manquer d'égards.

— Vous avez raison, Mademoiselle, reprit ma mère; il ne seroit pas excusable, et je l'avertirai. Ce n'est pas que dans la conjoncture présente je ne fusse la première à souhaiter une alliance comme la vôtre : elle nous honoreroit beaucoup assurément; mais mon fils ne la mérite pas, son caractère inconstant m'épouvanteroit; et, quand il seroit assez heureux pour vous plaire, en vérité j'aurois peur, en vous le donnant, de vous faire un très mauvais présent. Rassurez-vous sur ses visites, au reste; il saura combien elles vous offenseroient, et j'espère que vous n'aurez point à vous plaindre. »

Pour toute réponse Mlle Varthon fit une révérence, et se retira.

Elle s'imagina peut-être que j'estimerois beaucoup cette résolution qu'elle paroissoit prendre de ne plus voir Valville, et que je la regarderois comme une preuve de la reconnoissance qu'elle m'avoit promise; mais point du tout, je ne m'y trompai point : ce n'étoit là que feindre de la reconnoissance, et non pas en prouver.

Que risquoit-elle à refuser de voir Valville au couvent? N'avoit-elle pas la maison de Mme de Kilnare pour ressource? Valville n'étoit-il pas des amis de cette dame? N'alloit-il pas très souvent chez elle? Et Mlle Varthon renonçoit-elle à y aller aussi? Tout cet étalage de fierté et de noblesse dans le procédé n'étoit donc qu'une vaine démonstration qui ne signifioit rien; et vous verrez dans la suite que je raisonnois fort juste. Mais il n'est pas temps d'en dire davantage là-dessus. Revenons à moi. Je suis née pour avoir des aventures, et mon étoile ne m'en laissera pas manquer; me voici un peu oisive, mais cela ne durera pas.

Mme de Miran continuoit de me voir. Valville, toujours absent, ne paroissoit point. Nous nous rencontrions, Mlle Varthon et moi, dans le couvent; mais nous ne faisions que nous saluer, et nous ne nous parlions point.

Il ne s'étoit encore passé que quatre ou cinq jours depuis notre dîner chez Mme de Miran, quand il me vint le matin une visite assez singulière, et il faut commencer par vous dire ce qui me la procura.

Mme Dorsin, ce matin même, avoit été voir Mme de Miran; elle y avoit trouvé un ancien ami de la maison, un officier, homme de qualité, d'un certain âge, et qui dans un moment va se faire connoître lui-même.

Il avoit fort entendu parler de moi à l'occasion de mon aventure chez le ministre, et ne voyoit jamais ma mère qu'il ne lui demandât des nouvelles de Marianne, dont il faisoit des éloges éternels, fondés sur tout ce qu'on lui avoit rapporté d'elle.

Le bruit de ma disgrâce s'étoit déjà répandu; on savoit déjà l'infidélité de Valville : peut-être lui-même, depuis que sa mère ne l'avoit vu, en avoit-il dit quelque chose à ses meilleurs amis, qui, de leur côté, l'avoient confié à d'autres ; et cet homme de qualité, qui l'avoit apprise, n'étoit venu chez Mme de Miran que pour être sûrement informé de ce qui en étoit.

« Madame, lui dit-il, ce qu'on a publié de M. de Valville est-il vrai ? On dit qu'il n'aime plus cette fille si estimable, qu'il l'a quittée, qu'il ne veut plus l'épouser ? Quoi ! Madame, cette Marianne si chérie, si digne de l'être, il ne l'aimeroit plus ! Je n'ai pas voulu le croire ; ce n'est apparemment qu'une calomnie.

— Hélas ! Monsieur, c'est une vérité, répondit Mme de Miran avec douleur, et je ne saurois m'en consoler.

— Ma foi ! reprit-il (car Mme de Miran me l'a conté elle-même), ma foi ! vous avez raison, il y auroit eu grand plaisir à être la belle-mère de cette enfant-là ; c'étoit une bonne acquisition pour le repos de votre vie. A quoi pense donc M. de Valville ? A-t-il peur d'être trop heureux ? » Je laisse le reste de leur entretien là-dessus. Mme de Miran alloit dîner chez Mme Dorsin ; cette dernière engagea l'officier à être de la partie et tout de suite, à cause de l'extrême envie qu'il avoit de me connoître, ajouta qu'il falloit que j'en fusse.

Mais, comme il étoit de fort bonne heure, que ces dames ne vouloient pas partir sitôt, et que cependant il étoit bon que je fusse prévenue : « Je vais donc envoyer à son couvent pour l'avertir que nous la prendrons en passant, dit ma mère.

— Il est inutile d'envoyer, reprit cet officier ; j'ai affaire de ce côté-là, et, si vous voulez, je ferai votre commission moi-même ; donnez-moi seulement un petit billet pour elle, il n'y a rien de plus simple ; on ne me renverra peut-être pas. — Non, certes », dit ma mère, qui sur-le-champ m'écrivit :

Ma fille, je t'irai prendre à une heure ; nous dînons chez Mme Dorsin.

Ce fut donc avec ce petit passe-port que cet officier arriva à mon couvent. Il me demande ; on vient me le dire : c'est de la part de Mme de Miran, et je descends.

Quelques pensionnaires, ce jour-là même, m'avoient dit par hasard qu'elles viendroient l'après-dînée me tenir compagnie dans ma chambre ; de façon que, malgré mes chagrins, je m'étois un peu moins négligée qu'à l'ordinaire.

Ce sont là de petites attentions chez nous, qui ne coûtent pas la moindre réflexion ; elles vont toutes seules, nous les avons sans le savoir. Il est vrai que j'étois affligée ; mais qu'importe ? Notre vanité n'entre point là dedans, et n'en continue pas moins ses fonctions : elle est faite pour réparer d'un côté ce que nos afflictions détruisent de l'autre ; et enfin on ne veut pas tout perdre.

Me voici donc entrée dans le parloir. Je vis un homme d'environ cinquante ans tout au plus, de bonne mine, d'un air distingué, très bien mis, quoique simplement, et de la physionomie du monde la plus franche et la plus ouverte.

Quelque politesse naturelle qu'on ait, dès que nous voyons des gens dont la figure nous prévient, notre accueil a toujours quelque chose de plus obligeant pour eux que pour d'autres. Avec ces autres, nous ne sommes qu'honnêtes; avec ceux-ci, nous le sommes jusqu'à être affables; cela va si vite qu'on ne s'en aperçoit pas; et c'est ce qui m'arriva en saluant cet officier. Je n'eus pas affaire à un ingrat; il n'auroit pu, à moins que de s'écrier, se montrer plus satisfait qu'il le parut de ma petite personne.

J'attendis qu'il me parlât. « Mademoiselle, me dit-il après quelques révérences et en me présentant le billet de ma mère, voici ce que Mme de Miran m'a chargé de vous remettre; il étoit question de vous envoyer quelqu'un, et j'ai demandé la préférence.

— Vous m'avez fait bien de l'honneur, Monsieur », lui répondis-je en ouvrant le billet, que j'eus bientôt lu. « Oui, Monsieur, ajoutai-je ensuite, Mme de Miran me trouvera prête, et je vous rends mille grâces de la peine que vous avez bien voulu prendre.

— C'est à moi à remercier Mme de Miran de m'avoir permis de venir, me repartit-il; mais,

Mademoiselle, il n'est point tard ; ces dames n'arriveront pas sitôt ; pourrois-je, à la faveur de la commission que j'ai obtenue, espérer de vous un petit quart d'heure d'entretien? Il y a longtemps que je suis des amis de Mme de Miran et de toute la famille ; je dois dîner aujourd'hui avec vous : ainsi, vous pouvez d'avance me regarder déjà comme un homme de votre connoissance ; dans deux heures je ne serai plus un étranger pour vous.

— Vous êtes le maître, Monsieur, lui répondis-je assez surprise de ce discours ; parlez, je vous écoute.

— Je ne vous laisserai pas longtemps inquiète de ce que j'ai à vous dire, reprit-il. En deux mots, voici de quoi il s'agit, Mademoiselle.

« Je suis connu pour un homme d'honneur, pour un homme franc, uni, de bon commerce ; depuis que j'entends parler de vous, votre caractère est l'objet de mon estime, de mon respect et de mon admiration ; et je vous dis vrai. Je suis au fait de vos affaires : M. de Valville, malheureusement pour lui, est un inconstant. Je ne dépends de personne, j'ai vingt-cinq mille livres de rente, et je vous les offre, Mademoiselle ; elles sont à vous quand vous voudrez, sauf l'avis de Mme de Miran, que vous pouvez consulter là-dessus. »

Ce qui me surprit le plus dans sa proposition, ce fut cette rapidité avec laquelle il la fit, et cette franchise obligeante dont il l'accompagna.

Je n'ai vu personne si digne qu'on l'écoutât que

ce galant homme, c'étoit son âme qui me parloit ; je la voyois, elle s'adressoit à la mienne, et lui demandoit une réponse qui fût simple et naturelle, comme l'étoit la question qu'il venoit de me faire. Aussi, laissant là toutes les façons, conformai-je mon procédé au sien; et, sans m'amuser à le remercier :

« Monsieur, lui dis-je, savez-vous mon histoire?

— Oui, Mademoiselle, reprit-il, je la sais ; voilà pourquoi vous me voyez ici; c'est elle qui m'a appris que vous valez mieux que tout ce que je connois dans le monde, c'est elle qui m'attache à vous.

— Vous m'étonnez, Monsieur, lui répondis-je; votre façon de penser est bien rare ; je ne saurois la louer à cause qu'elle est trop à mon avantage; mais vous êtes un homme de condition, apparemment?

— Oui, me repartit-il, j'oubliois de vous le dire, d'autant plus qu'à mon avis ce n'est pas là l'essentiel.

« C'est surtout l'honnête homme, ce me semble, et non pas l'homme de condition, qui peut mériter d'être à vous, Mademoiselle; et, comme je suis honnête homme, je pense, autant qu'on peut l'être, j'ai cru que cette qualité, jointe à la fortune que j'ai et qui nous suffiroit, pourroit vous déterminer à accepter mes offres.

— Il n'y a pas à hésiter sur l'estime que j'en dois faire, elles sont d'une générosité infinie, lui répondis-je; mais souffrez que je vous le dise encore, y avez-vous bien réfléchi? Je n'ai rien, j'ignore à qui je dois le jour, je ne subsiste depuis le berceau que par des secours étranges; j'ai vu plusieurs fois l'instant où j'allois devenir l'objet de la charité publique; et tout cela a rebuté M. de Valville, malgré l'inclination qu'il avoit pour moi. Monsieur, prenez-y garde.

— Ma foi! Mademoiselle, tant pis pour lui, me répondit-il; ce ne sera jamais là le plus bel endroit de sa vie. Au surplus, vous ne risquez rien avec moi de pareil à ce qui vous est arrivé avec lui; M. de Valville vous aimoit, et moi, Mademoiselle, ce n'est point l'amour qui m'a amené ici. J'avois bien entendu dire que vous étiez belle; mais on n'est pas sensible à des charmes qu'on n'a jamais vus et qu'on ne sait que par relation. Ainsi ce n'est pas un amant qui est venu vous trouver, c'est quelque chose de mieux : car qu'est-ce que c'est qu'un amant? C'est bien à l'amour à qui il appartient de vous offrir un cœur! Est-ce qu'une personne comme vous est faite pour être le jouet d'une passion aussi folle, aussi inconstante? Non, Mademoiselle, non; qu'on prenne de l'amour pour vous quand on vous voit, qu'on vous aime de tout son cœur, à la bonne heure, on ne sauroit s'en dispenser; moi qui vous parle, je fais comme les autres, je sens qu'actuellement je vous aime aussi, je vous l'avoue; mais je n'ai pas eu besoin d'amour pour être charmé de vous, je n'ai eu besoin que de sa-

voir les qualités de votre âme; de sorte que votre
beauté est de trop; non pas qu'elle me fâche, je
suis bien aise qu'elle y soit, assurément : un excès
de bonheur ne m'empêchera pas d'être heureux;
mais, enfin, ce n'est pas à cause de cette beauté
que je vous ai aimée d'abord, c'est à cause que je
je suis homme de bon sens; c'est ma raison qui
vous a donné mon cœur, je n'ai pas apporté ici
d'autre passion. Ainsi mon attachement ne dépendra pas d'un transport de plus ou de moins; et ma
raison ne s'embarrasse pas que vous ayez du bien,
pourvu que j'en aie assez pour nous deux, ni que
vous ayez des parens dont je n'ai que faire. Que
m'importe à moi votre famille? Quand on la connoîtroit, fût-elle royale, ajouteroit-elle quelque
chose au mérite personnel que vous avez? Et puis
les âmes ont-elles des parens? Ne sont-elles pas
toutes d'une condition égale? Eh bien, ce n'est
qu'à votre âme à qui j'en veux; ce n'est qu'au
mérite qu'elle a, en vertu duquel je vous devrois
bien du retour. C'est à moi, Mademoiselle, si vous
m'épousez, à qui je compte que vous ferez beaucoup de grâce; voilà tout ce que j'y sais. Au reste,
quelque amour que je vienne de prendre pour
vous, je ne vous proposerai pas d'en avoir pour
moi : vous n'avez pas vingt ans, j'en ai près de cinquante, et ce seroit radoter que de vous dire :
« Aimez-moi. » Quant à votre amitié et même à
votre estime, je n'y renonce pas; j'espère que j'obtiendrai l'une et l'autre, c'est mon affaire; vous êtes

raisonnable et généreuse, et il est impossible que je ne réussisse pas. Voilà, Mademoiselle, tout ce que j'avois à vous dire; il ne me reste plus qu'à savoir ce que vous décidez.

— Monsieur, lui dis-je, si je ne consultois que l'honneur que vous me faites dans la situation où je suis, et que la bonne opinion que vous me donnez de vous, j'accepterois tout à l'heure vos offres; mais je vous demande huit jours pour y penser, autant pour vous que pour moi. J'y penserai pour vous à cause que vous épousez une personne qui n'est rien et qui n'a rien; j'y penserai pour moi à cause des mêmes raisons; elles nous regardent également tous deux, et je vous conjure d'employer ces huit jours à examiner de votre côté la chose encore plus que vous n'avez fait, et avec toute l'attention dont vous êtes capable. Vous m'estimez beaucoup, dites-vous, et aujourd'hui cela vous tient lieu de tout par le bon esprit que vous avez; mais il faut regarder que je ne suis pas encore à vous, Monsieur; et nous ne serons pas plutôt mariés qu'il y aura des gens qui le trouveront mauvais, qui feront des railleries sur ma naissance inconnue et sur mon peu de fortune. Serez-vous insensible à ce qu'ils diront ? Ne serez-vous pas fâché de ne vous être allié à aucune famille, et de n'avoir pas augmenté votre bien par celui de votre épouse? C'est à quoi il est nécessaire que vous songiez mûrement, de même que je songerai à ce qu'il m'en arriveroit à moi, si vous alliez vous repentir de votre précipitation. Et puis, Monsieur, quand tous ces motifs de réflexion ne m'arrêteroient pas, je n'aurois encore actuellement que la liberté de vous marquer ma reconnoissance, et ne pourrois prendre mon parti sans savoir la volonté de Mme de Miran. Je suis sa fille, et même encore plus que sa fille : car c'est à son bon cœur à qui j'ai l'obligation de l'avoir pour mère, et non pas à la nature : c'est ce bon cœur qui a tout fait; de sorte que le mien doit lui donner tout pouvoir sur moi, et je suis persuadée que vous êtes de mon avis. Ainsi, Monsieur, je l'informerai de la générosité de vos offres, sans pourtant lui dire votre nom, à moins que vous ne me permettiez de vous faire connoître.

— Oh! vous en êtes la maîtresse, Mademoiselle, répondit-il; je me soucie si peu que vous me gardiez le secret que je serai le premier à me vanter du dessein que j'ai de vous épouser; et je prétends bien que les gens raisonnables ne feront que m'en estimer davantage, quand même vous me refuseriez; ce qui ne me feroit aucun tort et ne signifieroit rien, sinon que vous valez mieux que moi. Mais il est temps de vous quitter; dans une heure au plus tard, ces dames vont venir vous prendre; vous n'êtes point habillée, et je vous laisse, en attendant de vous revoir chez Mme Dorsin. Adieu, Mademoiselle; je ferai des réflexions, puisque vous le voulez, et seulement pour vous contenter; mais je ne suis pas en peine de celles qui me viendront, je ne m'inquiète que des vôtres, et, d'aujourd'hui en huit, je suis ici à pareille heure dans votre parloir, pour vous en demander le résultat, et de celles de Mme de Miran, qui me seront peut-être favorables. »

Et là-dessus il se retira sans que je lui répondisse autrement qu'en le saluant de l'air le plus affable et le plus reconnoissant qu'il me fut possible.

Je rentrai dans ma chambre, où je me hâtai de m'habiller. Ces dames arrivèrent ; je montai en carrosse pour aller dîner chez Mme Dorsin, de chez qui je revins assez tard sans avoir encore rien appris à Mme de Miran de mon aventure avec l'officier. « Ma mère, vous reverrai-je bientôt ? lui dis-je. — Demain dans l'après-dînée », me répondit-elle en m'embrassant ; et nous nous quittâmes. Je ne parlai ce soir-là qu'à ma religieuse, que je priai de venir le lendemain matin dans ma chambre. Je voulois lui confier et la visite de l'officier, et une certaine pensée qui m'étoit venue depuis deux ou trois jours et qui m'occupoit.

Elle ne manqua pas au rendez-vous. Je débutai par l'instruire du nouveau parti qui s'offroit, qui étoit digne d'attention, mais sur lequel j'étois combattue par cette pensée que je viens de dire, qui étoit de renoncer au monde et de me fixer dans l'état tranquille qu'elle avoit embrassé elle-même.

« Quoi ! vous faire religieuse ? s'écria-t-elle. — Oui, lui répondis-je : ma vie est sujette à trop d'événemens ; cela me fait peur ; l'infidélité de Valville m'a dégoûtée du monde. La Providence m'a fourni de quoi me mettre à l'abri de tous les malheurs qui m'y attendent peut-être (je parlois de mon contrat); du moins je vivrois ici en repos, et n'y serois à charge à personne.

— Une autre que moi, reprit-elle, applaudiroit tout d'un coup à votre idée; mais, comme je puis encore passer une heure avec vous, je suis d'avis, avant que de vous répondre, de vous faire un petit récit des accidens de ma vie: vous en serez plus éclairée sur votre situation, et, si vous persistez à vouloir être religieuse, du moins saurez-vous mieux la valeur de l'engagement que vous prendrez. » Après ces mots, voici comme elle commença, ou plutôt voici ce qu'elle nous dira dans l'autre partie.

Imprimé par D. Jouaust

POUR LA

BIBLIOTHÈQUE DES DAMES

NOVEMBRE 1882

BIBLIOTHÈQUE DES DAMES

Cette collection a pour but de réunir les ouvrages qui doivent le plus spécialement plaire aux Dames, et formera pour elles, à côté des grands classiques, dont elles ne doivent pas se désintéresser, une bibliothèque intime où elles pourront trouver un délassement à des lectures plus sérieuses. Comme la *Bibliothèque des Dames* ne comprendra que des ouvrages empruntés aux bons écrivains français, elle s'adresse également aux hommes, parmi lesquels elle ne pourra manquer de trouver un grand nombre d'amateurs.

Cette collection est imprimée avec le luxe et l'élégance que commandent les personnes à qui elle est destinée. Chaque volume, enfermé dans une gracieuse couverture imprimée en deux couleurs, est orné d'un frontispice gravé à l'eau-forte. — Le tirage est fait à petit nombre sur papier de Hollande, il y a aussi des exemplaires sur *papier de Chine* et sur *papier Whatman*.

En vente

Le *Mérite des Femmes*, par G. Legouve, avec préface et appendice d'E. Legouve . . . . 6 fr.

La *Princesse de Clèves*, de Mme de La Fayette, préface par M. de Lescure, 1 vol. . . . . 8 f.

Les *Contes des Fées*, de Mme d'Aulnoy, avec préface de M. de Lescure, 2 vol . . . . 15 fr.

La *Vie de Marianne*, de Marivaux 3 vol. . . . 25 fr.

Sous presse : *Œuvres morales de la marquise de Lambert*

En préparation : Divers ouvrages d'éducation, Contes, Romans, Mémoires, Correspondances, etc.

www.ingramcontent.com/pod-product-compliance
Lightning Source LLC
Chambersburg PA
CBHW070749170426
43200CB00007B/710